首都经济贸易大学工商管理系列教材

产业组织理论

Theory of Industrial Organization

范合君 主编

图书在版编目(CIP)数据

产业组织理论/范合君主编.—北京:经济管理出版社,2010.9

ISBN 978-7-5096-1087-9

Ⅰ.①产… Ⅱ.①范… Ⅲ.①产业组织—经济理论 Ⅳ.①F062.9

中国版本图书馆CIP数据核字(2010)第173997号

出版发行:经济管理出版社
北京市海淀区北蜂窝8号中雅大厦11层
电话:(010)51915602　邮编:100038

印刷:三河市海波印务有限公司　　经销:新华书店

组稿编辑:张　艳　　责任编辑:张　达
技术编辑:黄　铄　　责任校对:郭　佳

720mm×1000mm/16　　14印张 273千字
2010年10月第1版　　2010年10月第1次印刷
定价:29.00元
书号:ISBN 978-7-5096-1087-9

首都经济贸易大学工商管理系列教材

总　序

大力推进教材建设 切实提高教学质量

伴随着经济全球化进程的加快,越来越多的中国企业认识到国际化经营的重要性和紧迫性,也感受到国际化经营带来的前所未有的压力。在国际化转型的过程中,一支优秀的国际化管理团队是必不可少的重要条件。

高等院校肩负着人才培养、科学研究和服务社会的使命,培养面向国际化的新型人才是高等院校义不容辞、责无旁贷的使命。国际化人才的培养是一项系统工程,而在该项系统工程的诸多要素中,编写与国际接轨的教材是其中的基础工程。首都经济贸易大学工商管理学院经过长期实践,在人才培养方面积累了较为丰富的经验。这套《首都经济贸易大学工商管理系列教材》就是由首都经济贸易大学工商管理学院策划、编写的面向国际化人才培养目标的工商管理系列教材,它涵盖了工商管理学科的主干课程。本套教材具有以下几个特点:

第一,国际化视野。首都经济贸易大学工商管理学院长期与美国、法国以及日本等国大学进行合作,每年互派多名教师进行教学、科研交流,这对于提升教师的国际化视野具有很大的帮助。本套教材的作者大都具有国外学习、研究的经历。他们比较了解世界各国实业界对工商管理人才的需求变化趋势,比较熟悉世界各国工商管理教育的现状,具有比较开阔的国际化视野。

第二,国际化内容。本套教材的作者在广泛参考各国优秀教材的基础上,根据世界各国企业对工商管理人才需求的变化,组织教材编写,开发出适合国际化要求的教材。例如,许多教材都突出了国际化企业的管理理念、商务沟通以及竞争战略等内容，适应了国际化的教学需要。

第三，国际化教学方式。本套教材的作者在深入借鉴各国优秀教学方式、方法的基础上，根据工商管理专业的实际，采用国际化案例教学方法组织教材编写。本套教材包含了大量国际、国内企业的案例，可以供教师或学生进行案例教学或学习使用。

这套系列教材紧跟时代步伐，以提升学生国际化视野、培养学生国际化能力为目标，会集了国际各相关领域的最新观点、内容、原理和方法，吸收了国内外教材的众多优点。既突出国内的实际管理教学情况，又力求体现国际化的特点。本套教材既适合于全国各高等学校经济管理类专业的本科生使用，同时也可以成为管理实践第一线的各类管理人员系统学习管理理论的参考书。

我们诚挚地欢迎全国同行专家学者、广大学生和读者提出批评和指导意见。

首都经济贸易大学工商管理学院院长　戚聿东

2010 年 9 月 26 日

目　　录

第一章 导 论

学习目标

- 了解产业组织的定义
- 掌握产业组织的研究内容与应用领域
- 了解产业组织的研究方法
- 掌握产业组织学的发展轨迹

开篇案例

最高的“战争”:空客 VS 波音

在民用航空飞机制造领域有两大巨头:波音(Boeing)与空客(Airbus)。它们在蔚蓝的天空中进行着最高的“战争”。2000年前,波音公司是大飞机项目的垄断供应商,其生产的波音747在长距离、高运能的机身制造市场中处于无挑战的垄断地位。事实上,波音公司曾发表声明,要生产更大的波音747X飞机。

从技术经济来讲,大客机市场非常小,未来20年大客机的市场占有率将降低到6%,需求量大约为1010架,而500座以上的超大客机仅有330架。另外,飞机研发成本十分高昂,特别是大飞机的研发更是高得惊人。因此,一般说来,大飞机市场只能容纳一家企业获利。这就意味着,赢者通吃,谁抢先占领这一市场,谁就有可能坐拥这一市场。

作为后起之秀的空客公司是否会选择进入大飞机市场呢?如果进入的话,它将采取什么策略呢?2000年,空客公司宣布推出A380大飞机(最多可乘555人)。几个月后,波音公司在权衡利弊后,宣布暂时放弃747X项目的生产。

空客公司是如何做到这一点的呢?原来,空客与新加坡航空公司、澳洲航空公司、维京航空、联邦快递等签订了购买合同,共获得了61份订单。

资料来源:贝赞可、德雷诺夫、尚利、谢弗:《战略经济学》,中国人民大学出版社,2006年,第249页。

思考题:空客为什么可以进入波音更具优势的市场?波音为什么放弃747X项目的生产?

第一节 产业组织理论概述

产业组织理论(Theory of Industrial Organization,IO)有多种名称,在北美地区被称为产业组织理论,而在欧洲地区一般被称为产业经济学①。产业组织理论是从微观经济学分化中发展而来,主要运用微观经济理论分析厂商和市场及其相互关系,是研究市场结构、市场行为和市场绩效之间的关系以及市场与政府相互作用和影响的一门新兴应用经济学分支。

在过去40多年里,产业组织理论已经成为经济学、工商管理等专业的核心课程,其基本理论在经济学、金融学、管理学、营销学、战略学以及法学等领域有着广泛的应用。被誉为"管理学大师"和"竞争战略之父"的迈克尔·波特所获得的正是产业组织方向的经济学博士学位。在2000年进行的一份关于经济学杂志所载论文排名的研究中,产业组织理论已经成为最近25年来经济学研究领域中仅次于宏观经济学和微观经济学的第3个最重要的研究领域②。

一、研究对象

顾名思义,产业组织理论研究的对象是产业,但是这里的产业与我们常说的产业是不一样的。产业(Industry)在《新华词典》中是指一切从事物质产品生产的行业和部门,包括工业、农业、交通运输业以及通信业等。但是,产业组织学中的产业本质上与"市场"等价,是指生产相同或相近产品的企业集合。例如,在我国标准产业分类目录中代码为"15"的产业是饮料制造业,既包括酒类制造业,又包括碳酸饮料制造业。按照我国产业分类标准,生产二锅头白酒的牛栏山公司与生产碳酸饮料的可口可乐公司都属于饮料制造业。如果按照这个标准进行分析,那么2009年可口可乐收购汇源的行为就应当通过反垄断审查,因为即使可口可乐兼并了汇源,它们在饮料市场占有的份额也是微不足道的。但是,稍微分析一下可以发现,可口可乐与牛栏山根本不存在竞争,它们处在两个不同的市场中。由此可以看出,产业的界定是产业组织学的一个重要问题,也是产业组织政策特别是反垄断法中的一个重要议题。市场的界定不能太窄,也不能太宽。并且随着研究问题的不同,同一种产品可能会属于这个市场,也可能会属于那个市场。因此,相关市场界定的问题是认定不同企业之间是否具有竞争关系以及在此基础上的垄断判定的前提。

---

① 在本书我们对产业组织学、产业组织理论以及产业经济学有时是混用的,是指同一门学科。

② 但是欧美的产业经济学与我国传统的产业经济学大相径庭。

二、研究内容

《新帕尔格雷夫经济学大辞典》认为产业组织学主要研究的是与市场联系的、不易通过标准教科书上的竞争模型来分析的经济学领域。《产业组织手册》认为产业组织理论主要研究企业行为、企业理论与市场结构和市场演变进程的密切关系以及相关公共政策的广泛领域。具体说来,产业组织学主要研究企业、产业和市场三者的组织形式及其相互关系,其核心内容包括市场结构、市场行为、市场绩效和政府公共政策,特别是企业间行为的相互影响与竞争策略。

(一)市场结构

测度、判断产业的市场结构是进行产业组织分析的第一步。市场结构研究的是市场上的竞争和垄断关系,研究大型企业市场垄断或支配力的形成原因及其变化情况。不同产业的市场结构是不同的,同一产业的市场结构也在不断变化之中。市场结构根据竞争程度,由高到低依次分为完全竞争、垄断竞争、寡头垄断和完全垄断四种类型。其中,完全竞争和完全垄断是截然相反的两种抽象状态。而垄断竞争是与完全竞争较为接近的现实状态。在现实中,汽车、飞机、钢铁、铝业、石油、化工、电子设备和计算机等资本密集和技术密集型产业都是寡头垄断的市场结构。例如,飞机制造市场主要有波音与空客,它们的市场份额分别为55%与45%;美国碳酸饮料市场主要有可口可乐与百事可乐,它们的市场份额分别为45%与35%;美国快递市场有联邦快递、UPS以及Airborne Freight,它们的市场份额分别为40%、35%和15%;运动鞋市场主要有耐克、阿迪达斯和New Balance,它们的市场份额分别为45%、30%和20%。寡头垄断成为20世纪80年代以来产业组织学的研究重点。

(二)市场行为

市场行为是在一定的市场结构条件下,企业采取的产品定位、产量、价格、广告、兼并和研发等竞争性行为。市场行为主要包括定价原则、产品差异、价格歧视、合谋、兼并整合、行业壁垒和技术开发等营销和发展战略。近年来,产业组织理论特别是新产业组织理论更加强调研究市场中的企业行为,深入刻画企业间的博弈与竞争行为。

(三)市场绩效

市场绩效是在一定市场结构下,企业行为采取的产量、价格和营销等各种市场行为而导致的结果。市场绩效包括资源配置效率、获利能力、技术进步和经济增长等方面。不同的市场结构和市场行为会产生不同的经济成果。产业组织理论将系统研究市场结构与市场绩效之间的关系。

（四）公共政策

公共政策是指政府制定的保证资源有效配置、保护公众利益、指导和干预企业行为及产业结构，从而调整企业关系的政府行为。为了实现产业组织合理化、形成有效的市场竞争环境，政府经常采取各种产业组织政策来调控市场，完善市场主体，推动市场结构和企业市场行为的合理化和规范化。产业组织政策的主要内容有：

1. 竞争政策。在竞争性产业，政府选择能使资源合理配置的产业组织形式，即选择一种能使资源在各个产业之间以及产业内部各企业之间进行合理分配的产业关系，消除产业间及产业内部各企业间的垄断关系，保持正常的竞争关系。

2. 规制政策。在自然垄断产业，政府根据规模经济的要求，选择能使资源有效利用的产业组织形式，促使产业内部各企业采用合理的组织形式，形成大批量生产的生产体系，提高产业整体的效益。

由此可见，产业组织学主要研究产业的市场结构、产业内部的公司竞争行为、策略及其决定因素，以及这些行为和策略的政策含义等内容。具体来说，包括以下几个方面的主要内容：

第一，企业存在市场势力吗？市场势力有何影响？

企业是否存在市场势力是进行产业组织分析的重要内容。市场势力是指企业操纵、控制价格的能力。有些市场上的企业没有市场势力。例如，我国种植小麦的农民，他们无法操纵、控制小麦的价格。但是有些市场的企业就拥有市场势力，可以把产品价格提高到成本之上。例如，我国普遍存在的药价虚高现象，医院销售的医药价格是出厂价的十几倍。

专栏 1－1　药价何以飙升十几倍

2010 年 5 月 16 日，中央电视台“每周质量报告”报道，同样的一瓶药，出厂时候的价格是 15.5 元，而在医院却摇身变成了 200 多元，利润高达 1300%。

该报道称，家住长沙的韩女士半年前因为患了卵巢癌，在湖南省某医院做了化疗。化疗后，医生建议她服用一种癌症辅助治疗药——芦笋片。这种芦笋片由四川川大华西药业股份有限公司生产，该医院每瓶售价 213 元。韩女士经打听得知，其实这种芦笋片每瓶只需 30 元。而记者从医院获悉，医院从生产厂家购进一瓶芦笋片，价格仅需 15.5 元。也就是说，医院售价是批发价的 7 倍，是出厂价的 14 倍。

资料来源：作者整理得到。

市场势力的影响表现为：首先，市场势力利于企业但却苦了消费者，即在损害消费者利益的基础上增加了企业的利益。其次，市场势力的存在会对新进入企业产生不利影响，不利于企业间的公平竞争。最后，市场势力会使垄断企业产生惰性，效率随之降低。

第二,企业如何获得并维持市场势力?

拥有市场势力的企业可以把价格提高到成本之上,获得超额利润。因此,许多企业都想获得市场势力并维持市场势力。如何获得市场势力呢?这需要企业通过研发创新、广告宣传等策略行为来提高市场份额。有的企业背离商业道德,采取贿赂政府当局、诽谤竞争对手甚至是采取非法手段打压、排挤竞争对手,以便使竞争对手望而却步或者被迫黯然退出。

第三,政府应当如何应对企业的市场势力?

鉴于拥有市场势力的企业会损害社会福利,因此,政府可以通过规制或反垄断措施来约束拥有市场势力的企业行为,使其按照增进社会福利的目标行事。例如,2009 年 3 月 18 日,我国商务部依据《中华人民共和国反垄断法》否决了可口可乐收购汇源的申请。

专栏 1－2 商务部禁止可口可乐收购汇源

可口可乐是全球最大的饮料公司,汇源果汁是国内最大的果汁饮料生产集团,并于 2007 年 2 月在香港联交所主板挂牌上市。2008 年 9 月 9 日上午,香港联交所发布公告:可口可乐旗下的荷银亚洲将代表可口可乐全资附属公司——大西洋公司,就收购汇源果汁全部股份、全部未行使可换股债券并注销汇源全部未行使购股权,提出自愿有条件的现金收购建议。按照公告,这单涉及金额 24 亿美元的交易若能完成,将成为迄今为止中国食品和饮料行业最大的一笔收购案。一个是国际饮料的生产巨头,一个是中国果汁行业的市场霸主,两者的强强联合,对中国乃至世界饮料市场的未来格局将产生什么影响,其意义和分量不言而喻。

2009 年 3 月 18 日,商务部发布了关于可口可乐并购汇源一案的审查决定,商务部正式宣布,根据《中华人民共和国反垄断法》第二十八条和第二十九条,此项经营者集中具有排除、限制竞争效果,将对中国果汁饮料市场有效竞争和果汁产业健康发展产生不利影响。因此,决定禁止可口可乐收购汇源。

资料来源:作者整理得到。

三、研究方法

产业组织理论的研究方法主要有案例研究方法、博弈论方法、计量经济学方法以及实验经济学方法。

(一) 案例研究方法(Case Study)

案例研究方法是 20 世纪 50 年代研究产业组织的常用方法之一。该方法是在典型事实描述的基础上抽象分析事物之间的因果关系。案例分析法与哈佛大学有着密不可分的联系。哈佛大学历来有案例研究的传统,特别是哈佛商学院的案例研究最为出名。早期的产业组织理论主要发源地是哈佛大学,因此许多学者利用案例研究方法对某一产业的市场结构、市场行为与市场绩效进行分析,进而研究这三者之间的联系。另外,英美等国反垄断执法中形成了大量翔实的反垄断案例,也为学者的案例研究提供了丰富的素材。

专栏 1-3 哈佛大学与案例研究

案例法是由美国哈佛大学法学院创始的。1870 年,兰德尔出任哈佛大学法学院院长时,法律教育正面临巨大的压力:其一是传统的教学法受到全面反对;其二是法律文献急剧增长,这种增长首先是因为法律本身具有发展性,其次是在承认判例为法律的渊源之一的美国表现得尤为明显。兰德尔认为,"法律条文的意义在几个世纪以来的案例中得以扩展。这种发展大体上可以通过一系列的案例来追寻"。由此揭开了案例法的序幕。

案例法在法律和医学教育领域中的成功激励了商业教育领域。哈佛大学洛厄尔教授在哈佛创建商学院时建议,向最成功的职业学院法学院学习案例法。1908 年案例法在哈佛商学院开始被引入商业教育领域。由于商业领域严重缺乏可用的案例,哈佛商学院最初仅借鉴了法律教育中的案例法,在商业法课程中使用案例法。由此,人们开始有针对性地研究和收集商业案例。

资料来源:作者整理得到。

(二) 博弈论方法(Game Theory)

博弈论方法是 20 世纪 70 年代以后产业组织理论的主要研究方法之一。博弈论研究的是在利益相互影响的局势中,局中人如何选择自己的策略使其收益最大化的均衡问题,是研究聪明而又理智的决策者如何在冲突或合作中进行策略选择的理论。70 年代以后的产业组织理论从重视市场结构转向重视企业行为的研究,特别是企业间的策略性行为研究。不同企业在同一市场上进行竞争或合作,以实现利润最大化。这与博弈论的研究思路完全吻合。因此,博弈论成为新产业组织理论的最重要研究工具。也正是由于博弈论的应用,产业组织理论成为 70 年代以来经济学中最富生机的领域之一。

专栏 1-4 博弈论的辉煌

1944 年美国数学家冯·诺依曼和经济学家摩根斯坦因合著的《博弈论与经济行为》一书的出版标志着经济博弈论科学体系的建立。自此以后,博弈论发展迅速,现已广泛用于经济学、财务学、金融学、产业组织以及法学等诸多领域。截至 2007 年,已经有 13 位学者因为在博弈论方面的贡献而获得诺贝尔经济学奖。

1994 年,普林斯顿大学的约翰·纳什(John Nash)、德国伯恩大学的莱茵哈德·塞尔滕(Reinhard Selten)、加州大学的约翰·海萨尼(John C. Harsanyi),因在博弈论与经济应用方面的突出贡献,荣获该年诺贝尔经济学奖。

1996 年,哥伦比亚大学的威廉·维克瑞(William Vicekey)和剑桥大学的詹姆斯·莫里斯(James A. Mirrlees),因在机制设计中的贡献,分享了该年诺贝尔经济学奖。

2001 年美国加州大学的乔治·阿克尔洛夫(George Akerlof)、美国斯坦福大学的迈克尔·斯宾斯(Michael Spence)、美国哥伦比亚大学的约瑟夫·斯蒂格利茨(Joseph E. Stiglitz),由于"非对称信息下的市场交易理论"(逆向选择问题)而获得该年诺贝尔经济学奖。

2005 年,以色列耶路撒冷希伯来大学的罗伯特·奥曼(Robert J. Aumann)、哈佛大学和马里兰大学的托马斯·谢林(Thomas C. Schelling),由于"通过博弈论分析而增进我们对冲突和合作的理解"而被授予该年诺贝尔经济学奖。

2007 年,普林斯顿高等研究院的埃克里·马斯金(Eric S. Maskin)、明尼苏达大学的赫维兹(Leonid Hurwicz)、芝加哥大学的罗杰·B. 梅尔森(Roger B. Myerson),因在机制设计研究方面的卓越贡献,共同摘得诺贝尔经济学奖的桂冠。

资料来源:作者整理得到。

(三) 计量经济学方法(Econometrics Study)

计量经济学方法是在收集实际资料的基础上,利用数学模型分析不同要素(变量)之间因果关系以及具体关系形式的一种实证研究方法。随着统计数据的丰富,利用计量经济学方法跨部门研究市场结构与市场绩效之间的关系变得越来越现实。按照哈佛学派的观点,市场结构界定市场行为,市场行为决定市场绩效,因此市场结构对市场绩效有重要影响,可以在构成市场结构的各因素和反映市场绩效的各因素之间建立起因果联系。例如,作为市场结构指标的集中度、进入壁垒和反映市场绩效状况的利润率之间的关系可以利用计量经济学方法估算出来。1951 年,贝恩对美国制造业中 42 个产业的相关数据进行了研究。研究发现,CR_8 大于 70% 的 21 个产业与 CR_8 小于 70% 的 21 个产业相比,前者的利润率平均达到 11.8%,后者只有 7.5%。通过这种跨部门经验研究,贝恩得出了著名的"集中度、进入条件与利润率假说"。即一个产业的市场集中度越高,在位企业间合谋的可能性越大,企业间合谋使得新企业面临的进入壁垒越高,从而使得在位企业面临的市场竞争越弱,该产业的平均利润率就越高,由此必然导致资源配置效率的下降。以后的 SCP 经验研究,基本上是在贝恩的研究基础上开展的。

(四) 实验经济学方法(Experimental Economics)

2002 年瑞典皇家科学院把诺贝尔经济学奖授予给美国经济学家、实验经济学之父弗农·史密斯(Vernon L. Smith),标志着实验经济学作为一种经济学的研究方法而不仅仅是经济学的一个分支已正式“登堂入室”,并与传统的理论逻辑、经济计量方法相互补充,成为研究经济问题的重要方法之一。事实上,产业组织理论是实验经济学方法应用最早的领域。实验经济学对产业组织问题的关注可以追溯到实验经济学产生的早期。当时大部分实验经济学的早期工作都是围绕产业组织问题进行研究的,包括竞争、共谋和市场效率等。其中包括:Edward · H. Chamberlin(1948)所做的第一个关于市场交易的课堂实验;Austin · C. Hoggat(1959)、Heinz. Sauermann与Reinhard. Selten(1959)关于寡头行为及古诺模型的实验研究;Vernon · L. Smith(1962)进行的双向拍卖市场交易实验等。此后涌现出众多利用实验方法研究市场结构、市场制度等产业组织问题的研究成果文献。

四、应用领域

产业组织理论的应用领域包括:微观经济学、宏观经济学、国际贸易、反垄断法、垄断产业改革、企业战略、市场营销、企业组织与公司治理等众多领域。

1. 反垄断政策。反垄断政策是产业组织理论应用最直接的领域之一。企业有没有利用垄断势力提高价格损害消费者的福利、企业有没有利用垄断势力打压竞争对手、企业间的合并是否应当被允许等反垄断问题都需要利用产业组织理论进行分析。

2. 自然垄断产业的规制政策。对于电力、电信、民航、铁路、邮政、自来水、供热和燃气等自然垄断与公用事业产业,如何规制运营企业以提高效率、降低价格,保证这些产业的可持续发展是产业组织理论的重要研究内容之一。

专栏1-5 拉丰与新规制经济学

让 · 雅克 · 拉丰(Jean Jacques Laffont,1947 ~ 2004年),世界著名经济学家,法国图鲁大学(Universite Toulouse)产业经济研究所(IDEI)创始人,新规制经济学创始人之一,哈佛大学经济学博士(Wells奖得主)。作为一个杰出的经济学家,让 · 雅克 · 拉丰教授在机制设计理论、公共经济学、激励理论和新规制经济学等领域的突出贡献和成就已经获得经济学界的公认,为此他被推选为世界经济计量学会主席(1992年)、欧洲经济学会主席(1998年)、美国经济学会荣誉会员(1991年)、美国科学院外籍荣誉院士(1993年),并于1993年第一个获得欧洲经济学会的Yrjo-Jahnsson奖(该奖与美国经济学会的克拉克奖齐名)。

自20世纪80年代初起,拉丰教授就开始探索将信息经济学与激励理论的基本思想和方法应用于垄断行业的规制理论的道路。在这个时代,席卷整个西欧的私有化浪潮引起了一场关于公用事业和垄断行业竞争与规制的大论战,如电信电力等垄断行业是否可以通过私有化引入竞争

以及如何对其进行规制等。在批判传统规制理论的基础上,他和梯若尔(Tirole)创建了一个关于激励性规制的一般框架,这导致了新规制经济学的诞生。新规制经济学结合了公共经济学与产业组织理论的基本思想以及信息经济学与机制设计理论的基本方法,它提出的激励性规制的基本思想和方法成功地解决了不对称信息下的规制问题。拉丰和泰勒尔于1993年出版的著作《政府采购与规制中的激励理论》完成了新规制经济学理论框架的构建,从而奠定了他们在这一领域的学术领导者地位。与许多理论经济学家不同的是,拉丰教授非常重视经济学理论的应用与检验。

从80年代中期开始,他和泰勒尔就努力将新规制经济学的基本思想和方法应用于电信、电力、天然气和交通运输等垄断行业的规制问题研究,分析各种规制政策的激励效应,并建立了一个规范的评价体系。拉丰教授积极参与并领导了法国电信改革的实证研究工作,并担任了巴西、阿根廷等拉美国家的电信改革顾问。从1999年起,拉丰和泰勒尔应邀担任了微软公司的经济学顾问,他们的研究报告为微软公司赢得反垄断案诉讼的胜利提供了科学的依据和权威的支持。2000年,作为对十几年垄断行业规制理论与政策研究的总结,《电信竞争》一书(与泰勒尔合著)为电信及网络产业的竞争与规制问题的分析和政策的制定提供了一个最为权威的理论依据。

拉丰教授是一个极其勤奋、高产的学者,迄今为止已经出版了12本专著,发表了300多篇高水平的学术论文,他的学术贡献为他在经济学界赢得了极高的声誉。拉丰教授并没有像其他许多功成名就的经济学家那样等待着获取诺贝尔奖,而是一如既往地传播经济学理论并且不断开拓激励理论的新领域。即使在与癌症抗争的过程中,他仍坚持完成了新著《规制与发展》(2003年12月)。没想到,这本书竟成了他的遗著。

资料来源:作者整理得到。

3. 战略管理。产业组织理论主要研究企业之间的竞争行为、合作行为以及相应的策略性行为。因此,产业组织理论在战略管理中具有广泛的用武之地。被誉为“管理学大师”和“竞争战略之父”的迈克尔·波特所获得的正是产业组织方向的经济学博士学位。波特著名的竞争三部曲《竞争战略》、《竞争优势》和《国家竞争优势》就是基于产业组织学理论提出的。另外,哈佛大学商学院著名的战略管理专家潘卡基·格玛沃特(Pankaj Gamawat)的主要研究领域也是产业组织理论。

专栏1-6 波特与竞争战略

迈克尔·波特(Michael E. Porter)是哈佛商学院的大学教授(大学教授,University Professor,是哈佛大学的最高荣誉,波特是该校历史上第四位获得此项殊荣的教授)。波特在世界管理思想界可谓是“活着的传奇”,他是当今全球战略的权威,是商业管理界公认的“竞争战略之父”,在2005年世界管理思想家50强排行榜上,他位居第一。他先后获得过大卫·威尔兹经济学奖、亚当·斯密奖,五次获得麦肯锡奖,拥有很多大学的名誉博士学位。

波特获得的崇高地位缘于他所提出的"五种竞争力量"和"三种竞争战略"的理论观点。其理论观点在全球被广为接受和实践,其竞争战略思想是哈佛商学院的必修科目课之一。作为国际商学领域最备受推崇的大师之一,迈克尔·波特博士至今已出版了17本书及70多篇文章。其中,《竞争战略》一书已经再版53次,并被译为17种文字;另一本著作《竞争优势》,至今也已再版32次。

波特教授不仅担任杜邦、宝洁、壳牌、Scotts公司以及中国台湾积体电路制造股份有限公司(TSMC)等著名跨国公司的顾问,也在政府和国际组织的政策制定中扮演着重要角色。1983年,他曾应邀出任美国里根总统的产业竞争委员会主席一职,帮助引发了1980年美国乃至世界的有关竞争力的初始工作,带动了当时美国经济的复苏。自1998年开始,波特还担任世界经济论坛《全球竞争力报告》项目(Global Competitiveness Report)的主席一职。

波特不仅在学术界和商业界获奖无数,他甚至还获得过公民勋章,这一褒奖通常授予战斗英雄或者是异常杰出的运动员。波特曾多年活跃于美军后备队,年轻时是高校里颇负盛名的橄榄球、棒球及高尔夫球队队员。

资料来源:作者整理得到。

4. 市场营销。产业组织学还可以用来指导产品定价、产品定位以及广告宣传等市场营销问题。例如,关于产品的非线性定价问题、价格歧视问题、捆绑销售问题、产品差异化问题、产品推出的种类问题以及广告数量与广告花费问题等都与产业组织学有着密切联系。

5. 国际贸易。近年来产业组织学被越来越多地应用到国际贸易领域。2008年诺贝尔经济学奖获得者克鲁格曼(Krugman)的名著《市场结构和对外贸易》、《贸易政策和市场结构》就是利用产业组织学分析国际贸易问题的经典。

专栏1-7 克鲁格曼与国际贸易

保罗·罗宾·克鲁格曼(Paul Robin Krugman),美国经济学家,普林斯顿大学(Princeton University)经济学教授,自由经济学派代表,《纽约时报》专栏作家,克拉克奖获得者,2008年诺贝尔经济学奖获得者。

克鲁格曼的主要研究领域包括国际贸易、国际金融、货币危机与汇率变化理论。他创建的新国际贸易理论,解释了收入增长和不完善竞争对国际贸易的影响。他的理论思想富于原创性,他常常先于他人注意到重要的经济问题,然后建立起令人赞叹的深刻而简洁优雅的模型,待其他后来者进一步加以研究。他被誉为当今世界上最令人瞩目的贸易理论家之一,而他在1994年对亚洲金融危机的预言,更使他在国际经济舞台上的地位如日中天。他先后被许多国家和地区聘为经济政策咨询顾问。1991年,他成为麻省理工学院经济系获得克拉克青年经济学奖章的第五人。

克鲁格曼是主流经济学派的衣钵传人和捍卫者,是萨缪尔森和索罗的“爱将”。但同时,克鲁格曼又是一位急先锋,敢于向任何传统理论开战。克鲁格曼是一位高产作家,他先后出版过20多本专著,还在权威期刊上发表了200多篇文章。在国际经济学、经济理论和战略贸易政策方面的成就使克鲁格曼成为当今世界最具影响力的经济学家之一。他的文笔清晰流畅,深入浅出,其作品不仅是专业研究人员的必读之物,也是普通大众的经典读本。在公众的眼中,他是一位不可多得的大众经济学家。

资料来源:作者整理得到。

第二节 产业组织理论的演进

产业组织理论正式形成于20世纪30年代,而其思想渊源可以追溯到19世纪末。马歇尔在1890年的《经济学原理》一书中,最早把产业组织概念引入经济学。该书提出的规模经济和竞争的矛盾后来成为产业组织理论探索的核心论题。产业组织学理论从产生到现在,已经有80多年的历史。产业组织埋论的演进人体丄可分为前后三个阶段,与三个学派有着密切的联系。

一、哈佛学派

产业组织理论发展的第一阶段是在20世纪30年代至70年代。由于这个阶段是与哈佛学派联系在一起的,因此被称为产业组织的“哈佛学派”。哈佛大学的梅森和贝恩为产业组织理论的发展做出了巨大贡献,形成了著名的“结构(Structure)—行为(Conduct)—绩效(Performance)”(S-C-P)范式。20世纪30年代,梅森(E. Mason)初步构想了产业组织理论的SCP框架雏形及其研究方向。1959年,贝恩(J. Bain)在其出版的第一部系统阐述产业组织理论的教科书《产业组织》中提出了“结构—行为—绩效”范式。该书出版后的20年中,几乎所有大学的经济学专业都将其作为产业组织的标准教科书或参考书。该书的出版既标志着正统产业组织理论体系的诞生,也标志着哈佛学派的正式形成。在这部书中,贝恩明确提出了市场结构的概念和影响市场结构的主要因素。在他看来,包括市场集中、产品差异、进入壁垒、规模经济、一体化等在内的影响市场结构的因素是判断一个产业竞争程度的主要标准。同时,贝恩初步提出了结构、行为与绩效三者之间的关系,他认为市场结构决定企业的产品价格、产量等市场行为,进而决定市场运行的绩效状况。

专栏1-8 贝恩与产业组织

乔·贝恩(Joe S. Bain,1912~1991年),美国著名经济学家,产业组织理论的创始人之一。1933年和1940年先后获哈佛大学硕士、博士学位,导师是熊彼特教授。在攻读博士期间曾参加梅森的产业组织研讨班,因此也可以说是梅森的学生,较多地受到梅森研究的影响。

贝恩的整个35年(1939~1975年)的学术生涯都是在加州大学伯克利分校度过的。其中1951~1952年在哈佛大学做短暂任教,1951~1954年任《美国经济评论》的编委,1968年当选美国经济学会副会长,1982年当选美国经济学会杰出会员。该学会称贝恩为"现代产业组织经济学无可争议的研究之父"。

贝恩的主要著作包括:《产业组织论》、《新竞争面对的壁垒:它们在制造业的性质和后果》以及《定价、分配和雇佣:企业体系经济学》等。

资料来源:作者整理得到。

但是,贝恩本人并没有提出完整的市场结构、市场行为和市场绩效框架。完成这一任务的是谢勒(F. M. Scherer),在1970年出版的《产业市场结构和经济绩效》一书中,谢勒提出了完整的"市场结构—市场行为—市场绩效"的研究框架。SCP框架的基本观点是:市场结构决定市场中企业的行为,企业的行为又决定了市场绩效,如图1-1所示。其中,市场结构通过对卖方集中度、买方集中度、产品差异化程度和进入的条件等指标的分析,主要考察卖者之间、买者之间、买者和卖者之间以及现有卖者与潜在进入者之间基本的市场关系。市场行为则主要包括四个方面,即卖者的价格和产量决策,卖者的产品和销售费用决策,卖者的掠夺性行为和排他性行为以及企业作为买者时的市场行为。市场绩效是在一定的市场结构下,企业行为导致的资源配置、生产效率、技术进步和公平等经济结果。

二、芝加哥学派

产业组织理论发展的第二阶段是在20世纪70~80年代。这一阶段组织理论发展与芝加哥大学的经济学家有着密不可分的联系,因此又被称为"芝加哥学派"。针对哈佛学派重视市场结构决定作用的结构主义观点,20世纪70年代以斯蒂格勒、德姆塞茨、布罗曾、佩尔兹曼和波斯纳等为代表的芝加哥学派提出了激烈批评。芝加哥学派认为哈佛学派提出的SCP范式过于简单武断。市场结构、市场行为和市场绩效之间绝非一种简单的单向因果关系,而是双向的、相互影响的多重关系。不仅如此,企业效率一般决定着市场结构和市场绩效,而不是如哈佛学派强调的市场结构决定市场行为、市场行为决定市场绩效。1968年斯蒂格勒《产业组织》一书的问世标志着芝加哥大学在理论上的成熟。到20世纪70年代中期,芝加哥学派的政策主张逐步在美国的政策周期中占据了主导,芝加哥学派在经济政策的争论上取得了胜利。

芝加哥学派在理论上继承了奈特以来芝加哥大学传统的经济自由主义思想和社会达尔文主义,信奉自由市场竞争中竞争机制的作用,相信市场力量的自我调节能力,认为市场竞争过程是市场力量自由发挥作用的过程,是一个适者生存、劣者淘汰的所谓"生存检验"的过程。芝加哥学派通常否认已有的公司对其他已建立的公司或者对潜在的进入者能够成功地实施策略性行为。芝加哥对市场行为持自由放任主义观点,不相信政府干预。一个政府对其合意的市场绩效所能够做的事情，就是不参与，要让市场力量自发地起到调节作用。这一直是芝加哥学派的产业组织理论家所坚持的政策主张。

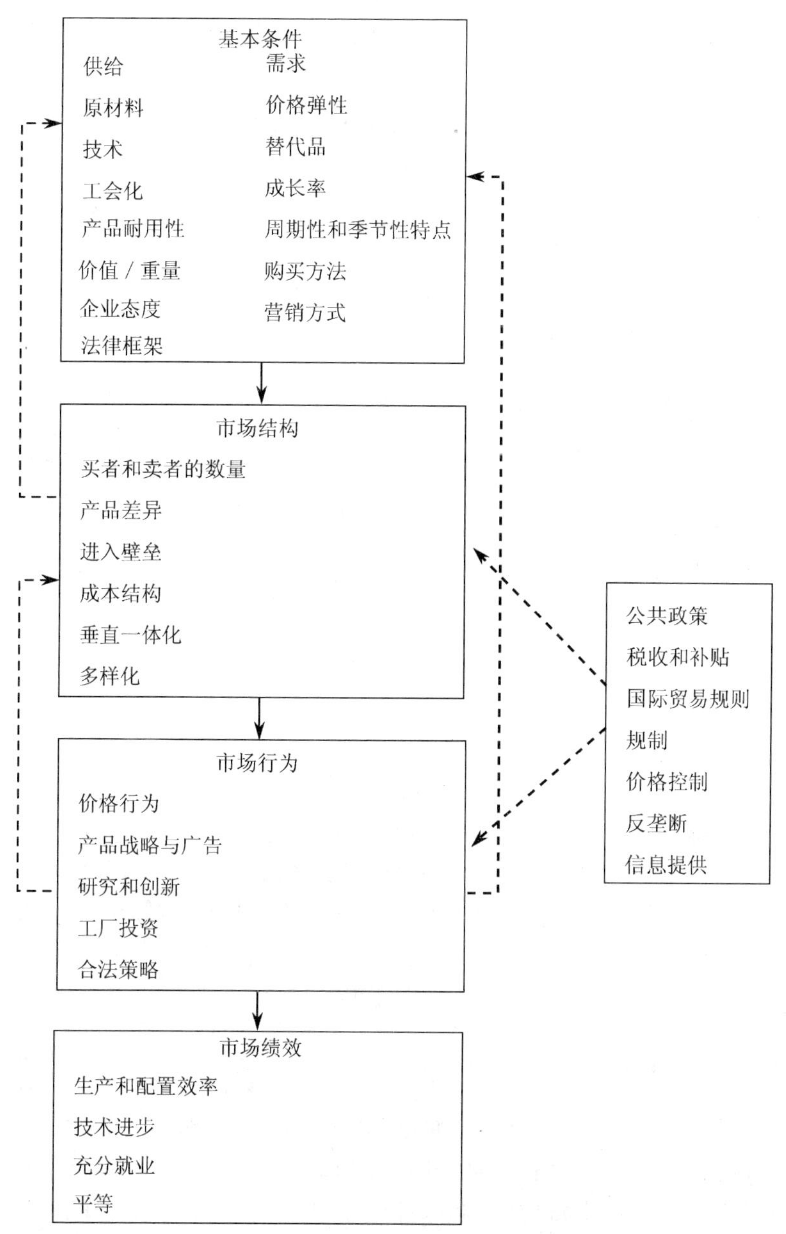

图 1－1　结构—行为—绩效范式示意图

资料来源：F. M. Scherer and David Ross，"Industrial Market Structure and Economic Performance"，3rd，（Houghton Mifflin Company 1990），p. 5.

另外，芝加哥大学还特别强调经验分析的应用。芝加哥学派认为经验工作应该由其结果是否与基本经济理论相一致来判断其是否合理。通过不同的分析透镜去解释商业行为，如果发现所观察到的行为存在着与其基本经济理论相一致的解释，那么这种解释就被认为是正确的。芝加哥传统对这一领域的发展有过重要的方法论上的影响。

专栏1-9 斯蒂格勒与芝加哥学派

乔治·约瑟夫·斯蒂格勒(George·Joseph·Stigler,1911~1991年)，美国著名新制度经济学家，经济学史家，美国经济协会主席，芝加哥大学教授，芝加哥学派的领军人物，《政治经济学》杂志编辑。由于其"把经济基础理论与真实市场过程重新结合的贡献以及由于澄清了经济立法的作用"而于1982年获得诺贝尔经济学奖。

斯蒂格勒的主要研究领域是管制经济学与信息经济学，他是管制经济学与信息经济学的创始人之一，也是市场和市场结构应用研究的开拓者。他主张实行自由市场制度，反对垄断和国家干预，是芝加哥学派微观学方面的代表人物。此外，他还在经济思想史方面做出了突出的贡献。斯蒂格勒在经济分析中，用传统经济学的基本理论假设探讨了许多一向被认为不能用该假设进行分析的经济现象。由于他非常重视经济理论的预测性和可检验性，他的许多理论都使用文献资料进行了论证，因此使经济学研究的科学性得以增强。斯蒂格勒还善于将经济学与其他社会科学进行交叉融合，拓宽了经济学的研究领域，为经济学的发展做出了重要贡献。

芝加哥学派强调通过建立严格的价格理论模型来研究经济中的各种问题。在芝加哥大学，作为微观经济学核心的价格理论是整个学派理论的中心，其十分强调利用价格理论解释现实世界。斯蒂格勒、弗里德曼、赫舒拉发等大师都撰写过有关价格理论的教科书。芝加哥学派主张将价格理论模型作为分析市场的基本工具，基于价格理论模型对企业行为和绩效做出预期，同时藉此设计检验其理论的经验分析模型。

资料来源：作者整理得到。

三、新产业组织理论

新产业组织理论(NIO)是指20世纪80年代以后出现的，以分析企业策略性行为为主旨的，与以往有着根本不同的产业组织学。新产业组织理论区别于传统产业组织理论的首要标志，也是其对产业组织理论的最大贡献在于理论研究方法的统一。新产业组织理论运用了大量的新分析工具，特别是博弈论、激励理论等新理论的引入，使产业组织理论在研究基础、方法工具及研究方向方面都产生了突破性的变化，大大推动了产业组织理论的发展。在研究基础上，新产业组织理论更加注重市场环境与厂商行为的互动关系，这种互动关系体现了逻辑上的循环和反馈链。在方法和工具上，则运用了大量的现代数学的分析工具，特别是多变量的分析工具。在研究方向上，新产业组织理论更加强调了在不完全市场结构条件下对厂商的组织、行为和绩效的研究，特别是寡占、垄断和垄断竞争的市场，在理论假定上增加了交易成本和信息的维度。新产业组织理论的典型代表作是泰勒尔的《产业组织理论》，该书利用博弈论作为分析工具，构建了一个统一的分析框架分析企业的竞争行为，集全面精辟的理论概述和实实在在的应用研究于一体，融优美高深的梳理逻辑和生动浅显的直观解说于一炉，它已经成为当代世界的一本经典教科书，历经 20 多年而不衰。

专栏 1－10　泰勒尔与新产业组织理论

吉恩·泰勒尔（Jean Tirole），世界著名的经济学大师（1990～2000 年世界经济学家排名第二），在经济学界享有盛誉，被称为当代"天才经济学家"。泰勒尔已经发表了 200 多篇高水平的论文，出版了 11 部专著，他的学术研究几乎遍及了经济学的每一个重要领域，从宏观经济学到产业组织理论，从博弈论到激励理论，从企业理论到国际金融，再加上经济学与心理学的交叉研究，泰勒尔都做出了开创性的贡献。

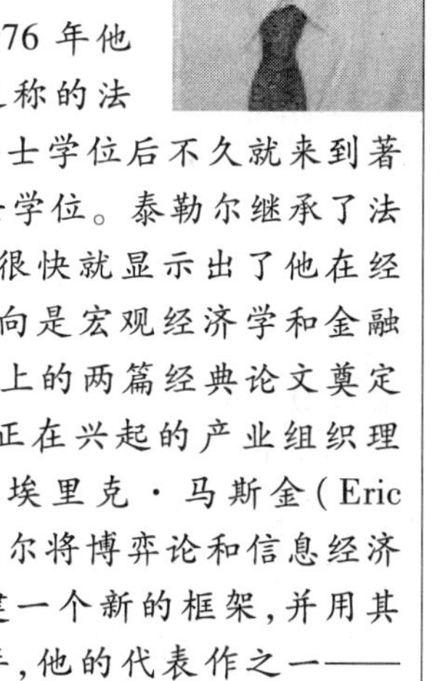

泰勒尔 1953 年出生在法国巴黎附近的一个小镇。1976 年他以优异的成绩毕业于素有法国"工程师和科学家摇篮"之称的法国理工学院。1978 年，在他获得巴黎第九大学应用数学博士学位后不久就来到著名的麻省理工学院继续深造，并于 1981 年获得经济学博士学位。泰勒尔继承了法国学者重视人文科学的传统，再加上他深厚的数学功底，很快就显示出了他在经济学研究领域卓越的天赋和才华。他当时的主要研究方向是宏观经济学和金融学，并以 1982 年和 1985 年发表在最权威的 Econometrica 上的两篇经典论文奠定了其在这一领域的学术地位。此后，泰勒尔转向了当时正在兴起的产业组织理论，出于研究的需要，他同时师从于著名的博弈论大家埃里克·马斯金（Eric Maskin）（2007 年诺贝尔经济学奖得主）研究博弈论。泰勒尔将博弈论和信息经济学的基本方法和分析框架应用于产业组织理论，开始构建一个新的框架，并用其分析和解决产业结构调整中出现的许多新问题。1988 年，他的代表作之一——《产业组织理论》出版，标志着产业经济学新的理论框架的完成。在此后的 20 多年中，这本书一直作为世界著名大学经济系研究生的权威教程而广为流传，至今无人超越。

1991 年，泰勒尔和弗登博格（Fudenburg）合著的《博弈论》正式出版。这本著作立即成为博弈论领域最为权威的高级教程，十几年来一直无人超越。20 世纪 80 年代中期，泰勒尔和拉丰教授共同开创了激励理论的一个最新的应用领域——新规制经济学，并以两本经典著作《政府采购和规制中的激励理论》（1993）和《电信竞争》（2000）完成了这一理论大厦的构建，同时确立了他们在这一领域的开创者地位。

泰勒尔从当代经济学三个最前沿的研究领域——博弈论、产业组织理论和激励理论的十几年融会贯通的研究中获得了经济学研究的真谛和“秘籍”，这个真谛就是作为一个经济学家的直觉，即透过纷繁复杂的经济学现象把握经济学本质规律的能力，而这个“秘籍”则是经济学研究的方法论。自 20 世纪 90 年代中期起，泰勒尔开始以一个开拓者的姿态征服经济学的新领域：经济组织中的串谋问题（1992）、不完全契约理论（1999）、公司治理结构（2001）、公司金融理论（2002）、国际金融理论（2002）以及最近完成的经济心理学（2002）。在上述每一个领域，泰勒尔或以综述性论文的方式，或以专著的形式完成该领域的理论框架的建构，并指出进一步研究的方向，然后悄然转向另一个领域。泰勒尔具有非凡的概括与综合能力，他总是能够把经济学任何一个领域中最为本质的规律和最为重要的成果以最简洁的经济学模型和语言表达出来，并整理成一个系统的理论框架。而泰勒尔对经济学的惊人直觉，也是一般的经济学家望尘莫及的。他敏锐的洞察力和极快的反应能力使得一般的学者根本无法跟上他的思维，因而许多人都这样认为：“在泰勒尔面前，我们如同白痴！”

同许多法国经济学家一样，泰勒尔深深地热爱着他的祖国，1988 年，泰勒尔回到了法国，和拉丰一起创办了享誉全球的法国产业经济研究所，担任科研主任，并最终辞去了麻省理工学院的终身教授职位。他为法国乃至整个欧洲经济学的振兴做出了卓越的贡献。为此，他荣获欧洲经济学会的 Yajo Jahnsson 奖（1993）。泰勒尔以他杰出的成就赢得了国际盛誉：1998 年被推选为世界经济计量学会主席，2001 年当选为欧洲经济学会主席，并成为美国科学院外籍荣誉院士（1993）和美国经济学会外籍荣誉会员（1993）。

泰勒尔教授非常关心中国的经济学教育，他曾多次到中国来讲学。2002 年 12 月，应武汉大学高级研究中心之邀，作为法国产业经济研究所和武汉大学高级研究中心双向交流的一个重要项目，泰勒尔教授曾在武汉大学高级研究中心系统地讲授公司金融理论和国际金融理论，这一讲座代表了该领域的最高水准。

资料来源：http://www.ljps.com.cn/jingji/detail.php?iEcoID=40。

第三节　产业组织理论在我国的发展[①]

产业组织理论是国际上公认的相对独立的应用经济学学科。而我国更多地称之为“产业经济学”。1996 年，国务院学位委员会公布了新的研究生专业学科目录，正式把产业经济学列为应用经济学一级学科下的二级学科，与国民经济学、区域经

① 此部分主要参考了首都经济贸易大学工商管理学院院长戚聿东教授在 2008 年北京社科联举办的“百人工程论坛”的发言。

济学、财政学、金融学、国际贸易学、劳动学、统计学、数量经济学、国防经济学以及劳动经济学并列为应用经济学的组成学科，这也标志着中国产业组织理论在学科设置上与国际惯例逐步接轨。但应注意，我国产业经济学所指的“产业”，不仅仅单指“工业”或“商业”或其他某个行业，而是泛指国民经济中的各行各业。而且在一般情况下，产业组织学中的“产业”与“市场”是同义语。西方国家的产业组织学主要研究的是产业内部、企业之间的产业组织问题。中国较早使用“产业经济”这一名词的学者主要是参考日本某些学者的著作，将产业之间的结构与关联问题（如投入—产出关系）也纳入产业组织理论的研究领域。但这种做法并不是国际上公认的产业组织理论。按照国际惯例，产业经济学与产业组织学是同义词。

从总体上说，产业组织理论作为中国一门经济学的分支学科，始于改革开放之后，但是与国际产业组织理论主流接轨的产业组织理论研究，至今不过十多年的时间。其间经历了从部门经济学（工业经济学、农业经济学和商业经济学等）向以产业结构经济学为主，到现在以产业组织理论为主的演化过程。

中国产业组织学的发展之所以形成这样的轨迹，是与中国经济社会特定的发展状况以及人们对产业经济理论的认识相关的。中国的产业组织理论学科体系是20世纪50年代从前苏联引进的，那时“产业”的概念主要指计划经济中的行业或部门，学科专业相应地也设立了农业经济学、工业经济学和商业经济学等门类，但没有明确的“产业组织理论”名称。改革开放之前，经济学界一直缺乏对产业组织理论进行系统的研究，其研究几乎处于停滞状态。但由于在经济建设中我们仍然遇到与产业组织有关的一些问题，并需要加以解决。因此，经济学界还是在不自觉的状态下，对产业组织问题在苏联范式下进行过一些分析和研究，如对工业经济领域的社会分工和专业化生产与协作问题、对工业生产的联合化和集中化等问题所进行的研究。总的来看，在计划经济条件下，中国没有严格意义上的产业组织理论研究。以市场经济运行为制度背景的产业组织学，在改革开放以前是不可能得到发展的。

我国产业组织学的发展经历的四个阶段：

第一阶段，以产业结构经济学为主导的起步阶段：20世纪80年代。20世纪80年代，产业经济学在中国迅速成为经济学界的重要研究领域之一。但其研究对象，却不是国际上作为主流的产业组织理论，而是与日本相似的产业结构经济学。长期的计划经济使中国的产业结构陷入极为失衡和不合理的境地，调整这种产业结构，使国民经济走出濒临崩溃的境地，成为当时决策当局和整个社会最为关心的问题。

从计划经济向市场经济过渡，中间必然经历一个政府主导型经济阶段。在政府主导型经济中，政府如何采用非指令性计划的手段有效地控制经济运行，是决策当局极为关心的问题之一。产业政策成为当时决策当局认可的调控经济的重要政策手段。日本经济的迅速崛起以及80年代国际经济学界对“通产省奇迹”的称赞，使正处于困境中的中国看到了一个似乎可资模仿的样板。当时的很多学者和政府官员都认为，借鉴日本产业结构调整的经验，对中国摆脱经济困境、实现经济振兴是完全必要的,也是可能的。正是在以上社会经济背景下,当时中国的产业经济学研究,借鉴了日本产业结构经济学的理论,形成了以研究产业结构调整及其政策为主的产业经济学研究体系。国务院发展研究中心、中国社会科学院工业经济研究所以及中国人民大学工业经济系等研究机构是这一时期产业结构与政策的研究重地。

第二阶段,西方产业组织理论引进吸收阶段:20 世纪 80 年代中后期。产业组织理论的研究在英美国家已经有一个多世纪的历史。这个理论起源于剑桥大学教授马歇尔提出的"马歇尔冲突",即自由竞争与规模经济和垄断的两难选择问题。后经 1933 年的"垄断竞争革命",到 1959 年产业组织理论创始人之一的哈佛大学教授贝恩的《产业组织》一书出版,标志着产业组织理论的正式诞生和产业组织理论"哈佛学派"的形成。此后,在 20 世纪 60 年代到 80 年代,又催生了产业组织芝加哥大学——加州大学"洛杉矶分校学派"和"新奥地利学派"的兴起。最早介绍到我国的产业组织著作是美国学者 W. G. Shepherd 的《市场势利与经济福利导论》,该译著于 1980 年出版时并未引起学术界的注意,更谈不上深入研究了。1985 年,中国人民大学经济学教授杨治编著的《产业经济学导论》出版,这是国内第一本以"产业经济学"为名的著作,在国内影响较大,而且它影响了以后的产业组织经济学的内容体系和研究框架,至今还在影响着中国。1985 年,世界银行经济发展学院和清华大学经济学院联合举办经济管理讲习班,编印了《产业组织经济学》,比较系统地对西方产业组织理论进行了介绍。1988 年,日本学者植草益的《产业组织论》在中国出版,成为国内第一本系统介绍国外产业组织理论的译著。随后,国内又陆续翻译出版了几种西方学者研究产业组织的著作,如丹尼斯·卡尔顿和杰佛里·佩罗夫合著的《现代产业组织》、J. 施蒂格勒的《产业组织与政府管制》等著作的翻译出版,对产业组织研究在中国的兴起起到了很大作用。

在积极引进国外产业组织理论专著的基础上,中国经济学家也开始尝试运用产业组织理论范式对中国现实产业组织问题(特别是垄断与竞争问题)进行研究。蒋学模主编的《社会主义政治经济学》专门用一章来介绍"社会主义经济中的竞争与垄断"。谷书堂主编的《社会主义经济学通论》也大量讨论了竞争与垄断问题。1988 年出版的胡汝银的专著《竞争与垄断:社会主义微观经济分析》,完全以中国经济的竞争与垄断为研究对象,蒋学模评价该书是"我国第一部系统地研究社会主义竞争和垄断的专著,填补了一个空白点"。1989 年出版的邹东涛和杨秋宝合著的《经济竞争论》,系统论证了中国经济竞争模式问题。与此同时,《经济研究》1987 年第 10 期发表了史正富的论文《产业组织的转换与产权制度的改革》、《经济研究》1988 年第 10 期发表了陆德明的论文《改造产业组织,建立垄断竞争市场》、复旦大学课题组发表了《通过产业组织的改革与创新,建立社会主义垄断竞争市场》等专著和论文,开创了运用产业组织理论范式对中国现实产业组织问题进行研究的先河。但在 20 世纪 90 年代以前,中国产业组织理论界对产业组织理论的研究还是个别的和初步的,还没有出版一本产业组织专著,屈指可数的研究成果所涉及的产业组织问题也是夹杂在其他问题当中。

第三阶段,中国产业组织学的初步形成阶段:20 世纪 90 年代。20 世纪 90 年代以后,随着中国改革开放的深入和明确提出“建立社会主义市场经济”的改革目标,垄断与竞争之间以及竞争与效率之间的关系逐渐成为中国经济发展中的突出问题,并日益引起学者的关注,因此产业组织理论研究成为产业经济学研究的主要内容。这一时期产生了一批产业组织研究成果。1990 年,陈小洪、金忠义出版的《企业市场关系分析——产业组织理论及其应用》是针对国内读者的第一本系统介绍产业组织理论和国外产业组织状况的专著。1991 年,王慧炯主编的《产业组织及有效竞争——中国产业组织的初步研究》与 1993 年马建堂的《结构与行为——中国产业组织研究》于 1994 年同时荣获了第六届孙冶方经济学奖。1994 年,夏大慰编写的《产业组织学》是国内第一部系统介绍和分析产业组织理论、方法以及产业组织政策的教材。此外,《经济研究》等期刊也发表了不少有关产业组织的论文。1997 年,国际上最流行的泰勒尔的教科书《产业组织理论》和美国经济学家丹尼斯·卡尔顿等著的《现代产业组织》的中译本均被出版。其中《产业组织理论》的最大特点是应用博弈论和信息经济学方法分析产业组织问题,为中国产业组织学界带来了新的分析方法。从此,应用博弈论和信息经济学方法研究中国产业组织问题的文献逐渐增多。总之,这一时期的研究趋于多样化,在研究的理论框架上,既有在西方正统的产业组织理论 SCP 分析框架内展开的分析论著,也有在新制度经济学和公共选择理论的框架内进行分析的成果;在研究方法上,规范性的分析减少,实证和案例分析的论著增多;在分析的广度上,既有综合性分析,又有行业分析和专题性研究;在研究内容上,有关市场进入与退出、反垄断、政府规制、垄断行业引入竞争机制问题都不断地进入了经济学家的视野和研究工作,可以看出,中国产业组织理论体系已初步形成。

第四阶段,产业组织理论研究的繁荣阶段:21 世纪至今。进入 21 世纪以来,中国按照国际上通行的产业组织理论研究范式进行的研究越来越多,这标志着中国产业组织学的研究渐渐与国际主流接轨。SCP 分析框架是中国学者研究产业组织使用的主要研究工具,较多的研究者将中国经济转轨作为研究背景,引入制度变量,对特定产业的市场结构、企业行为和市场绩效之间的相关性进行实证检验。随着研究的深入,开始针对国际贸易、金融、保险、证券、中介机构和出版等具体行业领域进行研究。此外,随着社会主义市场经济改革进程的深入,深化垄断行业改革和反垄断、政府规制体制改革、产业竞争力等问题日益引起学术界的重视,这方面的研究成果开始大量涌现。

产业组织理论的繁荣与深化还体现在专业学术团体和专业期刊的繁荣上,国内目前有两个全国性的学术研究团体——中国产业经济学会、中国工业经济学会。主要专业出版物有《中国工业经济》、《产业经济研究》、《产业经济评论》、《中国产业组织评论》、《产业组织评论》和《规制与竞争前沿问题》。在国外,众多国际一流的经济学家包括诺贝尔经济学奖得主都活跃在产业组织理论领域,产业组织理论领域的论文在《美国经济评论》等世界顶级经济学期刊中占有相当大的比重。在中国，产业经济学经过 30 年的发展得以迅速普及和提高。中国经济学界的顶级期刊《经济研究》大量刊载有关产业组织理论领域的论文，其研究成果对政府产业政策、反垄断法、反不正当竞争法、价格法、WTO 新一轮谈判（贸易与竞争议题）及垄断行业改革等有很大的促进作用。

在学科建设上，中国人民大学、南开大学、厦门大学以及中央财经大学的应用经济学一级学科（覆盖产业组织理论）和复旦大学、暨南大学、北京交通大学、东北财经大学、山东大学以及西安交通大学的产业经济学科为国家级重点学科。全国拥有产业经济学博士学位授予权的单位有 30 家，拥有产业经济学硕士学位授予权的单位有 172 家（含上述 30 家）。其中，复旦大学、东北财经大学还设置了产业组织理论的博士培养专业，培养产业组织理论方面的博士生。此外，产业组织理论的分析范式和方法已经渗透和体现到法学、公共管理学和社会学等学科内容中。可以说，如果经济学已经成为社会科学中的重要研究领域，那么，产业组织理论则是经济学中的重中之重，成为研究生学科专业中的热门专业。目前，产业组织理论已成为中国综合性大学经济学类、工商管理类专业和财经类院校学生的专业必修课。随着研究生学科专业目录的调整，产业组织学何去何从，目前争议分歧很大。但有一点可以肯定，无论产业组织学在学科目录上的归属如何调整，产业组织学理论与方法已经较为普及，对产业组织学的研究一定会继续深入下去，产业组织学对推动经济学的进步和推动中国产业经济振兴的作用将会越来越大。

本章小结

1. 产业组织学主要运用微观经济理论分析厂商、市场及其相互关系，是研究市场结构、市场行为、市场绩效的关系以及市场与政府相互作用和影响的一门新兴应用经济学分支。

2. 产业组织学的研究对象是产业。产业是指生产相同或相近产品的企业集合。

3. 产业组织学主要研究企业、产业、市场三者的组织形式及其相互关系，其核心内容包括市场结构、市场行为、市场绩效和政府公共政策，特别是企业间行为的相互影响与竞争策略。

4. 产业组织学的研究方法主要有案例研究方法、博弈论方法、计量经济学方法以及实验经济学方法。

重要概念

产业组织　　产业　　市场结构　　市场行为　　市场绩效

思 考 题

1. 试说明产业组织学的研究对象。
2. 试说明产业组织学的研究方法。
3. 试说明产业组织学的应用领域。
4. 试说明产业组织学的研究脉络。

延伸阅读

1. 沃德曼、詹森:《产业组织:理论与实践》,机械工业出版社,2009 年。
2. 刘易斯·卡布罗:《产业组织导论》,人民邮电出版社,2002 年。
3. 谢佩德:《产业组织经济学》,中国人民大学出版社,2007 年。
4. 卡尔顿、佩罗夫:《现代产业组织》,中国人民大学出版社,2009 年。
5. 亚当斯、布罗克:《美国产业结构》,中国人民大学出版社,2003 年。
6. 骆品亮:《产业组织学》,复旦大学出版社,2006 年。
7. 王俊豪:《产业经济学》,高等教育出版社,2008 年。
8. 迈克尔·波特:《竞争战略》,华夏出版社,2005 年。
9. 迈克尔·波特:《国家竞争战略》,华夏出版社,2005 年。
10. 泰勒尔:《产业组织理论》,中国人民大学出版社,1999 年。
11. 马丁:《高级产业经济学》,上海财经大学出版社,2004 年。
12. 海·莫瑞斯:《产业经济学与组织》,经济科学出版社,2000 年。
13. 奥兹·夏伊:《产业组织:理论与应用》,清华大学出版社,2005 年。
14. 奥兹·夏伊:《网络产业经济学》,上海财经大学出版社,2002 年。
15. 李明志:《产业组织理论》,清华大学出版社,2005 年。
16. 谢地等:《大象与蝴蝶共舞:产业组织案例分析》,长春出版社,2004 年。
17. 卢锋等:《商业世界的经济学观察:管理经济学案例及点评》,北京大学出版社,2003 年。
18. 瓦里安、夏皮罗:《信息规则》,中国人民大学出版社,2000 年。
19. 派恩:《大规模定制》,中国人民大学出版社,2000 年。
20. 青木昌彦:《模块时代》,上海远东出版社,2002 年。
21. 鲍德温、克拉克:《设计规则》,中信出版社,2006 年。

第二章　企业理论

学习目标

- 了解企业的作用和企业组织的逻辑演进
- 了解传统企业理论
- 理解和掌握现代企业理论的主要内容和中国国有企业改革

开篇案例

七个和尚分粥

从前，山上的寺庙有七个和尚，他们每天分食一大桶粥，可是每天可以分食的粥都不够。为了兼顾公平，使每个和尚都能基本吃饱，和尚们想用非暴力的方式解决分粥的难题。

一开始，他们拟定由一个小和尚负责分粥。但大家很快就发现，除了小和尚每天都能吃饱，其他人总是要饿肚子，因为小和尚总是自己先吃饱再给别人分剩下的粥。

于是，饿得受不了的和尚们提议大家轮流主持分粥，每天轮一个。这样，一周下来，他们只有一天是饱的，就是自己分粥的那一天，其余六天都是肚皮打鼓。

大家对这种状况不满意，于是又提议推选一个公认道德高尚的长者出来分粥。开始时这位德高望重的人还能基本公平，但不久他就开始为自己和挖空心思讨好自己的人多分，整个小团体因此变得乌烟瘴气。

这种状态维持了没多长时间，和尚们就觉得不能够再持续下去了，他们决定分别组成三人的分粥委员会和四人的监督委员会，这样公平的问题基本解决了。可是由于监督委员会提出多种议案，分粥委员会又屡屡据理力争，互相攻击扯皮下来，等分粥完毕时，粥早就凉了。

最后，他们总结经验教训，想出一个办法，就是每人轮流值日分粥，但分粥的那个人要等到其他人都挑完后再拿，只能选择剩下的最后一碗。令人惊奇的是，在这个制度下，七只碗的粥每次都几乎是一样多，就像用科学仪器量过一样，这是因为每个主持分粥的人都认识到，如果七只碗里的粥不一样，他确定无疑将享用分量最少的那碗,从此以后和尚们都能够均等地吃上热粥。

资料来源:作者整理得到。

思考题:为什么需要制度?什么是好的制度?

第一节 企业的作用

企业是以盈利为目的而从事生产经营活动,向社会提供商品或服务的经济组织。企业作为一个历史的范畴,它一经产生,就显示出了强大的生命力,较之其他形式的经济组织,它能够进行更有效率的设备投资,不断采用新技术,生产、销售新的和更好的产品,满足社会的需要。它还能决定使用何种经济资源从事何种生产活动,可以使资源得到更加合理和有效的配置。尤其在现代市场经济条件下,企业担当起为整个社会提供商品和服务的主要作用,且已成为现代社会大多数经济活动的直接参与者以及生产经营活动的主体,成为整个社会经济繁荣度的决定性因素,成为衡量一个国家核心竞争力的主要标志和符号。一些现代跨国企业已发展为富可敌国的“巨无霸”。沃尔玛是全球最大的零售业连锁店,国内外有6700多家连锁店,员工180万人,每周的顾客有1.75亿人次。2008年沃尔玛的营业收入达到4056.07亿美元,相当于同年整个中国GDP的9.6%,相当于印度GDP的45%,比很多小国家的GDP还要高,因此,可称之为“富可敌国”。在我国,企业的作用更是举足轻重。2006年中国企业500强实现营业收入141405亿元,相当于同年GDP的77.6%。改革开放以来,我国经济发展的根本原因就是通过企业改革,企业成为经济的主体。没有企业的发展,就没有中国经济的繁荣和小康社会的实现,也就没有中国的富强。在现代经济社会中,企业发挥着巨大的作用,总的来看,主要表现在以下几个方面:

1. 企业是社会财富的创造者。企业作为社会生产和流通的直接承担者,其生产过程就是创造新价值的过程,整个社会的收入都依赖于企业的生产活动。在现代经济社会中,企业一方面为整个社会提供其所必需的商品和服务,另一方面又是职业和收入的主要源泉。也就是说,在当今社会,企业是整个人类社会赖以生存和发展的物质资料的生产者,是社会财富的主要创造者。

2. 企业是推动社会生产力发展和人类进步的主要力量。企业作为市场的主体,追逐利益最大化的内在动机与优胜劣汰的外在竞争压力要求企业必须不断采用新技术和设备,扩大生产规模,提高生产效率,这样才能在日益激烈的市场竞争中求生存、求发展,从而推动整个社会生产力不断向前发展。

3. 企业是经济增长和经济发展的主要动力。企业对整个社会经济的发展与进步有着不可替代的作用,现代经济增长主要依靠投入的增加和技术的进步。而企业正是整个社会投入的主体,是研究与开发的主体,也是产业结构升级和增长方式转变的主体。投入的增加主要靠企业,技术进步(尤其是将先进的科学技术知识转化成现实的生产力)也主要靠企业,实现产业结构升级和增长方式转变也要靠企业。从一定意义上讲,企业素质的高低,企业是否适应市场经济发展的要求,直接关系着国民经济状况的好坏和社会的长治久安。因此,我们可以说企业是推动现代经济增长的主要动力。

第二节　现代企业的演进

企业的产生与形成是社会经济、技术进步与商品经济发展的结果。作为一种制度创新,企业是组织形态的生产力,它加速了社会经济的发展。企业的演进主要受人才、资本和抗风险力三大"瓶颈"的制约。其演进过程也就是企业组织形式由低级到高级逐步打破自身发展"瓶颈"、拓展自身生存空间的过程。按照其逻辑演进顺序,主要分为独资企业(Sole Proprietorship)、合伙企业(Partnership)、公司企业(Corporation)三大类型。独资企业和合伙企业即古典企业,在法律上属于自然人,没有法人资格,因此企业行为受普通民法的约束。公司企业即现代企业,具有法人资格,股东拥有自然人资格,企业的法人资格仅由董事长一人代表,企业行为遵循企业法的规定。

一、独资企业

独资企业一般是指个人单独出资经营的工商业,所有权和经营权合一,皆归属于出资人。独资企业始于埃及和罗马时代,起源最早,也是最普遍的企业组织。独资企业在零售业、手工业、家庭工业、农业、林业、渔业等行业中十分普遍。即使是在以大企业为企业主体的西方各国,独资经营的个人企业在数量上仍压倒多数,是经济生活中最活跃的细胞,其作用举足轻重。通常情况下,独资企业规模较小,营业范围较窄,组织结构比较简单。因此,独资企业的日常运行,往往由业主自己负责。企业的财产,与业主自己的私有财产一样,在法律上并无任何差别。一方面,独资企业的优势相当明显:一是独资企业成立或解散的程序简单,独资企业保密良好。二是企业运行效率较高。独资企业的管理权和所有权二位一体,企业的各种活动决策皆可高度简化。业主自己可以自行决策,企业成败即个人成败,因此独资企业的负责人最具进取动力。三是独资企业的信用关系较长久。独资企业的业主是以个人身份向外借债的,其信用关系建立在个人关系之上。只要个人关系尚存,信用关系就不会削弱或消亡。另一方面,其劣势也充分暴露:一是一旦企业陷于破产,对外的负债则由业主承担无限的清偿责任,这一点是独资企业的首要缺点,它使得独资企业的风险骤然增大。二是个人资金力量有限,业务扩展比较困难。三是由于业主可按一己之意愿随时终止营业,因此独资企业长久存续的稳定性不强。同时,业主的死亡等意外事件,也给独资企业带来致命的打击。四是独资企业的所有权和管理权均握于业主之手,故其事业能否兴旺,完全要看业主的才识与能力,因此,难以吸引优秀人才,内部制度也较难完善。

二、合伙企业

关于合伙,英国规定:合伙为多数人以营利为目的,而经营共同事业之关系体。美国规定:合伙,乃两人以上互约出资、共同经营之营利事业。我国现行有关法规规定,合伙企业为两人以上共同经营的事业。合伙关系的成立以口头或书面的契约为要件。与其他企业形式相比,合伙企业的特点主要是:合伙企业不具有法人地位,合伙人相互之间可作为代理人,对债务负连带无限责任,即合伙企业倒闭时,若合伙资本不足以清偿债务,则每一合伙人对于不足数额,都有全部清偿的责任。企业事务的表决形式,不论出资多少,一人一票,如有一个合伙人表示异议,便不能通过。除非合约另有规定,否则任何一位合伙人死亡或退出,或加入新合伙人,旧合伙企业即告解散。合伙人有权转让合伙权益,但转让导致其他合伙人受损时,须予以赔偿,并且不能强迫其他合伙人接受承让人为合伙人。合伙企业的资产,可自行决定提取的限额,法律上并不特加限制。和独资企业相比,合伙企业具有组织方便、利益共享、关系融洽、办事效率高的优点。制约企业发展的人才、资本和抗风险力三大“瓶颈”在一定程度上得到缓解,但仍没有根本解决。首先,合伙人须负无限清偿债务责任,高风险犹在;其次,股份不易转让,致使合伙企业较难筹得大笔资金,而且,合伙企业的寿命很不稳定;最后,由于合伙人较多,容易产生分歧,亦互相牵制,增加经营风险和经营成本。

三、公司企业

公司企业是根据企业法成立的营利性社团法人。公司企业是市场经济发展的产物,是现代经济社会最伟大的发明之一,也被称为“现代企业”。我们说现代企业制度,主要就是指公司企业制度。现代企业的概念由钱德勒在《看得见的手》中提出,即“由一组支薪的中、高层经理人员所管理的多单位企业即可适当地称之为现代企业”。钱德勒认为现代企业以铁路企业为起点,因而将 1827 年美国第一家股份制铁路企业的成立作为现代企业出现的标志。实际上现代企业起源于资本密集型技术,与规模化生产方式相适应,以实行产销结合和科层管理为主要特征,在法律上以现代企业制为标志的企业形态。现代企业以公司企业为主体,与往昔的企业有着许多不同之处。归纳起来,其特点有:独立的法人地位和有限责任、完善的治理结构、科层组织的运用、顾客导向的经营思想、大规模产销以及企业社会责任的承担。

(一)独立的法人地位和有限责任

现代企业是具有完全的法人资格的经济组织,公司企业一经依法成立,法律就赋予它以人格,与自然人一样拥有享受权利和承担义务的能力。与独资企业和合伙企业相比,这是现代企业最重要的特点,也是现代企业的重要标志之一,主要表现为:①具有了独立的法人财产,企业财产与股东财产相分离而独立地存在。②必须依法成立并登记注册,有自己的名称、章程、组织机构和处所。③能够独立地承担民事责任。④企业以法人财产为限对企业债务承担责任,股东以出资为限对企业债务承担责任。

(二)完善的治理结构

现代企业摒弃了简单的个人统治模式,实现了经营权与所有权的分离,建立了完善的法人治理结构。对各要素所有者的不同权利在制度设计上进行了相应的体现,通过股东会、董事会、监事会、经营者乃至独立董事等形式,建立了决策、执行、监督相结合的治理结构。聘请专业化的职业经理负责企业的日常经营管理。

(三)科层组织的运用

组织管理上的变革源于客观需要,现代企业的复杂性大大超出了此前的企业形态。现代企业为适应机器化大生产,运用专业分工思想,建立了金字塔式的科层组织,随着企业规模的扩大、分工的深化,许多职能不断细化并从原来的部门中独立出来。科层制的存在是现代企业的一个显著特征,大规模的产销活动必须借助科层制才能实现。科层组织横向实行职能分工,按专业和工作任务建立职能部门,发挥职能参谋作用;纵向实行直线分工,按管理权限划分不同的层级,通过命令链进行经营决策,维持日常的企业运营。企业按直线和参谋原则组建组织体系,生产、销售和采购部作为基础职能部门首先出现,以后相继又增加了研发、运输、工程等业务辅助部门,以及财务、法律、人事等支持性职能部门。企业组织结构,先后从 U 型结构发展为 H 型结构,最后到多分部的 M 型结构。科层组织是在市场环境相对稳定的条件下,企业追求规模经济、降低内部交易成本的自然选择。

(四)顾客导向的经营思想

现代企业内部,已经由领导中心转向顾客导向。从企业的经营思想发展看,顾客导向是生产水平极大提高后的产物。在生产力低下的情况下,许多产品供不应求,经营者认为只要把生产搞好就能赚钱,因此不大关注顾客需求及满意度,从而采用生产导向经营思想。随后股市发达,经营者又认为产业合并和财务结合能使股票上涨,获得更多的利润,于是又转向财务导向。大量生产后,经营者普遍认为新顾客增加的速度比产品增加的速度慢,同时光靠股市操作也非长久之计,于是有了销售导向经营思想的产生。到了现代经营的时代,顾客导向的经营思想才流行起来。此时,经验告诉经营者,在产品制造之前,就应调查研究顾客的爱好以及竞争者的做法,并以此为基础制订、调整销售和生产计划。因此,现代企业的顾客导向,就是西谚所说的“顾客就是上帝,顾客就是国王”。

(五)大规模产销

现代企业的登场是以满足大众需求为特征的。现代企业可以理解为从原材料到客户的协调系统，是大规模生产和大规模分配的结合。流水线是现代企业大规模生产的标志。大规模生产要求创新分销体系，制造商不得不实行纵向结合，建立自己的销售网络。但大规模产销在提高产量的同时，也使企业失去了小规模生产的灵活性。

（六）企业社会责任的承担

现代企业所要承担的社会责任可分为三类。其一是企业内部的社会责任，主要是指企业从业员工的社会福利，如工作环境改善、假期提供、员工生活指导、在职培训、员工子女教育等。其二是企业外部的社会责任，指企业对同业、异业、顾客的社会责任，表现为同业公平竞争、共同维护同业生产资源，异业诚恳支持与协助、相辅共进，对顾客的社会责任则早已广为人知。其三是企业的一般社会责任，如贫民救济、贫民市场创设、环境卫生改进、国家资源保护、公共娱乐供应，均在此列。甚至，此项责任还延伸到国外，如维护和平、保护全球环境等。

现代企业发展演变的过程是工厂规模扩张和工厂合并，最后结合为多单位企业的变化过程。这个过程既是企业规模扩张、资产一体化，获得规模、范围或速度经济的过程，也是企业对生产技术、分配和管理进行投资的过程，同时还是企业能力提高的过程。这些变化都是同一个过程的不同方面，而且这些方面互为因果、共同构成一个运动的整体。现代企业发展演变的实质是企业能力的提高，即企业占有、创造和实现财富的能力的提高，也是企业生命活动机能的提高。企业能力是在企业内部组织起来的物质设备和人的技能的集合，是企业获得竞争优势的前提和基础。企业能力既包括企业将物质要素转化为产品的技术能力，也包括企业控制内部交易成本的制度能力，是多方面技能、互补性资产和运行机制的有机融合，是不同技术系统、管理系统及技能的有机结合。规模的扩张带来了巨量的资本需求，单个或少数几个企业主的资金已不能满足要求，需要聚集各种社会资本。同时还要解除投资者承担无限风险的后顾之忧，因而股份企业获得了长足发展。资本结构的社会化是现代企业规模化的前提条件，铁路企业一开始就采取了股份企业的形式来筹集资本，奠定了现代企业的制度基础。

第三节 传统企业理论

企业理论的发展大致可以划分为两个阶段：第一阶段是新古典厂商理论，也就是传统企业理论，主要探讨企业如何在既定技术条件和外部环境下实现利润最大化问题；第二阶段是新制度经济学企业理论，即现代企业理论，以科斯等为代表的新制度经济学家，用交易成本来解释企业的存在和边界，从市场和企业关系的角度探讨了企业的本质和规模。最早讨论企业的，无疑是新古典经济学。新古典经济学是过去一个世纪以来在经济学界占主流地位的经济学，以分析微观经济问题而出名，其研究范围几乎涉及经济的所有方面，企业活动只是其中的一个方面。在新古典经济学体系的大家中，马歇尔可谓是“企业理论研究的集大成者”。在1890年出版的《经济学原理》中他用大部分篇幅对企业理论加以论述，分别从技术进步、知识、决策等多方面探讨了企业的相关问题，他还重点研究了企业家的作用及企业的组织形式、市场竞争的结构和企业规模等问题。他的研究成为企业理论的起点。新古典理论实际上是微观经济学中的厂商理论，经过一百多年的发展，就其理论体系来说已相当完善。其主要从技术和投入产出的角度来研究企业，把企业看成一个“黑箱”，不考虑企业的组织结构。假设企业只生产一种产品，企业投入和产出可用生产函数表示。在新古典企业理论中，企业被定义为以盈利为目的的一个独立的经济活动单位，企业以何种方式组织起来是不重要的，重要的是企业都是生产经营单位，其目标是利润最大化。在新古典企业理论中，企业只是一个“黑箱”，而没有探讨企业的本质，企业本身仅是实现最大化的一种机械装置。为了研究企业怎样获得最大利润，就必须研究企业的技术约束。企业的技术约束包括企业的产量变化规律、成本变化规律和市场需求条件，前两者就是生产函数和成本函数的内容，后者则在市场均衡的框架中加以分析。

第一，他们分析了企业的技术特征。新古典企业理论首先把企业作为一个既定生产函数，主要研究生产要素与产出量的物质数量关系。①他们研究了单要素可变和全要素可变情况下产出量的变化规律，分别得出了边际报酬递减规律和规模报酬变动规律，最后，他们认为增加产量不能靠要素投入维持，要选择适度的经济规模，使成本最低和利润最大。②他们分析了企业成本理论，即通过考察企业成本变动状况以及产量和成本的变化关系，来研究成本变动规律。分别运用了可变成本和不变成本在短期和长期内进行定量分析，并且得出了决定企业决策的依据是边际成本，即额外增加一个单位的投入所带来的产量增加量，而非平均成本，从而确定了运用边际成本理论决策的重要意义，这也进一步体现了马歇尔的由局部均衡到一般均衡的分析思想。由于平均成本和边际成本曲线都是U型曲线，故从理论上总可以找到成本最低的生产方法。③分析了企业利润最大化时的产量和价格的确定，即一般均衡理论。他们认为利润等于收益减去成本，而收益是产量和价格的函数，成本是产量的函数，根据在边际成本等于边际收益时利润最大化，将这个问题简化为一个求极值的数学问题，从而再一次体现出新古典经济学家运用一般均衡的理论和严格的假设条件，将企业的行为模型化的研究思路。④进一步提出了在完全竞争市场、完全垄断市场、垄断竞争市场、寡头垄断市场条件下的企业行为（产量和定价）模型。分别提出在完全竞争条件下，市场出清，企业将获得平均利润。垄断竞争条件下，由于不同消费群体的价格弹性不同，企业实行差别定价的原则和模型，并且再一次运用了数学的方法加以公式化。此外还描绘了寡头垄断市场企业“合谋”行为的模型，进一步强化了企业理论就是计算数学极值概念。

第二，新古典经济学家讨论了企业是否是利润最大化的实体。他们（以古诺为代表)除了从数学上进行阐述以外,还从理论上进行了解释。他们认为:①利润最大化是一个好企业如何行为的模型,假如企业不是以利润最大化为目标,我们将无法分析企业的行为。②利润最大化将通过一个自然的选择过程把不是利润最大化的企业淘汰出局。③如果企业的经理不是以利润最大化而使入侵者接管企业,或者经理将被解雇,那么经理将是利润最大化的。④利润最大化符合投资者利益,股东将制订激励计划迫使经理以利润最大化为目标。总之,新古典经济学家从应然层面和完美逻辑角度认为企业是利润最大化的实体。

第三,部分新古典经济学家(纳尔逊、温特)提出"企业进化论"理论。认为企业就是一个行为实体。他们认为企业只是一个按特定方式行动的行为实体,因此没有极大化。这种理论把企业看成一个生物体,像自然界生物那样适者生存,优胜劣汰。

总之,在标准的微观经济学教科书中,新古典经济学家们对企业利润最大化问题进行了比较细致的数学分析和经济解释,运用很多工具来表达利润最大化问题,从而使企业理论成为一个数学上的极值问题。按照马歇尔的观点,企业的进步只能源自于外部市场环境的改变和竞争压力的改变,以及内部要素投入比例的变化,企业所有的要素都可以转化为函数的自变量,在外部环境的约束下,求解最优化的行为模型。这就是新古典经济学完美理性行为模型的企业理论的全部内容。对于企业为何物,新古典经济学家虽然也提出了不少启发性的看法,但总的来说没有打开企业这个"黑箱之谜",没有回答企业的本质是什么以及企业内部如何组织这样的问题,因此还不是真正意义上的企业理论。

第四节 现代企业理论

一、科斯的企业理论

一般认为,只有到了科斯(R. Coase,1937)之后,西方经济学中才有了真正的企业理论,因而新制度经济学派的企业理论被称为现代企业理论。其实更早的学术研究已经开始进行了,专门以企业组织和企业制度为研究对象的论述应该从贝利和米恩斯算起,他们于 1932 年出版了《现代企业与私有财产》一书。钱颖一曾经指出,对于现代企业理论来说,科斯、贝利和米恩斯的著作当称"开创性的工作"。因此,应将其共同作为现代企业理论的开端。同时我们也应该看到,对企业本质的研究是新制度经济学派的重要起源,新制度学派的"帝国主义"与其在企业理论上的巨大成功紧密相连。

科斯经过 5 年多的酝酿,在 1937 年发表了《企业的性质》这篇蕴涵着微观经济学革命的论文,连同 1960 年发表的《社会成本问题》论文,使他在 81 岁高龄(1991 年)获得了诺贝尔奖。科斯不仅开创了现代企业理论的先河,而且给企业的实践提供了有力的分析工具,凭借这些贡献获得此殊荣是当之无愧的。科斯认为,在新古典经济学所描述的世界里,交易是没有摩擦的(即零交易费用),信息可以无成本地获得,从而任何交易都可以在市场上达成,根本不需要一个企业来协调各要素之间的交易。科斯因而进行了质疑并由此提出两大问题:什么是企业?什么是企业的边界?科斯的思考结果是:企业要想出现,交易费用必须大于零。而事实上,利用价格机制是有成本的,市场上的交易成本和企业内部的交易成本是不一样的,当市场上的交易成本过高时,放到企业内部则有可能下降,因为企业可以节约交易费用,所以市场上交易成本高的活动就内化到企业中来了。企业内部能节约交易费用的原因在于企业配置资源的特征是“权威”,这一点是不同于市场的,这点不同决定了在某些情况下企业配置资源的费用会低于市场。但这存在一个限度,这个限度即企业的边界,其分析方法是一种边际分析法,由于存在着“管理收益递减”的因素,企业将倾向于扩展到在企业内部组织一笔交易的成本,等于通过在公开市场上完成同一笔交易的成本或在另一个企业组织同样交易的成本为止。科斯还将企业视为一个契约,企业是用一个长期契约替代市场上的一系列契约,用企业家的权威指挥替代价格机制的协调,因而企业的本质是一种和市场相区别的交易活动的契约形式。他认为,企业的显著特征就是作为价格机制的替代物,并且提出了科斯定理,分别论证了在是否存在交易费用的前提下,产权配置清晰对社会福利的作用。

二、威廉姆森的企业理论

威廉姆森(O. Williamson,1975)作为科斯的追随者进一步发展了交易成本理论。他提出了“资产专用性”这个概念来分析纵向一体化,即企业的边界问题。威廉姆森认为,由于某些投资只有用在某些地方才能产生最大的价值,即资产专用性,这种投资会弱化投资方在投资完成后的谈判地位。因为专用性投资有“锁住”效应,投资方没有办法防止另一方的机会主义行为。由于投资方会预期到这个结果,从而减少投资。这样,由于契约无法达到完全规避签约方机会主义的完备程度,从而使得纵向一体化变得十分必要。纵向一体化可以防止市场交易中的机会主义,从而节约了交易费用。威廉姆森的理论也被称为“资产专用性理论”。威廉姆森只是说明了纵向一体化可以节约市场交易费用,但没有说明什么时候才会发生纵向一体化等问题。格罗斯曼和哈特(Grossman & Hart,1986)对此做了回答。他们将企业的所有权定义为“剩余控制权”,即企业契约是不完备性,谁能对契约中不完备的地方拥有决策权,谁就是雇主,谁就有权获得企业产生的剩余收入。在此基础上,他们认为纵向一体化虽然可以节约市场上机会主义带来的交易费用,但由于被一体化的一方失去对原来企业的剩余控制权,也就损失了激励,因此会有效率损失,这是一体化带来的合并费用。纵向一体化到底是否发生,就取决于一体化节约的市场交易费用和带来的合并费用之间的比较,当前者大于后者时,纵向一体化就会发生。他们的重要贡献在于解释了交易成本产生与决定的基本原因:合同的不完全性。他们的工作被认为是对科斯理论的重大发展。

专栏 2-1 GM 与 Fisher 车身制造商案例

车身与汽车配件的投资都具有高度资产专用性。车身生产商为某个汽车企业生产的车身除了该企业可以使用外无法他用。汽车企业生产汽车的其他配件也都是基于这个车身量身定做的,也无法用做他用。此时如果汽车厂商要有机会主义行为的话,车身制造商就几乎没有生存余地了。为此,GM 与 Fisher Body 开始合作时就签订了一份十年的长期合约,合约明确规定:GM 所有的闭式车身(Closed Body)都从 Fisher Body 订购。这就排除了 GM 的机会主义行为。但是,这并未能排除 Fisher Body 的机会主义行为。Fisher Body 反过来可以向 GM 要求垄断价格。虽然合约里也对价格进行规定,如价格设置在成本加成 17.6% 的水平上,同时还要与同业比较。但是在实践中,这么复杂的定价规定并未能完全奏效。尤其在 20 世纪 20 年代市场需求发生剧烈变化,对闭式车身的需求越来越大的情况下,Fisher Body 不断提高对 GM 的要价,出现了"机会主义行为"(Opportunism)以及"敲竹杠"行为(Hold up)。GM 越来越不满 Fisher Body 的要价。它认为 Fisher Body 不注重控制成本,如采购成本过高,也不愿意搬迁到 GM 工厂附近来提高合作效率。最后 GM 不堪忍受 Fisher Body 不断攀升的高价,最终决定兼并 Fisher Body,用垂直一体化替代长期合约。纵向一体化就避免了机会主义行为。因为纵向一体化后,GM 与 Fisher Body 就成为一家企业,而企业内部的资源配置是靠命令或者权威,而不再依靠市场。

资料来源:作者整理得到。

三、张五常的企业理论

张五常(Cheung,1983)从另一个方面发展了科斯企业替代市场的理论。他提出,假定私人拥有生产性投入,因此每一个所有者有三种选择:①自己生产和出售商品。②把投入完全卖掉。③做出某种合约安排,把投入的使用权委托给代理人,换取一定的收入。做出第三种选择时,就出现了企业。企业家或代理人根据合约获得一组生产要素有限使用权,他们指挥生产活动而不直接涉及每种活动的价格,并把生产的产品拿到市场上销售。企业由一系列的合约构成,做出这种合约选择的基础是产权与交易费用。张五常不认为企业不同于市场,也不认为企业会减少市场的机会主义。他认为,企业是一种契约,这种契约是生产要素所有者签署的,而市场上的契约则是中间产品商签署的。两者的不同只不过是生产要素市场和中间产品市场之间的不同,在中间产品市场上进行的是产品的直接定价,而在企业内部则是用企业的剩余权利来代替直接定价,是一种间接定价,只有当间接定价的费用(一种市场上的交易费用)小于直接定价的费用(另一种市场上的交易费用)时,企业才会出现。企业的边界也是两种费用边际比较的结果。因此张五常认为,企业是市场价格机制的替代物的观点并"不十分确切",而应视为用一种契约形式取代另一种契约形式,或者说是用劳动市场代替中间产品市场。人们把这一观点称作张五常对科斯企业理论的重要发展,张五常理论的重要意义在于指出:科斯关于企业替代市场观点不完全正确,企业也是一种市场制度,其性质在于以要素市场取代中间产品市场,提高了交易效率,企业家或代理人依据合约赋予的有限要素使用权来指挥生产。由于他强调企业与市场没有本质上的不同,关键在于市场是一种直接定价机制而企业是一种间接定价机制,他的理论也被称为"间接定价理论"。

四、团队理论

阿尔钦和德姆塞茨(Alhcain & Demeszt,1972)认识到企业的生产性质,认识到要素之间的联合生产可以带来合作剩余,在这个基础上,他们提出了"团队生产理论"。团队生产理论认为,企业区别于市场的本质原因在于企业具有团队生产性质,即它同时使用几种类型的生产要素;团队产出并不是团队各要素产出的简单之和;团队的生产要素并不属于同一个人。团队生产的问题就在于由于上述团队中成员的贡献在技术上具有不可分性,团队中各个成员的贡献是难以测量的,每个成员都有偷懒的动机。这样,就需要一个监督者,但谁来担任监督者呢?为了解决这个问题,最好是将其他成员的收入用合同固定化,然后赋予另一个人"剩余索取权",由于"剩余索取权"与团队总产出呈现正相关的关系,所以这种产权安排是有效率的,团队理论进而定义企业所有权即"剩余索取权"。由于团队生产理论经常被用来证明"资本(指非人力资本)雇佣劳动(包括人力资本)"的逻辑。因而阿尔钦和德姆塞茨也被誉为产权理论的创始人。

同时新制度经济学家们还创立并发展了"委托—代理"理论。以德姆塞茨、阿尔钦、张五常等为代表的一批新制度经济学家沿着科斯开创的思路,极大地发展了契约理论,他们创立并发展了"委托—代理"理论,基于契约理论的委托—代理关系对企业内部组织进行分析,并且首次构建了企业内部行为模型——道德风险模型和逆向选择模型。

新制度经济学企业理论尽管学派林立,各有不同的观点,但是与新古典企业理论比,则有明显的进步和不同,其核心是:首先,认识到作为原来模型中的外生变量的制度、契约和环境的存在以及对经济分析和现实经济的重要影响。其次,就是把这些制度、契约和环境因素本身作为研究对象,从理论再认识这些因素,进而加以定性的分析、定量的考核。最后,就是把制度、契约和环境因素由外生变量纳入模型内部定量进行分析。结果是开拓了企业理论分析的视野,扩展了企业理论研究的对象,更好地解释了企业理论的难题。应该说新制度学派的企业理论对于打破新古典经济学的"黑箱"企业理论,对于深入考察企业的本质、起源与边界等问题做出了历史性的贡献。

第一,新制度经济学企业理论将产权制度与资源配置问题引入人们的视野。新古典经济学对市场失灵需要用"看得见的手"加以调节,进而产生税收和补贴的政策,从而使外部效应内化。科斯对此提出了质疑,他认为这样做是需要付出成本的,如果付出的成本不足以弥补得到的收益,整个社会的福利将会下降,社会将是不经济的。科斯认为外部性的关键问题是产权界定不清晰,进而提出了著名的"科斯定理"。德姆塞茨进一步认为:产权是一种社会工具,其重要性就在于,事实上它帮助一个人形成他与其他人交易时的合理预期。也就是说,产权的作用在于诱导经济主体的行为,从而实现资源优化配置和提高经济效率。把产权制度因素纳入分析框架后,使新古典主流企业理论的研究范围大大扩展,使新古典企业理论分析范围更加广泛。

第二,新制度经济学企业理论深入研究了企业组织和交易费用。在新古典企业理论的一系列严格假设下,最终求得的最优模型绝大部分和现实无法契合。科斯创造性地提出了"交易费用"理论之后,为这一研究打开了视野。威廉姆森提出的"契约人"概念与新古典企业理论中的"经济人"相对应,经济人具有完全理性,而契约人则具有有限理性和机会主义倾向。进而威廉姆森提出,各种经济组织应运而生,就是因为它们具有节约交易成本的目的和效果。接着,威廉姆森用资产准用性、交易的不确定性和交易频率来刻画交易费用的存在。同时,他以阿尔钦和德姆塞茨提出的"团队生产"理论为基础,深入企业的组织内部进行研究,深入考察了企业内部的"委托—代理"以及机制设计等。他的研究开拓了思路,扩展了企业理论研究领域,使新古典企业理论的"黑箱"由静止、呆板变得生动。

第三,新制度经济学企业理论分析信息不对称问题以及相应的机制设计。新古典企业理论认为存在完美的信息。而以阿克洛夫、斯蒂格利茨为代表的信息经济学家则把信息不对称作为既有假设和存在,进而深入分析了企业理论中的"委托—代理"问题。他们基于信息不对称和契约理论建立相关计量和数学模型并加以深入地分析,提出了激励和约束的相关安排。这就再一次超越新古典企业理论深入内部来分析企业存在的问题,并提出了相关机制设计。

第四,新制度经济学企业理论深入分析和研究了企业制度发展问题。新古典企业理论认为,企业是一个既有的实体,他们不知道企业本质以及企业为何存在,当然也就更无法解释企业如何发展和向何处发展的问题。新制度学派的代表人物诺思则从制度分析开始,回答了这些问题。诺思指出所谓制度就是提供了人类相互影响的框架,它建立了一个社会,或者更确切地说是一种经济秩序的合作和竞争关系。进而诺思深入分析了诱发制度变迁的四种因素,即规模经济、外部性、风险和交易费用。它们的存在导致了潜在的"外部利润形成",而这些潜在利润又无法在"企业制度"内实现,因此一种新的企业制度安排将产生,从而将这些外部利润转化为内部利润。而且企业制度的变化和发展还存在着规模报酬递增和路径依赖的现象,即企业由一种制度变化为另一种制度时,存在利益的不断增加和路径的自我强化。

第五节 中国企业改革

一、我国国有企业改革的回顾

我国国有企业是在国有经济发展过程中逐步形成的。随着社会主义改造的完成、社会主义经济关系的最后确立,国有企业制度已基本建立起来。我国国有企业具有以下特征:①单一的产权主体。传统国有企业制度下的企业,国家是唯一的所有者,产权高度集中于国家,国家自然也就成为产权的主体。尽管同时也存在国家直接投资和地方政府的参资,但就其最终归属上讲,都是代表国家的,所形成的资产是国有资产,它只是产权主体的分层,并不是作为不同产权主体存在。②单一的计划机制。经济学最基本的问题即生产什么,为谁生产,怎样生产。而连在国有企业中这些问题都由远离企业现场的上级行政主管机关通过计划指令决定,并且对产品的价格也有严格的限定。这是传统国有企业制度中最典型的特征。③多元的企业目标。我国国有企业的社会目标与经济日标是融合在一起的,企业职能与社会职能相互交织,企业更多地承担起社会职能,形成企业办社会。事实上,我国原有体制下的国有企业,不仅具有公益性、福利性职能,而且很多本应由社会承担的职能,也内化到企业之中,严重束缚了企业经济职能的发挥,降低了企业的微观效率。

我们应当看到,我国国有企业既有它产生的历史必然性,又有其存在和发展的现实性。社会主义之所以必须经过国有化,是由于社会主义公有制是对资本主义私有制的根本否定,这样大的社会变革,需要借助国家的力量,实现国家所有制,确立社会主义的基本经济力量,进而发展到社会主义公有制。从历史的角度来看,当公有制表现为全民所有而国家又具有唯一性时,公有制采取国有制,国有制成为全民所有制的化身,是合乎逻辑的选择。目前国有企业在国民经济中的地位和作用仍然是举足轻重的,国有企业在国民经济中居于主导地位,是国民经济的血脉之源,是国家财政的支柱,是保证国有企业改革成功的先决条件,也是保证国民经济正常运行的基本条件。但是问题是我们没有随着经济发展适时调整所有制结构,而是过于僵化于国有制,甚至片面强化国有制,导致制度负效应。事实上,一种制度形式,不可能是一成不变的,重要的是要把握实际的变化,适时调整,否则就会成为一种教条。

我国国有企业改革首先是从解决国有企业发展中存在的问题、搞活企业、提高效率这样一个目标出发的。我国自20世纪50年代社会主义经济体制确立以来,先后进行过多次有关国有企业改革方面的探索。自70年代以来,随着改革逐步向制度内部深化,我国国有企业改革发展大体循着这样一个思路:扩权让利——转换经营机制——制度创新。在改革的总体进程中,相应地走过具有典型意义的三个改革阶段,即扩权让利阶段、承包制阶段、转机建制阶段。

(一)以扩权让利为主要内容的改革阶段

这一时期我国企业改革是以扩权让利为中心进行探索和实践的,也是对50年代以来"扩权让利"改革思路的进一步探索。改革的基本思路是:改变高度集中的计划体制,通过放权让利,扩大企业经营自主权,增强企业活力。实行了利润留成、工业经济责任制和两步利改税等。与之相适应,该时期是理论研究最活跃的时期,在一些重大问题上也有了新突破。其理论研究的特点是:在对传统理论反思的同时,开始对社会主义经济理论进行新的探索。从1979年提出"计划经济为主,市场调节为辅"的方针,到1984年确定"社会主义有计划的商品经济"理论,完成了从产品经济向社会主义商品经济的跨越。社会主义经济是公有制基础上的有计划的商品经济,这是对社会主义经济做出的科学概括,是对马克思主义经济理论的重大发展,是中国经济体制改革和国有企业改革的基本理论依据。社会主义商品经济理论的确立,为国有企业改革奠定了坚实的理论基础。首先,在全民所有制与国家所有制关系上,提出了社会主义国家所有制只是社会主义全民所有制的一种形式。这就为国有企业改革明确了大的方向。这意味着企业改革不仅是对企业经营模式的改革,包括国有企业的存在形式也在探索之列。其次,在经营目标上,国有企业不应当排斥利润而应确立"以利润为中心"这样一个商品经济原则。再次,在经营机制上,要求国有企业迅速建立适应商品经济要求的经营机制,在统一计划条件下发挥市场机制的积极作用。最后,在企业地位上,企业要从行政机关的附属物,逐步成为独立的商品生产者和经营者,冲破国有企业不能实行自负盈亏的认识,要逐步实行企业自负盈亏。同时,在分配关系方面,对所有权、占有权与经营权关系以及政企关系都进行了新的探索。这些都直接影响着国有企业改革向深层发展。

在高度集中的计划体制下,国有企业改革从"扩权让利"开始似乎是顺理成章的事情。从20世纪50年代开始,我们就在给地方一部分权力的同时,向企业扩权让利。在《论十大关系》中,对改善中央与地方关系和适当扩大企业自主权做了明确的阐述。一方面,高度集中的计划体制确实把企业管死了,适当扩大企业的自主权,给企业留有一定的余利,会在一定程度上增加企业的活力;另一方面,这是在不改变原有体制条件下所能进行的最可行的改革。因为不改不行,改又必须在原有体制的框架之内,这样就只有通过"扩权让利"来松动制度约束。70年代开始的改革,又重以"扩权让利"为起点。但不同的是,70年代末开始的企业改革,是伴随经济体制改革的大环境同步推进的,随着经济体制改革在理论与实践上的突破,以"扩权让利"为内容的国有企业改革,也有了新的发展。在整个以"扩权让利"为中心的企业改革阶段,先后经历两步重点不同的改革:一是以扩大企业自主权、实行利润分成、推行各种经济责任制为主要内容的改革。初步扩权让利的结果,在一定程度上活化了企业,使企业普遍具有超额完成计划和增产增收的积极性,发展意识和盈利意识大大增强。但是由于改革没有触动原有的企业管理体制,配套改革也没有跟上,所以既影响了国家下放给企业的权力的落实,也使企业拥有自主权后缺乏合理的约束机制。因此,企业增强活力的问题并没有从根本上得到解决。二是实行利改税。其实质仍然是国家与企业利益关系的调整。针对先期改革出现的问题,为了稳定政府财政收入,拉平企业之间的竞争条件,从1983年6月起,分两步实行利改税。第一步是“税利并存”,即企业有了利润,先按法定统一所得税率向国家缴纳55%的税,然后再协商核定上缴利润数。第二步是全部实行利改税,即一般都按法定税率交55%所得税,税后利润基本留给企业,利多多留,利少少留,无利不留。在实际执行过程中,又在所得税之外,用一户一率的“调节税”替代了利润上缴,即对原来上缴利润较多的企业,再按一定比例征收一笔调节税,以保证国家财政不致过多减少。上述改革打破了国有国营的统一模式,对所有权与经营权分离的途径进行了探索,在一定程度上调整了政企关系和企业内部的关系。但由于仍然没有触动原有体制,企业产权关系没有实质性的变化。加上所得税率太高,多数企业负担过重,不仅仍然没有使企业活起来,而且导致了连续两年多家企业上缴财政数字下降,从而使这种办法也很难坚持下去。

(二) 以承包制为主要内容的改革阶段

这一阶段的改革是在确认上一阶段国有企业改革成果的基础上,针对其不足所进行的层次更深、规模更大的改革。它既是以契约形式进一步扩大企业经营自主权,也是对国有企业体制的局部改进,使国有企业改革开始由对企业放权让利,逐步转向推动企业转换经营机制。改革的基本思路是:所有权与经营权适当分离,明确企业是相对独立的商品生产者和经营者。实行厂长(经理)负责制,大多数国有企业实行经营承包责任制,少部分企业实行租赁制、股份制的试点等。这一阶段最有影响力的改革当属承包制。承包制的具体内容包括:针对利改税办法导致的企业负担过重和价格不合理导致的企业留利苦乐不均的现象,改为实行通过政府有关部门同国有企业一对一地协商谈判,确定每年上缴利润的递增速度、比例或绝对数,然后实行“包死基数,保证上缴,超收多留,欠收自负”。

在整个承包制改革阶段,我国理论研究进入一个全面创新的时期,随着对社会主义商品经济理论的认定,理论又向前发展一步,系统地提出了“初级阶段”的理论。这一时期理论研究的最大特点,就是理论研究着眼于社会主义理论与实践的基本问题,进行更深层次的探讨。其中,围绕着社会主义所有制理论和计划与市场的关系展开的研究更具有突破意义。在所有制方面,冲破了社会主义单一公有制的教条,在实践中发展了多种所有制形式;在理论上认定了“以公有制为主体的多种经济形式并存”,承认了私营经济和其他非公有制经济,提出了“公有制经济形式多样化”的论点。在寻求公有制新的实现形式方面,提出了“以股份制为典型形式重构公有制的实现形式”。在计划和市场方面,确立了“计划经济与市场调节相结合”的论点,提出要建立健全社会主义市场体系,发挥市场机制的作用。这些理论探索为国有企业改革提供了依据,客观地把企业改革推向了新的阶段。

从历史作用方面看,承包制以合同形式确定国家与企业之间的权、责、利关系,从而对高度集中的计划体制下的政企关系是一种调整。既有利于规范政府的行为、减少对企业的行政干预,又有利于调动企业经营者和职工的积极性。同时,随着所有权与经营权的分离,既明确了国家作为所有者的地位,又明确了企业的独立商品生产者和经营者的地位,国有企业从国有国营转变为国家所有企业经营。承包制还对稳定国家的财政收入起到了积极作用。从其局限性和缺陷方面来看,承包制改革是在原有体制框架内,在传统的产权模式的基础上推行的,所以它仍然带有“放权让利”改革所具有的局限性。而且承包本身并没有彻底解决政企不分的问题,不能有效地杜绝政府对企业的行政干预。这些问题的存在,表明国有企业改革有待于进一步的深化。

(三)以转机建制为主要内容的改革阶段

从1992年起,企业改革由过去的以减税让利为主要手段,进入到了彻底转换企业经营机制,以企业制度创新、配套改革为特征,以建立现代企业制度作为国有企业改革主要目标的新阶段。这一时期改革的深化是与理论的发展联系在一起的。理论的发展突出表现在:提出了“社会主义市场经济”理论。这是中国经济体制改革理论与实践的重大突破,是对马克思主义学说的创造性发展,为中国改革指明了方向。首先,是以转换经营机制为重点,其思路是:以转换机制、把企业推向市场为中心,以贯彻落实《企业法》和《全民所有制工业企业转机条例》,进一步搞好国有大中型企业为重点,积极推进各项配套改革,完善各类企业改革试点。其次,在企业转换机制的基础上,建立现代企业制度。1993年11月14日通过的《中共中央关于建立社会主义市场经济体制若干问题的决定》明确提出:“十几年来,采取扩大经营自主权,改革经营方式的措施,增加了企业的活力,为企业进入市场奠定了初步基础。继续深化企业改革,必须解决深层次矛盾,着力进行企业制度的创新,进一步解放和发展生产力,充分发挥社会主义制度的优越性。”1993年下半年以来,国家有关部门开始拟定国有企业公司制改组的实施办法,并在100家企业进行有关建立现代企业的试点。同时《企业法》于1994年7月开始实施,有关法规也陆续出台,从而使国有企业改革步入法制轨道,标志着国有企业改革已进入制度创新阶段。

总之,经过不同阶段、不同形式的探索和实践,我国国有企业改革取得了显著的成效,为推动整个经济体制改革,促进国民经济的健康发展做出了贡献。企业改革的目标和方向更清晰,创造了所有制的多种实现形式,企业的经营机制正在转换。但是也应当看到,国有企业改革是在不断探索中进行的,改革中也出现一些偏差,加上体制中深层次问题没有得到解决,企业改革还面临一些实际的问题。例如,改革进程缓慢,转型期过长;改革不彻底,缺少连续性;配套改革不到位;企业法人地位和市场主体地位不完整;企业经营机制转换尚未完成;结构问题突出,市场适应力不强等。解决国有企业中存在问题的根本出路，就是要在完善社会主义市场经济的条件下，通过对国有企业的企业化改造，建立现代企业制度。

二、深化产权制度改革，建立适合中国国情的现代企业制度

建立现代企业制度是我国企业改革的正确方向，是改革以来经过不断实践和探索而找到的正确途径。但是，我们所要建立的现代企业制度，不是照搬西方企业制度模式，而是建立有中国特色的现代企业制度。建立有中国特色的现代企业制度必须从中国的国情出发，从国有企业的实际出发，从立足于转换国有企业经营机制这一根本目的出发，建立适合国情特点的企业制度。从我国国情来看，目前最大的实际就是我们尚处在经济体制转轨时期，旧体制的影响依然存在，社会主义市场经济体制还没有完全建立和完善起来，经济秩序还没有得到规范，市场发育程度差别很大，市场体系和社会保障体系都还不健全。同时，由于受到经济发展总水平的限制，国家为改革所能支付的成本还十分有限，既拿不出更多的钱支付改革费用，也承担不起由于改制所增加了的社会负担。社会总承受能力的不足，形成对改革的制约。这些是我们在进行国有企业企业化改革时，必须考虑的问题，也是我们建立现代企业制度的基本依据。

对于国有企业来说，进行企业制改组、建立现代企业制度必须首先着眼于产权制度的改革，构建现代企业制度的独立经济主体，这是解决问题的前提和关键所在。因为国有企业制度与现代企业制度的本质差别存在于产权方面，国有企业实现制度创新的最大障碍仍然是产权问题。所以说，建立现代国有企业制度，关键是产权制度的改革，从这个意义上说国有企业的制度创新无异于要进行一场产权革命。当然，不是产权关系理顺了，国有企业制度的一切问题就都顺利解决了。但是，产权问题不解决，国有企业制度的问题是不会根本解决的。

我国国有企业的产权性质是国有产权。所谓“国有产权”是指国家依法享有的对国有企业财产的排他性权利。完整的国有产权具有如下四个属性：①产权归属的唯一性。我国宪法规定，国家是国有资产的唯一所有权主体，禁止任何组织或个人用任何手段、任何方式侵占或损害国有资产所有权的行为。②产权经营代理性。国家是法律虚拟的人格，其意志是通过特定自然人（行政长官）的行为表现出来的，离开了自然人的行为，国家经营国有资产的意志就不能得到体现。③产权的不可分割性。代理国家行使国有产权的法人和自然人，均不能分割国有资产所有权。④国有资产剩余索取权的不可转让性。在私有产权结构中，委托—代理的激励问题是靠剩余索取权的自由转让和出售以达到剩余索取权与控制权的对应来解决代理人的动力问题。现阶段，我国国有企业中剩余索取权却是不可转让出售的，这是由国有产权的特点决定的。国有产权的剩余索取权归国家独自享有，其他任何个人不得侵占、分享和损害国家对国有企业剩余索取的权利。代理人剩余索取权与控制权的任何程度的统一，都会使国有产权的性质发生改变。国家授予代理人的仅是企业资产

经营的控制权,而没有剩余索取权,从而导致了我国国有产权剩余索取权与控制权的分离。当剩余索取权与经营者控制权不对应时,势必形成产权主体的权利、责任边界不明晰,权利与责任不对称,产权激励功能弱化或退化。由于代理人目标的多元性及其监督不力,国企经营者便会以自我的非盈利目标对企业的利润最大化目标进行替代,缺乏追求企业长期利益的动力。而产权制度的基本功能是为人们提供一个追求长期利益的稳定预期和重复博弈的规则。明晰的产权是人们追求长远利益的动力,只有追求长远利益才会积极履践社会责任。企业履践社会责任实质上是企业为了未来收益而牺牲自己的眼前利益。因此,必须进行深化产权改革,完善产权制度。

要明晰企业的产权归属,使企业真正拥有剩余索取权和剩余控制权。如果企业决策者无法真正拥有企业的剩余索取权和剩余控制权,自然也就没有强大的内在激励。所以必须深化产权制度改革,理顺产权关系,明晰产权边界,实现政企分开,政资分离,两权分离,重塑所有权主体,形成有效的激励机制和约束机制,使国有企业真正成为自主经营、自负盈亏的追求利润最大化的市场竞争主体。具体说来又主要包括以下内容:首先,政府职能分解。在现代市场经济条件下,政府职能是多元的。概括地说,可以分为行政管理职能、宏观调控职能、所有者职能三类。在三权合一的条件下,政府凭借所有者的身份,直接干预企业的经营活动,以实现宏观调控目标。其直接后果就是模糊了产权边界,造成政企不分,同时又使宏观调控目标因缺乏良好的环境而难以实现。由于上述三种职能遵循的目标函数不同、作用的对象不同、实施管理的依据不同,因此必须进行政府职能分解,由国有资产管理机构专职代表国家对国有企业行使所有者职能,其行为目标就是实现资产的保值增值。其次,建立法人资产制度。建立法人资产制度是现代企业制度的核心,通过产权制度的变革,建立法人财产制度,使国有企业真正成为自主经营、自负盈亏、自我约束、自我发展的独立的市场竞争主体和法人实体。最后,应建立纯经济性质的企业产权。产权不能具有任何超经济性质,因为只有纯经济性质的产权,才能实现经济主体自主平等的交易,企业才能真正成为自主经营、自负盈亏的市场竞争主体。总之,只有不断深化产权改革,塑造独立的市场经济主体,才能为我国国有企业改革创造良好的前提条件,为国有企业改革的顺利进行提供重要的制度保障。

本章小结

1. 在现代经济社会中,企业发挥着巨大的作用,它是社会财富的创造者,是推动社会生产力发展和人类进步的主要力量,同时也是经济增长和经济发展的主要动力。

2. 企业的产生与形成是社会经济、技术进步与商品经济发展的结果。作为一种制度创新,企业是组织形态的生产力。在企业的演进过程中,主要受人才、资本和抗风险力三大“瓶颈”的制约。其演进过程是企业组织形式自身由低级到高级逐步打破自身发展“瓶颈”、拓展自身生存空间的过程。按照其逻辑演进顺序,主要有独资企业、合伙企业、公司企业三大类型。

3. 企业理论的发展大致可以划分为两个阶段:第一阶段是新古典厂商理论,也就是传统企业理论,主要探讨了企业如何在既定技术条件和外部环境下实现利润最大化的问题。企业是一个“黑箱”,没有探讨企业的本质,企业本身仅是实现最大化的一种“机械装置”。第二阶段是新制度经济学企业理论,即现代企业理论,以科斯等为代表的新制度经济学家,打破了新古典经济学的“黑箱”企业理论,把制度、契约和环境因素等外生变量纳入模型内部进行定量分析,用交易成本来解释企业的存在和边界,从市场和企业关系的角度探讨了企业的本质和规模,开拓了企业理论分析的视野,扩展了企业理论研究的对象,对于深入考察企业的本质、起源与边界等问题做出了历史性的贡献。

4. 20 世纪 50 年代社会主义经济体制确立以来,关于我国国有企业的改革先后进行过多次探索,随着改革逐步向制度内部深化,我国国有企业改革发展大体循着“扩权让利—转换经营机制—制度创新”的改革思路,在改革的总体进程中,相应地走过具有典型意义的扩权让利、承包制、转机建制三个改革阶段,国有企业改革也取得了显著的成效。但是改革中也出现了一些偏差,加上体制中深层次问题没有得到解决,企业改革还面临一些实际的问题。解决国有企业中存在问题的根本出路,就是要在完善社会主义市场经济体制的条件下,通过对国有企业的企业化改造,建立适应中国国情的现代企业制度。

重要概念

交易成本　　独资企业　　合伙企业　　公司企业
剩余控制权　　剩余索取权　　产权

思考题

1. 在现代经济社会中企业的作用有哪些?
2. 作为一种制度创新,现代企业的逻辑演进过程是怎样的?
3. 传统企业理论的核心理论是什么?
4. 概述现代企业理论的主要内容。
5. 根据我国国情分析如何顺利推进我国国有企业改革?

延伸阅读

1. 陈郁:《企业制度与企业组织》,上海三联书店、上海人民出版社,1996 年。

2. 米尔格莱姆、罗伯茨:《经济学、组织与管理》,经济科学出版社,2006 年。

3. 威廉姆森、温特编:《企业的性质——起源、演变和发展》,商务印书馆,2007 年。

4. 程恩富、胡乐明:《新制度经济学》,经济日报出版社,2005 年。

5. 道格拉斯·诺思、罗伯斯·托马斯著:《西方世界的兴起》,华夏出版社,1989 年。

6. 道格拉斯·诺思:《经济史上的结构和变革》,商务印书馆,1992 年。

7. 道格拉斯·诺思:《制度、制度变迁与经济绩效》,上海三联书店,1994 年。

8. 科斯、阿尔钦、诺思等著:《财产权利与制度变迁》,上海三联书店,1994 年。

9. 林毅夫、蔡昉、李周:《充分信息与国企改革》,上海三联书店,1997 年。

10. 盛洪主编:《现代制度经济学》,北京大学出版社,2005 年。

11. 吴敬琏:《当代中国经济改革》,上海远东出版社,2003 年。

12. 小艾尔弗雷·D. 钱德勒:《看得见的手——美国企业的管理革命》,商务印书馆,1987 年。

13. 张维迎:《企业的企业家——契约理论 》,上海三联书店,1996 年。

14. 张维迎:《产权、政府与信誉》,上海三联书店,2001 年。

15. 张维迎:《信息、信任与法律》,上海三联书店,2003 年。

16. 张维迎:《产权、激励与企业治理》,经济科学出版社,2005 年。

17. 张五常:《经济解释》,Arcadia Press,2000 年。

第三章 市场结构

学习目标

- 了解市场与市场结构的定义
- 掌握市场结构的测度方法
- 掌握四种常见的市场结构
- 了解市场结构的决定因素

开篇案例

美国政府诉杜邦公司

在1956年美国政府指控杜邦公司垄断玻璃纸生产一案中，美国政府认定该公司在玻璃纸产品市场上占有100%的市场份额，因为玻璃纸为杜邦公司独家生产和销售。然而，美国最高法院在这个案件中将玻璃纸看做包装材料中的一种材料。而在包装材料这一产品市场上，杜邦公司仅占18%的市场份额。最终，美国政府在该案中败诉。

资料来源：唐要家：《反垄断经济学理论与政策》，中国社会科学出版社，2008年，第52页。

思考题：为什么美国政府与美国最高法院对杜邦公司的裁决截然不同？

第一节 市场的界定

一、市场与市场结构的内涵

市场与人们日常生活息息相关，例如，我们到菜市场买菜，到超级市场买日用品，到股票交易市场买卖股票。那么市场到底是什么呢？最常见的关于“市场”的定义是指商品交换的领域和场所。[1][2] 但是这个定义对于产业组织学却没有太大帮助。

① 刘树成主编：《现代经济词典》，凤凰出版社、江苏人民出版社，2005年。

② 吕时达、张忠修、聂景廉等主编：《简明经济学辞典》，甘肃人民出版社，1986年。

如果仅仅从地理的视角理解市场,对产业组织学来说是远远不够的。如在开篇案例“美国政府诉杜邦公司”中,美国政府与美国最高法院对杜邦公司的截然不同的裁决焦点在于如何界定“市场”,特别是玻璃纸市场。如果按照美国政府对玻璃纸市场的界定,玻璃纸市场很小,那么杜邦公司就垄断了整个市场;如果按照美国最高法院对玻璃纸市场的界定,那么杜邦公司只占整个市场很小的份额。由此可见,产业组织学需要对“市场”进行科学的定义。

在给出产业组织学关于“市场”的定义前,分析“产业”与“市场”的关系是很有意义的。那么,产业组织理论的产业与我们所说的“市场”有什么关系呢?事实上,产业组织理论中“产业”与“市场”的含义是一致的。在产业组织理论中谈到某一“产业”时,实际上指的是提供该种产品的企业集合,如汽车产业就是指生产汽车的企业集合。因此,产业组织理论中“产业”或“市场”就是指生产或提供同种或同类产品的企业集合。[①]

市场结构(Market Structure),又称为产业结构(Industrial Structure),是指市场上各参与者之间,包括卖方之间、买方之间、卖方与买方之间、原有卖方买方与可能进入的卖方之间,各种类型的相互关系及相应的市场竞争状况。相互关系是指一个行业(产业)中卖方或买方的数量、产品的差别程度、是否存在市场势力、是否存在进出障碍等。[②] 市场结构反映了特定市场上相关企业面临的竞争环境,是决定企业行为和市场绩效的重要因素。市场结构主要分为四种类型,即完全竞争、完全垄断、垄断竞争和寡头垄断。我们将在本章的第三节详细介绍。

二、市场的界定

产业组织理论中对市场的界定非常重要,那么产业组织理论是如何进行界定的呢?一般说来,可以从供给与需求两个方面进行界定。

(一)供给方面

1. 产品物理性能或属性。商品的一般属性,这是由经验来判断的。对于大多数购买者来说,某些商品是不是具有同样的特征,而且具有同样的用途,多数购买者是不是很方便地在这些商品之间进行代替,如棉布衬衣和派克大衣之间很少能相互替代,面包和果酱的关系也是一样。但与此相反的是,各种不同类型的小型轿车则是很相似的替代品,各种橘子汁之间也具有较高的替代性。

2. 供应商的可转换性。如果商品由各自独立的卖者销售,即供应商之间很难转换,那么这些商品可能不是替代品。此时不同的供应商对其商品可能索要不同的价格,但不至于使顾客吓跑去寻求替代品。例如,从合法银行借款同向高利贷者借款

---

① 乔治·J. 施蒂格勒:《产业组织》,上海三联书店、上海人民出版社,2006 年。

② 刘树成:《现代经济词典》,凤凰出版社、江苏人民出版社,2005 年。

有很大的差异，银行与放高利贷者必然不可以转换，因此二者就属于不同的市场。

3. 价格差别。

（1）价格的相近性。由于相仿的产品常有相近的价格，价格相近的产品通常表示它们是相似的替代品。极大的价格差距表示这类产品面向具备不同消费目标的买者。

（2）价格变化方式。如果两类商品价格相互间没有关联，则说明它们可能不是相近的替代品。真正的替代品，其价格往往是联动的，而且朝着同方向变化。[①]

专栏3－1　美国联邦贸易委员会诉Staples公司案中的定价策略

美国联邦贸易委员会（FTC）诉Staples公司反映了美国现代反垄断法对于相关产品市场的认定方法。本案中两被告都是专业出售办公用品的大型连锁超市。其中Staples公司是美国的第二大办公用品连锁店，在全国28个州及哥伦比亚特区共拥有约550家零售店，这些零售店主要分布于美国的东北部及加利福尼亚州。第二被告Office Depot公司，是美国第一大办公用品连锁店，在美国的38个州及哥伦比亚地区共经营500多家办公用品零售店，这些零售店主要分布于美国的南部及中西部。除两被告之外，在美国另外仅有一家经营办公用品的大型办公用品超市——Office Max公司。1996年9月两被告计划实施兼并计划，通过该交易，Office Depot公司的每一股普通股将转换成Staples公司的1.14股普通股。1996年10月，两被告向FTC及司法部提交兼并前的报告书。FTC在调查后反对兼并计划，并向法院提起诉讼，请求法院发出暂时禁止被告实施兼并计划的禁令。双方在本案中一个重要的争议点就是关于相关产品市场的定义。

FTC将相关产品市场定义为“出售可耗办公用品的大型办公用品超市”。被告认为FTC所设计的产品市场定义没有法律依据及事实依据，相关市场是指出售办公产品的所有市场，其中1996年两被告仅占有北美地区总销售量的5.5%。

在联邦贸易委员会提供的证据中，其中一条就是定价政策。FTC比较了Staples公司在不同地域市场中的定价。Staples公司在某些市场中是唯一的大型办公用品超市，在另外一些市场中其面临着Office Depot公司、Office Max公司的竞争。1997年1月的调查数据显示，Staples公司在前一市场中的定价比在后一市场中的平均定价高出13%，该调查数据涉及了Staples公司90%的销售量。FTC还提供了类似的价格比较证据，证明Office Depot公司在其独占市场中的定价最高，在三家公司并存的市场中定价最低。

以上的这些证据都表明，大型办公用品超市的定价主要是受到其他大型办公用品超市而不是此外的其他竞争者的影响，后者包括大型综合性超市、批发部、电子商店、独立的零售商店、邮购公司等。众多证据显示，被告在有其他类型竞争者参与的市场中的定价与在“非竞争性”市场中的定价几乎相同，即都明显高于在有其他大型办公用品超市参与的市场中的定价。其他类型竞争者的存在对被告的定价没有抑制作用。

资料来源：作者整理得到。

① 威廉·谢佩德、乔安娜·谢佩德著：《产业组织经济学》，中国人民大学出版社，2007年。

4. 供给的交叉价格弹性。所谓"供给交叉价格弹性"是指某种产品供给量的变化对其他产品价格变化的敏感程度。用公式可以表示为：

$$\theta_{ij} = \frac{dq_i/q_i}{dp_j/p_j}$$

其中，dq_i/q_i 表示 i 产品供给量的变化，dp_j/p_j 表示产品 j 价格的变化，θ_{ij} 表示 i 产品供给量对 j 产品价格的供给弹性。产品 i 和 j 的供给交叉价格弹性越大，商品 A 和 B 越隶属于同一个市场；产品 i 和 j 的供给交叉弹性越小，二者的区别越明显，越隶属于不同的市场。

（二）需求方面

产业组织理论用来界定市场的主要方法是考察需求方特别是消费者对企业提供的产品需求的替代程度。具体而言，消费者对不同企业提供的产品替代程度越高，这些产品越属于同一个市场。相反，如果消费者对这些产品的需求替代程度很低甚至没有替代性，这些产品就分属于各不相同的市场。它一般通过消费者对不同产品的需求交叉价格弹性来判定。

1. 需求交叉价格弹性。需求交叉价格弹性是指消费者对某种产品需求量的变化对其他产品价格变化的敏感程度。以 A、B 两种商品为例，A 商品价格一定的变动引起消费者对 B 商品需求量的变化程度之比即为 A、B 商品的需求交叉价格弹性，用公式可以表示为：

$$\varepsilon_{AB} = \frac{dq_B/q_B}{dp_A/p_A}$$

其中，dq_B/q_B 表示对 B 产品的需求变化率，dp_A/p_A 表示产品 A 价格的变化率，ε_{AB}表示 B 产品需求量对 A 产品价格的交叉弹性。若商品 A 和 B 的交叉价格弹性为正值，则称 A、B 为替代品；若商品 A 和 B 的交叉价格弹性为负值，则 A、B 为互补品。弹性值越大，二者的替代程度越高，商品 A 和 B 越属于同一个市场。

专栏 3－2　美国联邦贸易委员会诉 Staples 公司案中的需求交叉价格弹性

在美国联邦贸易委员会诉 Staples 公司的案例中，联邦贸易委员会还从需求交叉价格弹性方面对相关市场进行了界定。在本案中，FTC 主张，两被告定价方面的略微但显见的上调不会引发相当数量的原消费者转向从大型办公用品超市外的其他渠道购买可耗办公用品。而 Staples 公司的提价会引发消费者转向其他大型办公用品超市，特别是 Office Depot 公司。因此，大型办公用品超市出售的办公用品是本案中恰当的相关产品市场，其他类型的销售商出售的产品应当被排除在外。

资料来源：作者整理得到。

2. 该方法优缺点。运用需求交叉价格弹性界定产品市场是经济学的一种主导性理论方法。但是经验上到底如何确定并以多大的交叉价格弹性值为界来划分不同的市场,在经济学家之间以及企业和政府反垄断当局之间存在争议。产生分歧的主要原因在于:

第一,实践中对于不同商品的交叉价格弹性很难进行准确衡量。消费需求的变化受到多种因素的影响,市场不同于实验室,难以精确衡量一种商品价格的变化引起另一种商品需求量的变化。

第二,即使可以衡量不同商品之间的交叉价格弹性值,该值更多地表现为一个连续变化的区间,而不是截然不同的间断点。

(三)实践方面

实践应用中广泛采用美国司法部的 SSNIP 方法①(Small but Significant Non-transitory Increase in Price)。具体方法如下:如果假定的垄断者在非短暂的、连续的时期内将价格提高到"小的但是很重要的程度"(一般在 1 年以内,价格提高 5%),有足够多的消费者转向购买其他产品从而使得假定的垄断者无利可图,那么就可以判定该厂商并不具备为获利而提高价格的垄断势力。这时,需要加进替代产品或者对地理区域做进一步的检验,直到假定的垄断者可以获利为止。

SSNIP 方法考察的是自价格弹性的大小,这与以往的需求交叉弹性分析方法不同,它奠定了现代反垄断市场界定的基础,并且在世界范围内广泛运用。如欧共体委员会 1997 年的《有关市场界定的通告》(Draft Notice on Market Definition)、加拿大 1991 年的《合并实施指南》(Merger Enforcement Guidelines)、新西兰 1996 年的《商业监测指南》(Business Acquisitions Guidelines)、澳大利亚 1993 年的《市场支配指南》(电信业)(Market Dominance Guidelines)等都采用了 SSNIP 方法。目前,SSNIP 已经成为各国反垄断司法实践中相关市场界定的最常用的方法。

第二节　市场结构的测度

一、集中率

集中率(Concentration Ration, CR_n)是产业中规模最大的前 n 家企业的市场份额的和。它是衡量市场集中度的最基本、最简单的指标。计算公式如下:

$$CR_n = \frac{\sum_{i=1}^{n} s_i}{\sum_{i=1}^{N} s_i}$$

① 王晓晔:《举足轻重的前提——反垄断法中相关市场的界定》,《国际贸易》,2004(2)。

其中,s_i 表示产业中第 i 个企业的销售额(量)、产值(量)、资产、职工等;N 为产业的所有企业。n 的大小可以根据测算的需要来确定,一般来说 n 常取 4、6、8 等。

集中率指标可以用来表明市场的竞争状况与市场的结构类型。

1. 按完全竞争市场结构条件,每家企业的销售收入都非常小,任何少数几家企业的销售收入之和也很小,因此 CR_n 趋近于 0。

2. 按完全垄断市场结构条件,市场上只有一家卖主,企业的销售收入就是整个产业的销售收入,所以 $CR_n = 1$。

3. 而在垄断竞争市场和寡头垄断市场上,$0 < CR_n < 1$。

利用集中率指标的优点在于容易获得相关统计资料,计算直观简单。但是该指标也存在一些不足,主要表现在:该指标只反映规模最大的前几位企业的总体规模,忽略了其余企业的分布状况,也忽视了前几位企业内部的规模分布状况,因而难以全面反映整个产业的市场集中度状况。如表 3-1 所示,四个产业中 CR_4 分别为 80、80、100、98.5。按照集中率指标的特点,四个产业竞争程度的排序为产业 1 = 产业 2 > 产业 4 > 产业 3,即产业 1 与产业 2 竞争程度相同,并且竞争性好于产业 4,竞争程度最差的是产业 3。但是,通过分析产业内部各企业的具体情况,我们可以发现产业 3 的竞争程度应当好于产业 4,因为在产业 3 中 3 个企业势均力敌,而在产业 4 中企业 3 至企业 10 规模很小,可以忽略不计。因此,产业 4 可以认为只存在企业 1 与企业 2 在竞争。因此,CR_n 指标反映的竞争程度也可能并不准确。同样,产业 1 与产业 2 中的 CR_4 也不能全面反映产业的竞争状况。产业 1 中 S_1 是主导企业,占有 60% 的份额,而产业 2 中四家企业的规模却是相同的,竞争会更加激烈。

表 3-1 集中率指标的比较

产业	S_1	S_2	S_3	S_4、S_5	$S_6 \sim S_8$	S_9、S_{10}	CR_4
产业 1	60	10	5	5	5	0	80
产业 2	20	20	20	20	0	0	80
产业 3	100/3	100/3	100/3	0	0	0	100
产业 4	49	49	0.25	0.25	0.25	0.25	98.5

注:S_i 是第 i 个最大的企业的市场份额。

二、赫芬达尔指数

赫芬达尔指数(HHI)是指市场上所有企业市场份额的平方和。具体公式为:

$$HHI = \sum_{i=1}^{n} s_i^{\ 2} = \sum_{i=1}^{n} (s_i \times s_i)$$

其中,S_i 为第 i 个企业的市场份额。

HHI 指数可以用来测度市场竞争状况与市场集中度。

1. 在完全竞争市场上，HHI 趋近于 0。

2. 在完全垄断市场上，HHI 等于 1。

3. 而在介于完全竞争和完全垄断之间的市场上，0 < HHI < 1。

一般来说，HHI 值越大，说明市场集中程度越高；反之，HHI 值越小，市场集中度越低。

如果市场份额按实际值计算，HHI 值的范围是从 0 到 1；如果市场份额按百分比值计算，HHI 范围则从 0 到 10000，如表 3－2 所示。目前，在美国、日本等国家，一般采用百分比值计算方法，这样有利于考虑 HHI 值的细微变化，特别是在判断兼并对集中的效果和制定反垄断政策方面特别有效。

从理论上讲，该指数不但考虑了企业总数，而且考虑了企业的规模分布，因此是一个较好的计算垄断程度的指标。赫芬达尔指数给每个企业的市场份额一个权数，这个权数就是其市场份额。HHI 指数取决于各企业的不均等程度和企业数量。如表 3－2 所示，四个产业的 HHI 指数排序由小到大依次为：产业 2→产业 3→产业 1→产业 4，结果与我们的直觉判断是一致的。

表 3－2　HHI 指数测度

产业	S_1	S_2	S_3	S_4、S_5	S_6 ~ S_8	S_9、S_{10}	HHI
产业 1	60	10	5	5	5	0	3850
产业 2	20	20	20	20	0	0	2000
产业 3	100/3	100/3	100/3	0	0	0	3333
产业 4	49	49	0.25	0.25	0.25	0.25	4802

按照 HHI 指数的计算公式，在计算 HHI 指数时需要所有企业市场份额的数值。现实生活中，由于统计资料的缺乏性，包含所有企业信息的统计资料几乎无法取得。那么，HHI 指数是不是就不能使用了呢？答案是否定的。在实践中计算 HHI 指数时，并不需要使用所有企业的占有率进行计算，只需要选择最大几十家企业（20 家或者 50 家）的市场份额的平方和即可作为整个产业的 HHI 指数。从 1997 年起美国商务部开始发布各产业 50 家最大企业的 HHI 指数。

第三节　四种常见的市场结构

市场结构是指市场上已有的和潜在的卖方和买方的数量、规模以及相互之间的关系。它反映了特定市场上相关企业面临的竞争环境，是决定企业行为和市场绩效的重要因素。在 1933 年出版的《不完全竞争经济学》一书中，罗宾逊夫人从市场上的企业数量、企业生产的产品差异程度、进入壁垒等角度将市场结构分为完全竞争、完全垄断、垄断和寡头垄断四种类型。

一、完全竞争市场

完全竞争市场具有四个基本特征：

1. 市场集中度低。具体表现为市场上有大量独立的买者和卖者，每个买者和卖者的市场份额都很小，以至于任何一个买者或者卖者都不能左右市场价格，而只能接受由所有买者和卖者共同决定的市场价格。

2. 产品同质。无论从产品的物理特点、企业围绕产品提供的服务，还是消费者对不同企业提供的产品形成的主观偏好等都不存在差异。既然产品是完全相同的，买者只关心价格的高低，企业之间的竞争也表现在价格上。

3. 不存在进入和退出壁垒。市场中不存在技术、资本和法律法规等任何进入和退出壁垒，新企业进入该市场和原有企业退出该市场都是完全自由的。

4. 完备信息。市场上所有的买者和卖者都掌握与交易有关的一切信息。例如，企业不仅了解自己的成本和利润函数，而且清楚其他企业的成本和利润情况，消费者知道各家企业商品的价格，要使所有者了解投资不同产业和企业的资本回报率和工资水平等。

在现实生活中，除了期货、部分农产品等接近完全竞争的市场外，能够满足上述条件的产业几乎是不存在的。因此，完全竞争市场主要是一种理想的经济模型和市场状态。通过这样的经济模型，我们可以了解市场运作和资源配置的基本原理，也可以作为现实市场的参照物，有助于我们理解现实的市场。

二、完全垄断市场

完全垄断市场是指只有一家企业的市场结构。垄断分为买方垄断和卖方垄断，本书主要分析卖方垄断，并且假定买方是价格接受者。作为与完全竞争相对的一个极端，完全垄断的主要特点有：

1. 只有唯一供给者。产业绝对集中度为100%，即一个企业的供给就是整个产业的供给。

2. 产品唯一。没有其他任何企业生产该企业产品的替代品。

3. 进入壁垒最高。进入壁垒主要包括：①技术壁垒，即已有企业垄断了某种生产工艺或者诀窍，使得其他企业难以进入。②规模经济和资本量壁垒，有些产业存在显著的规模经济，初始投资规模非常大，可能阻碍企业的进入。③法律法规壁垒，政府授予某一企业的技术专利和版权直接赋予了该企业垄断该项技术的权利。④策略性壁垒，垄断企业为了维持垄断地位，利用一切手段制造进入壁垒，以阻碍进入者的进入。

专栏3-3　都是垄断惹的祸：评歌华有线随意涨价

2003年6月30日，北京歌华有线电视网络股份有限公司（以下简称歌华有线）宣布自2003年7月1日起，有线收视费由原来的12元上涨到18元，增幅高达50%。此举引起了媒体和社会各界普遍关注，对其没有经过价格听证就随意涨价的行为表示强烈不满。

歌华有线拥有用户220万户,每户每月多收6元,一年多收1.584亿元。这新增的1.584亿元主业收入扣除上缴国家税收以外,基本上都是公司的净利润。

每一个用户在装歌华有线时都不会忘记,楼房用户交300元初装费;平房用户交320元初装费,如果按最少300元计算,歌华有线已经从220万用户的口袋中最少收6.6亿元。每月再交12元的收视费已经不算少了,为什么还要一次性上涨50%?

歌华有线有关提高收费的理由为:"北京地区每户每月12元的有线电视收看维护费标准是在以微波方式传送的情况下制定的,已远远不能满足当前有线电视光缆网络的日常维护管理、缆线入地建设和技术升级改造等方面的支出需求,如继续执行现行收费标准将难以维持北京有线电视网络的正常运营和稳定发展。"歌华有线涨价还有一个所谓"充分"的理由是设备改造。但是固定资产的投入怎么能让消费者来承担呢?

北京市物价局根据今年初歌华有线的涨价申请,核算了他们的运营成本,同意涨价。至于为什么没开价格听证会,物价局说有线电视价格不在听证目录之列。

一台29寸的彩电在不到10年内,从7000~8000元跌到了不到2000元,而技术的进步、质量的提高更是突飞猛进。这样惊人的降幅并没有断送中国的彩电业,反而使中国的彩电业成为世界上首屈一指的、最强大的彩电业。为什么彩电、冰箱、微波炉、计算机等产品价格越来越低、质量越来越好、品种越来越丰富?这就是竞争与垄断的不同。

而歌华有线怎么就能如此反其道而行之,说涨就涨,而且如此霸气?原因很简单:都是垄断惹的祸。歌华有线是北京市政府批准的唯一负责建设、管理和经营北京市有线广播电视网络的公司,它是垄断行业的垄断企业,具有极高的垄断性和经营的稳定性。

众所周知,垄断行业的成本是最难估算的,电信部门说市话亏损,邮政部门说普通信件业务亏损,民航公司说航运亏损,自来水公司说水费亏损,有线电视公司也说自己亏损。但是人们却怀疑它们是不是真的亏损,因为没有一个独立的会计或审计部门告诉我们垄断行业的成本到底是如何构成的。现在随处可见IP电话卡以6至8折"挥泪"大甩卖,电信部门却仍可泰然处之。民航票价更如同进了自由市场,各航空公司竞相大打折价牌,老百姓却不知其中的利润到底有多大。

有线电视行业具有比电信更加垄断的特点,目前有线电视用户没有任何可以选择的余地:唯一的网络接入商、唯一的服务内容。如北京用户只有选择歌华有线电视网络,而且只能选择歌华提供的唯一服务。北京的用户说:"我不想多交钱,我也用不着看50多套节目,以前的20多套节目就够了,但我不能选择交原来20套的钱,只能被它牵着走。"

作为企业,歌华有线当然可以利字当头。当产品市场上只有一个卖主,并且对于垄断者所出售的产品,市场上不存在相同或相近的替代品的时候,企业才拥有"想怎么样就怎么样"的自由。歌华有线当然可以理直气壮:在北京这个有着1350万人口的城市,只有我一家有线电视网运营商——我不上天堂,谁上天堂?

资料来源:孙敬水:《垄断者就该上天堂?评歌华有线随意涨价》,《经济学消息》,第599期。

在市场经济中完全垄断是很少的。一种产品往往有多种替代品，这些替代品便构成竞争威胁。例如，现在一些国家允许的邮件快递、包裹邮递等私人公司业务的拓展，对传统垄断整个邮政业务的邮政公司构成了威胁；再如随着电子信息技术的进步，移动电话公司对于传统的经营固定电话业务的公司构成了挑战。

三、垄断竞争市场

垄断竞争市场是企业之间既有相互竞争，又有一定垄断力量的市场结构。其主要特点有：

1. 产业集中度较低。市场内企业众多，每个企业的市场份额较低，控制市场价格的能力较低，企业之间竞争既通过价格竞争，又通过产品差异化进行竞争。

2. 产品存在差异。20 世纪 30 年代，罗宾逊夫人和美国经济学家张伯伦发展了垄断竞争理论，特别是张伯伦发展了产品差异理论。在张伯伦看来，消费者认为企业提供的产品总是有一定差异的，这种差异或者产生于产品本身的物理特点，或者源于消费者的主观感受。既然不同企业提供的产品在销售、外观、商标、售后服务等方面存在差异，那么，每个企业在一定程度上就拥有自己的消费群体，从而能够自主定价而不至于吓跑所有的消费者，因此具有一定的市场垄断力量。但是，由于所有企业都处于同一个市场，所以任何一个企业都不能将价格提高很多，因为不同企业生产的产品尽管有差异，但毕竟是替代品。

3. 进出入壁垒较低。这是垄断竞争市场不同于寡头竞争和垄断的一个重要特征。也就是说，尽管由于每个企业生产的产品存在差异而具有一定垄断市场的势力，但是由于进出入该市场所面对的技术、资本和法律法规壁垒较低，当市场上既有企业利用垄断地位获得超额利润时，新企业很容易进入生产和销售有差异的产品，而当竞争过于激烈致使企业出现亏损时，企业可以立即从该产业撤出。这样使得企业之间总是存在一定的竞争压力。

垄断竞争市场是一种很普遍的市场结构，例如，人们消费的化妆品、服装、食品等日用消费品市场大部分都呈现出垄断竞争的特征。

专栏 3－4　中国彩电业从竞争到垄断竞争

中国彩电行业发展历程正是一个由竞争到垄断竞争的实证。中国彩电业从一无所有发展成世界产量第一，在世界彩电产业链上也占有一席之地。但是连年的价格大战使彩电生产企业利润率降低，技术创新投入减少。国家鼓励彩电生产由分散走向集中，中国彩电业开始实现由充分竞争到垄断竞争的转变。中国加入 WTO 后，彩电企业需要更加直接地和国外企业在国内和国际市场上展开竞争，民族彩电工业面临着严峻的挑战。因此，彩电市场由竞争走向垄断竞争具有重要意义，透视出重要的产业经济运动规律。

从总体上看，中国彩电业的绝对集中度不断提高。在计划经济体制下，政府决定或控制彩电的价格，导致较高的行业利润率，加之其他多种因素的综合影响使大量低效率、小规模的彩电企业滞留在产业内。随着市场经济体制改革的深入，企业逐渐出现了两极分化，近几年的价格战演变为淘汰战，导致了“市场向品牌产品倾斜，生产向骨干企业集中”的结果。中国彩电生产业经过十几年自身的发展壮大及与国外进口名牌彩电的激烈竞争，现已进入成熟的阶段。近几年主要有长虹、松下、康佳、索尼、东芝、飞利浦、海信等品牌主导中国彩电销售市场，其中以长虹最为出色，稳居国产彩电产销的龙头地位。在激烈的市场竞争中，彩电的生产集中度不断提高，规模经济逐渐形成。主要表现在：

(1)彩电生产企业数目从20世纪80年代末的120多家减少到目前的近90家。

(2)彩电行业的生产集中度不断提高，如CR_4(行业排名前4家企业生产占整个产业的产量比例)从1995年的35.19%提高到1998年的55.33%。中国彩电业不仅在生产上越来越向优势企业集中，而且在市场销售方面，随着竞争的加剧，部分杂牌、非名牌产品市场缩小甚至被淘汰，名牌产品市场占有率进一步提高。

无论从生产集中还是市场集中来看，中国彩电产业集中的趋势已非常明显。依据经济学家贝恩按照绝对集中度对市场的划分，中国彩电市场结构处于集中寡占型。中国彩电业已走向集中，出现了长虹、康佳、TCL、海信等一批大型彩电企业，但它们的实力远远不如索尼、松下、飞利浦、三星等跨国公司。面对外国品牌的激烈竞争，需要有实力参与国际竞争的大企业的出现。因此，通过市场竞争进行资产重组，把过于分散的彩电企业聚合起来，成为中国彩电产业的一种趋势。

资料来源：谢地等：《大象与蝴蝶共舞：产业组织案例分析》，长春出版社，2003年。

四、寡头垄断市场

寡头垄断市场是占市场份额很大的少数大企业相互竞争的市场结构。其主要特点是：

1. 产业集中度高。少数大企业占有整个市场非常大的份额，要么留给众多的中小企业很小的生存空间，要么由于竞争整个市场最终被几个大企业完全瓜分，没有其他企业存在。

2. 产品可能同质，也可能存在差异。

3. 进入和退出壁垒较高。少数大企业不仅规模大、资本投入多，而且在筹集资本、技术创新、生产和销售规模、营销网络和渠道等方面都占有绝对优势。因此，新企业进出这样的产业面临的壁垒很高。

在现实中的许多产业，如汽车、飞机、钢铁、铝业、石油、化工、电子设备和计算机等资本密集和技术密集型产业都是寡头垄断的市场结构(见表3-3)。

表 3-3 2002 年世界典型的寡头市场及其市场份额

市　　场	代表公司	市场份额(%)
飞机制造市场	波音	55
	空客	45
美国碳酸饮料市场	可口可乐	45
	百事可乐	35
美国快递市场	联邦快递	40
	UPS	35
	Airborne Freight	15
运动鞋市场	耐克	45
	阿迪达斯	30
	New Balance	20

资料来源:转引自谢佩德:《产业组织经济学》,中国人民大学出版社,2007 年,第 93 页。

以上四种基本的市场结构类型在现实生活中是相互重叠的,其中完全竞争和完全垄断是两种极端的市场结构,现实中绝大多数市场是介于两者之间的垄断竞争和寡头垄断。因此,产业组织理论研究的重点是垄断竞争和寡头垄断这两种类型条件下的市场结构、市场行为与市场绩效、相互关系和政府干预的政策建议。表 3-4 是对上述四种市场类型的结构、行为和绩效特征的一个简要总结。

表 3-4 四种市场类型的特征①

市场类型	结　构			行　为			绩　效		
	企业数量	进入条件	产品类型	价格策略	产量策略	促销策略	利润率	效率	技术进步
完全竞争	很多	容易	标准化	无	独立	单个企业需要	正常	很高	好
垄断竞争	较多	较容易	差异化	未察觉到的依赖	单个企业需要	单个企业需要	正常	较高	较好
寡头垄断	较少	有障碍	标准化或差异化	可察觉的依赖	各种手段	各种手段	有超额利润	较差	一般
完全垄断	一个	很困难	完全差异化	独立	企业等于行业	企业等于行业	较高超额利润	很差	差

五、四种市场结构划分的依据

(一) 谢佩德分类法

谢佩德从美国的产业市场状况出发,根据市场上企业数量和企业市场占有率将

① 李孟刚主编:《产业经济学》,高等教育出版社,2008 年。

美国的市场结构状况概括为六种类型(见表3-5)。

表3-5 谢佩德的市场结构分类①

市场类型	主要条件	例 证
纯粹垄断	一个企业的市场占有率为100%	电力、电话、水、公共汽车以及其他公用事业
主导企业	一个企业的市场占有率为50%~100%,而且难逢够格的竞争对手	吉列剃须刀、报业(地方性的)、胶片(伊斯特曼柯达)和飞机(波音)
紧密寡头	占主导地位的前4个企业的市场占有率之和达到60%~100%,它们合谋固定价格相对容易	铜、铝、地方银行服务、照明灯泡、肥皂、书店、早餐和谷物
松散寡头	占主导地位的前4个企业的市场占有率之和不超过40%,它们合谋固定价格实际上是不可能的	木材、家具、小型机械、五金和杂志
垄断竞争	众多有效竞争者,但是任何一个企业的市场占有率都超不过10%	大多数零售、成衣业
纯粹竞争	超过50个竞争企业,每个企业的市场占有率都微不足道	小麦、玉米、家畜、洗衣业

(二) 贝恩分类法

贝恩主要以美国产业为研究样本,依据前四位企业集中度(CR_4)和前八位企业集中度(CR_8),按照垄断程度依次递减到竞争的顺序,将不同产业的市场结构概括为六种类型(见表3-6)。

表3-6 贝恩的市场结构分类②

市场结构	CR_4	CR_8
寡占Ⅰ	$85\% \leq CR_4$	—
寡占Ⅱ	$75\% \leq CR_4 < 85\%$	或 $85\% \leq CR_8$
寡占Ⅲ	$50\% \leq CR_4 < 75\%$	$75\% \leq CR_8 < 85\%$
寡占Ⅳ	$35\% \leq CR_4 < 50\%$	$45\% \leq CR_8 < 75\%$
寡占Ⅴ	$30\% \leq CR_4 < 35\%$	或 $40\% \leq CR_8 < 45\%$
竞争型	$CR_4 < 30\%$	或 $CR_8 < 40\%$

① William G. Shepherd, "The Economics of Industrial Organization", 3rd ed. (Pentice-Hall, Inc. 1990), p. 14.
② 苏东水主编:《产业经济学》(第二版),高等教育出版社,2000年。

（三）美国司法部分类

美国司法部根据赫芬达尔指数把市场分为了三种市场结构：高度集中市场、适度集中市场、非集中市场。其中当HHI指数大于1800时，市场为高度集中的市场结构；当HHI指数大于1000而小于1800时，市场为适度集中的市场结构；当HHI指数小于1000时，市场为非集中市场结构（见表3-7）。

表3-7 美国司法部分类标准

HHI	市场竞争状况
HHI > 1800	高度集中市场
1000 < HHI < 1800	适度集中市场
HHI < 1000	非集中市场

（四）植草益分类法

在上述贝恩分类的基础上，日本著名产业组织理论学者植草益利用日本1963年的统计资料，对日本产业市场结构做出了不同的分类（见表3-8）。

表3-8 植草益的市场结构分类①

市场结构		CR_8	产业规模状况（亿日元）	
粗分	细分		大规模	小规模
寡占型	极高寡占型	$70\% < CR_8$	年生产额 > 200	年生产额 < 200
	高、中寡占型	$40\% < CR_8 < 70\%$	年生产额 > 200	年生产额 < 200
竞争型	低集中竞争型	$20\% < CR_8 < 40\%$	年生产额 > 200	年生产额 < 200
	分散竞争型	$CR_8 < 20\%$	年生产额 > 200	年生产额 < 200

第四节 市场结构的决定因素

规模经济、产品差异化、进入与退出壁垒、企业并购和公共政策等因素被认为是影响市场结构的主要因素。

一、规模经济

规模经济（Economics of Scale）指随生产能力的扩大，产品的单位成本不断下降的一种经济现象。规模经济产生的根本原因在于技术方面，即某些固定资本用

① 苏东水主编：《产业经济学》（第二版），高等教育出版社，2000年。

途的不可分性(Indivisionability)。具体而言,企业规模经济产生的技术原因主要在于:

1. 生产建设费用的节省。随着经营规模的扩大,工厂在建造、安装和利用大型高效的机器设备、装置、厂房等方面可以节约投资和成本费用。例如,球体的容积计算公式是 $4\pi r^3/3$,球体的表面积则是 $4\pi r^2$,其中 r 为半径。在制造球状装置方面,目的是利用其容积,而制造成本则仅与球体的表面积有关。在制造球体的材料规格和价格不变的条件下,将球体半径扩大 1 倍,容积(产量)增加 8 倍,其表面积仅增加 4 倍,即成本只增加 4 倍。

2. 学习效应。当开始生产一种新产品或运用一种新工艺的时候,学习的过程便开始了。当新的工作方法实施以后,工人们开始接受新的培训,最开始的一段时间人们通常会反复实验。因此,开始的时候每单位产品的成本很高,但随着时间的推移,工人们在完成任务时更加得心应手。人们也会对机器进行调试以期得到一个最优的生产系统。由此,我们便会得到一条学习曲线,它表明随着总成本的上升,平均生产成本在下降(见图 3-1)。

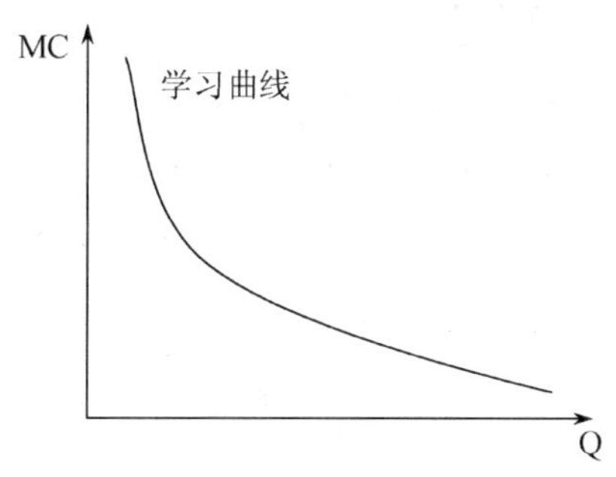

图 3-1 学习曲线

3. 管理效率的提高。在大规模经营的工厂中,可以对管理人员进行合理的专业化分工进而提高管理效率;借助计算机、智能办公系统等现代信息处理手段扩大管理幅度,提高管理能力;经营管理费用可以分摊到一系列产品中,进而降低单位管理费用。

二、产品差异化

产品差异(Production Differentiation)是指消费者对特定产业内企业生产的产品需求的不完全替代性。它是反映和决定市场结构状况的另一个重要因素。一般来说,不同企业生产的产品之间替代程度越大,企业之间的竞争越激烈;反之,企业生产的产品与其他企业的产品替代程度小,表明消费者对其产品形成了特殊的偏好。关于产品差异化的详细分析在第七章。

专栏 3－5 移动电话制造业的产品差异化

从我国手机行业的发展历程来看，中国国产手机的核心技术掌握在国外厂商手中的情况下，仍能在逆境中谋得一席之地，手机行业的产品差别化战略无疑为这一局面的出现立下了汗马功劳。

一、机型差异化

TCL 宝石手机和夏新 A8 手机分别是 2001 年和 2002 年卖得最好的国产手机。而这两款手机的热销都得益于由独特的外观设计而产生的产品差异。

TCL 移动在万明坚的领导下，创造性地把手机和宝石联系在一起，推出了宝石手机。宝石作为一种象征爱情、勇敢、永恒的物件一直为广大消费者所尊崇和喜爱，佩戴宝石装饰已成为许多成功者的消费时尚，特别是恋爱中的男女已把赠送宝石作为表情达意的最好信物。因此，宝石手机迎合了消费者的爱好，从而取得了巨大的成功，打响了 TCL 手机的品牌，为 TCL 手机的崛起奠定了基础。

而夏新 A8 手机以当时全球最薄的精美的超薄机身，多功能的双屏折叠设计，简洁明快的外形轮廓，独有的 16 和弦音乐振铃，流光溢彩的一体化设计的按键背光，华人喜欢的腾龙图案以及其独门的“梦幻魅力”，让消费者第一次感受到了国产手机非凡的人性化和时尚魅力。新加坡《联合早报》在报道中赞扬这款夏新手机在设计风格上体现出了中国传统文化与高科技的完美组合。该机型推出后，在手机市场上引起了不小的轰动，其销量是一路上涨，出现了市场中少有的产品一下线就打包被经销商运走的情景。夏新从 A8 获得的单机利润竟然高达 1000 元左右。到 2002 年年底，夏新手机总销量高达 200 多万台，双倍超出当年年初 100 万台的预期目标。

二、功能差别化

由于一款手机很难创造高利润，为了满足国内市场日益多样化的需求，同时也增加手机的差别化，众多手机厂商开始着手增强手机的集成功能，以推出智能手机作为挺进第一梯队的契机。集 MMS、Java、PDA、摄像等功能于一体的彩屏手机越来越成为高端产品的象征，特别是智能手机开始成为厂商产品规划的重要方向。从 2003 年开始，国内可拍照手机种类激增，全部机型加起来不少于 30 种。2003 年 1 月智能手机的市场份额仅为 1%，而到 2003 年 9 月就占到了 2.4%。联想 2004 年发布的 ET560 就是在国内红极一时的智能手机，ET560 采用时尚的翻盖式设计，用户打开折叠式翻盖时是一个手机，而翻转屏幕后再折叠起来就成了一个标准的掌上电脑，旋转一定角度后，还能像数码相机一样拍摄照片和录像。软硬件配置方面，都是当时手机中最高的配置，更增加了蓝牙、双屏功能，堪称智能手机的“至尊”。联想正是凭借 ET560 等一系列手机使其在 2004 年整体手机行业发展平缓的情况下，自身业绩却逆势劲增，销量较 2003 年同期相比增长 145.9%，销售收入同比增长 61.3%。

三、渠道差别化

国产手机渠道的建立远比诺基亚、摩托罗拉晚，所以国产手机商基本上采用了自建手机渠道的扁平化渠道策略，直接将自己的渠道一级级延伸到跨国公司触及不到的地方市场，甚至是农村市场，同时建立更为立体的销售方式。波导的销售渠道网络在业内可以号称“中华第一网”，这也直接促成了波导在国内市场份额的提升。为建立自主的销售服务网，波导在1999年成立了波导销售公司。随后迅速在全国建立28家分公司和300多个办事处，形成分布全国的营销服务网。2003年，在国产手机市场势头最旺的一年，波导为进一步拓展市场，新设立13家分公司，全国分公司达41家之多，按照每个分公司平均400人计算，波导在全国的销售人员至少为1.6万人，是同行业公司平均标准的两倍。国内手机企业将手机渠道的人海战术演绎得淋漓尽致。从效果来看，2002年和2003年波导的主营业务收入增长率分别达到142.83%和70.26%，2004年波导的手机销量达到了1350万台，稳坐国产手机“老大”的“宝座”。

产品差异化可以提供与众不同的产品或服务，满足顾客特殊需求，从而形成竞争优势。企业通过提高产品差异化，可以很好地防御行业中的竞争力量，获得超过行业平均水平的利润。

由于手机属于时尚的非耐用品，因此应属于高度差异化的产品。由此案例可知我国手机业在外观、功能和渠道上的产品差异比较明显，如TCL和夏新手机机型上的差异化为它们赢得了广大的消费群体，同时也为它们在国产手机中的霸主地位奠定了基础，波导也曾因为独特的销售网络而稳坐国产手机“老大”的“宝座”。但由于手机产品在外观、功能方面的差异化易被竞争对手模仿，同时手机产品的生命周期已由最初的2～3年缩短为10～12周，大的手机制造商基本上1～2个月就推出新的机型，使得手机在功能、尺寸、款式、颜色等有形差异化的空间日益狭小，国产手机在机型、功能上已取得的差异化优势将逐渐被弱化。因此，我国国产手机还应在核心竞争力、品牌和服务等无形产品上下工夫，建立品牌差异化。

资料来源：赵玉林：《产业经济学案例分析教程》，武汉理工大学出版社，2008年。

三、进入壁垒与退出壁垒

（一）进入壁垒

进入壁垒（Barriers to Entry）就是产业中已有企业相对于潜在进入者所享有的优势。由于这些优势的存在，已有企业能够把价格提高到竞争水平价格以上而又不会招致新企业的进入。

进入壁垒可以分为外生进入壁垒和内生进入壁垒两大类（见表3－9）。外生进入壁垒又称经济性进入壁垒，是进入者遇到的由产业市场的基本特征造成的且不受已有企业控制的一些不利条件。根据贝恩的解释，构成外生进入壁垒的因素主要包括必要资本量要求、规模经济、产品差异、已有企业的绝对成本优势和政策法律等。内生进入壁垒则是进入者面对的由已有主导企业采取的战略性行为造成的不利条件，又可以称为策略性进入壁垒。

表 3－9 进入壁垒的构成因素

Ⅰ. 外生进入壁垒：进入壁垒的经济（固有）原因
1. 资本需要量（与工厂和企业规模以及产业资本密集度相关）
2. 规模经济（基于技术和货币原因）
3. 产品差异（产品自然出现的）
4. 绝对成本优势（包括不同的工资率等各种可能的原因）
5. 多样化（假定具有在不同部门调配资源的可能性）
6. 研究和开发的密集度
7. 企业专用资本的高度可持续性（导致进入风险加大的沉淀成本）
8. 垂直一体化程度（需要同时在垂直一体化的两个环节或者多个环节进入）
Ⅱ. 内生进入壁垒：进入壁垒的主动性和策略性原因
1. 报复和阻止行为（运用价格或者其他手段，种类繁多）
2. 过度的能力（实施有效报复或者威胁实施报复的基础）
3. 支付包括广告在内的营销费用（增加产品差异程度）
4. 申请专利（对于技术具有排他性控制权）
5. 控制其他战略资源（如矿石、地点、专用才能等）
6. "占据产品空间"（高度产品差异化产业已有企业常常采取的战略）

资料来源：William G. Shepherd，"The Economics of Industrial Organization"，3rd ed.（Pentice-Hall，Inc. 1990），p. 274.

专栏 3－6 攻破的"马奇诺防线"：格兰仕对进入壁垒的超越

广东格兰仕集团是一家以微波炉、空调为主导产业，以小家电为辅助产业的全球化家电生产企业。格兰仕集团以国际领先的技术开发能力和日臻完美的产品服务体系，为社会提供数以千万计的高科技、高品质、高附加值的产品。格兰仕集团现有员工 11000 人，2000 年销售收入达到 57 亿元。产品畅销全球 80 多个国家和地区。

格兰仕是一个最初从事羽绒服等服装生产，年产值不到 50 万元的小型乡镇企业，1991 年它选择了微波炉作为其转业发展的唯一方向。通过不断努力，格兰仕微波炉从全国最大做到全球最大，在国际市场上也是频频告捷。除微波炉以外，格兰仕集团还拥有全球最具竞争力的空调产品，以高、精、尖的技术成为空调市场的核心品牌。不仅如此，格兰仕集团还拥有全球最大的豪华电饭煲生产基地，具备 12000 万只的豪华电饭煲年生产力，市场占有率已经位列三甲。通过自身努力，格兰仕创造了中国家电市场上的名牌。经国家权威机构评估，2000 年初格兰仕的无形资产已高达 101 亿元。2001 年格兰仕微波炉入选首批"中国品牌"。格兰仕在行业中的绝对领先地位使其逐渐垄断了整个微波炉市场，企业惊人的发展轨迹被经济学专家称为"格兰仕现象"、"格兰仕模式"。

格兰仕实施行业转移的动因是什么，它是如何规避行业的进入壁垒、成功打入微波炉制造行业的呢？

从国内外的行业总体发展状况来看，早在20世纪60年代，微波炉行业就已经在美国等发达国家兴起，至90年代进入普及期，产品生产技术已经达到成熟阶段；而在中国，微波炉制造行业却是曙光初现的行业，市场发育程度晚且成熟度很低。随着大家电的普及和人民生活水平的提高以及对便利生活的需求不断增长，中国的微波炉市场必将是一个基数小、增长速度快、潜力巨大的市场。因此，格兰仕从事微波炉制造将拥有广阔的市场。

从市场上的生产者角度来看，1990年全国微波炉生产企业只有4家，且规模大多在10万台以下，市场竞争程度比其他家电产品要低得多。虽然以松下为代表的外国品牌的产品在当时的市场上居主导地位，但这些产品在其制造商的销售总额中所占的比重很小，微波炉并非这些制造商的战略性或主导性产品。因此，格兰仕从事微波炉制造的竞争压力尚可接受。

从格兰仕周边的介入环境来看，格兰仕所在地——广东顺德是中国著名的家电生产基地，元器件、零配件的供应以及其他相关技术和服务较为稳定。因此，格兰仕从事微波炉制造可以得到充足的上游产品供应。

可见，格兰仕进入微波炉生产的外部市场环境是很有利的，强大的竞争对手对微波炉产品有些不以为然，对新的进入者格兰仕实施进入阻止的可能性不大，行为性进入壁垒不高，作为新型家电行业，政策、法规方面几乎没有进入障碍，需要突破的主要是各种结构性的进入壁垒如必要资本量、绝对成本、产品差别等几方面。

为了绕过必要的资本量壁垒，格兰仕集团不仅将轻纺行业10多年的经营积累以及撤出收益全部投入微波炉的生产与销售上，而且将微波炉产品本身的收益也全部投入其中，从而使格兰仕集团的微波炉产销量以惊人的速度增长。

格兰仕选择进入中国的微波炉市场时，国内微波炉市场刚开始发育，生产企业只有4家，其市场几乎被外国产品垄断。因此，原来从事羽绒服制品生产的格兰仕面临着很大的绝对成本壁垒。面对这种情况，格兰仕一方面集中力量形成自己的产品开发能力；另一方面积极开展国际合作，利用原有优势，创造成本优势，在短期内迅速降低了生产成本和经营成本，克服了绝对成本壁垒。

作为后起之秀的格兰仕是如何克服产品差别壁垒，将自己的产品与原有生产厂商的同类产品区别开来，赢得中国乃至全世界消费者的青睐呢？在国内，格兰仕进入微波炉市场时，最大的竞争对手是蚬华。格兰仕在竞争初期能够取得成功，一方面，主要是因为蚬华轻敌，使格兰仕较轻松地进入微波炉市场并获得初步发展；另一方面，蚬华在1995年被惠而浦收购，导致该企业在很长时间内都忙于企业整合，对原有市场的有效保护不利，从而使格兰仕得以在对手被收购、进行调整过程当中，一举抢占了中国市场。国际微波炉市场一直是日、韩两国的天下，最高峰时，韩国和日本出口微波炉分别达1600万台和800万台。1997年的金融危机给日、韩两国企业以沉重的打击，1998年欧洲国家联手对LG等韩国微波炉出口大户实施反倾销案，这使得韩国产品市场占有率大跌。格兰仕趁此机会，见缝插针，在价格上走韩、日产品的中间路线，同类型产品价位比日本产品低8%~9%，比韩国产品则高6%～7%，既免去了高价的曲高和寡，又规避了低价倾销的政策风险，以质量一流的产品成功地抢占了海外市场，成为全球第一。在众多质量相近的微波炉产品中，格兰仕以持续的降价能力使得自己脱颖而出，克服了产品壁垒，自然而然成为广大消费者的首选产品。

资料来源：谢地等：《大象与蝴蝶共舞：产业组织案例分析》，长春出版社，2003年。

（二）退出壁垒

退出壁垒（Barriers to Exit）是指在位企业退出市场时面临的困难。进入壁垒主要考虑潜在进入者面临的困难，退出壁垒则主要考虑已有企业退出时遇到的障碍。二者都会影响企业之间的竞争关系和市场结构状况。退出壁垒的构成要素主要有以下几点：

1. 沉没成本。由于产业分工的发展，企业投资某个产业的资本往往是专用于一些特定产品的，即具有一定的专用性，这样的资产包括机器设备等物质资本、特殊的人力资本甚至投资的特定地点。这些资本的专用性程度越高，当企业从该产业退出时难以回收的投资就越大，即沉淀成本越高，这意味着企业退出时付出的代价越大。

2. 解雇费用。企业退出时必然要解雇工人。但是解雇需要支付退职金、解雇工资，甚至工人再就业必需的部分培训费用。这部分费用越大，企业退出的壁垒越高。

3. 法律和政策的限制。为了让公民普遍享受到基本的自来水、煤气、电力等公共物品，政府在设置进入壁垒的同时，也可能规定了严格的限制退出条件。如律师等实行特许经营的非公益性行业，政府也可能阻止企业的退出。

四、企业并购

贯穿于20世纪影响市场结构的一个重要因素是并购行为的水平，这期间先后发生了五次大规模的并购浪潮。并购种类主要有三种：水平并购（Horizontal Mergers）、垂直并购（Vertical Mergers）、多行业企业并购（Conglomerate Mergers）。水平并购是企业兼并与其直接竞争的企业，这些企业必须在同样的产品市场和同样的地域市场中竞争。国美收购大中电器就是水平并购。垂直并购是企业兼并同一行业里不同生产阶段的企业。垂直并购将消费者和供给者联结起来，如石油生产企业和原油提炼企业的并购。多行业并购发生在不同市场或同一市场中不同地域市场的企业之间。多行业企业并购可以分为三种类型：一是产品扩充并购，指生产不同产品但产品相互联系的企业间的并购。如宝洁2005年收购吉列。二是地域扩充并购，它发生在不同地方生产相同产品的公司之间。如2005年美国航空公司兼并西部航空公司。三是纯粹多行业并购，指将完全不同市场主体的企业合并成整体。如ITT公司因在不相关行业收购数百个公司而出名，从部分汽车业到旅馆业再到Wonder Bread。

专栏 3－7　美国五次并购浪潮

第一次并购浪潮发生在 1881～1911 年，其基本特点是同一行业的小企业合并成一个或几个大企业，并购方式主要是同行业内部的横向联合。当时经营石油和钢铁等基础工业的资本家通过他们巨大的垄断信用来购入竞争对手的大量股票，甚至达到控股程度，从而控制竞争对手，进而控制整个行业，该次并购浪潮的主要目的是获得规模经济效益和排除竞争。

第二次并购浪潮发生在 1919～1930 年，随着第一次世界大战的结束，美国经济发展势头强劲，投资资本非常充足，出现了许多行业里处于某一阶段（如原材料生产、流通）的公司吸收或加入同行业里不同阶段的公司，也就是纵向并购。发动收购的企业往往是大企业，目的是确保大企业在供给、生产和流通等方面能平衡发展，实现垄断整个产业。

第三次并购浪潮发生在 1960～1970 年，其基本特征是：一些企业收购了一系列与本企业经营业务毫不相干的企业，由不同行业的中小企业合并成分散性经营的大公司，产生了许多巨型和超巨型的跨行业公司，也就是联合并购，目的是缓解或抵冲经济波动可能对本企业经营带来的风险。

第四次并购浪潮主要发生在 20 世纪 80 年代，这次并购浪潮有一个特征，即回归主业，也就是逆多元化经营，通过兼并、分拆的方式，对企业内的枝节行业实行出售、关闭，腾出更多的资源来发展公司的主营业务。如美国通用电气公司，通过大规模并购，经营范围跨度非常之大，80 年代新的总裁杰克·韦尔奇上任之后，他提出了"第一或第二战略"，即要求通用电气的所有事业部都要成为世界市场上的第一名或第二名。为此，该公司先后大规模地分离、重组，果断淘汰一些虽然赢利但已过时的业务，缩小经营范围，提高专业化经营的程度。

1993～2000 年，以美国为首的西方发达国家爆发了第五次也是迄今为止历史上最大的一次并购浪潮，它囊括了所有类型的合并，尤其是在银行业、药品、卫生保健及远程通信行业的重大水平合并，属于战略性的并购。许多重大合并都创造出了支配企业，或者让企业已有的支配地位更上一层楼。

资料来源：Don E. Waldman，Elizabeth J. Jensen，"Industrial Organization：Theory and Practice（3rd Edition）"，李宝伟等译，2009 年。

五、公共政策

下面几种类型的公共政策能按预测的方向影响市场结构：①

1. 反托拉斯政策。该政策反对的内容主要有三部分：一是建立高集中度。二是可能会创造出新市场力量的合并。三是控制市场企业之间相互勾结。在实践中，对

① Don E. Waldman，Elizabeth J. Jensen，"Industrial Organization：Theory and Practice（3rd Edition）"，李宝伟等译，2009 年。

反托拉斯政策这三个指导方向上的权衡能对市场结构造成影响。

2. 某些行业的相关政策。这些政策也对结构的直接控制做出了相应的规定。在公用事业部门,每个企业都被事先赋予了某个领域的排他经营权,如电力行业具有垄断经营权。

3. 专利。专利赋予了某项发明以 17 年的排他使用权。通过实施垄断,专利的获得者能够从他的企业诞生开始便塑造一个市场。如电气设备、电子产品、制药等专利的出现极大地增加了经济中垄断出现的几率。

专栏 3-8 "玻璃门"现象:对民营企业的歧视

将"名义开放、实际限制"的经济现象称为"玻璃门"。"玻璃门"现象即一些政策规划的远景看起来非常不错,但实施起来,由于受思想观念、相关规定以及政府职能等方面的阻碍,使得这些政策规划"看得见、够不着",往往一进去就"撞门",根本无法落实,即便强行落实也会"碰得头破血流"。

改革开放以来,我国民营经济发展迅猛,其地位和作用发生了历史性的变化。一大批民营企业迅速成长、壮大,成为领军企业,但也有不少企业在成长过程中很快走向衰败,甚至死亡。一是规模"大不了";二是寿命"长不了"。要保证和促进民营企业的可持续发展,必须以政府为主导,为民营企业营造和谐的外部环境。

由于各种原因,有些地区、部门和公众对民营企业的认识不一致,观念滞后,不少政府人员在鼓励、支持、引导民营企业发展时犹豫不决,消极应对,使企业贻误发展良机;有的对发展民企还存在"错位"、"越位"等现象。因此政府要率先解放思想,正确引导民营企业的发展。媒体要加大宣传力度,让国民了解非公经济发展的重要性、必要性,消除错误的甚至歧视性的观念,为民营企业健康发展创造良好的舆论氛围。

资料来源:作者根据《民营企业可持续发展外部环境的营造》一文改编,周君明:《商场现代化》,2008(14)。

篇末案例

中国汽车产业的市场结构

汽车工业是生产货运、乘用、专用汽车及其零部件的机械制造业,是技术装备也是家庭耐用消费品制造业。中华人民共和国的成立,为中国汽车工业发展开辟了道路。新中国成立以来,累计提供了 1600 多万辆汽车,逐步建成了 200 多万辆的年产能力,形成了一个生产门类比较齐全、产品品种比较丰富、系列化的汽车工业体系。其发展过程大致经历了四个阶段:

一、初创阶段(1953~1978 年)

1953 年 7 月列入第一个五年计划的第一汽车制造厂(简称"一汽")在长春动工兴建,标志着中国有了自己的汽车制造业。一汽在建设和发展的过程中,采用了大而全的老福特模式，这种模式比较适合当时中国没有配套零部件生产的国情，但是难以扩大生产批量，难以组织多品种生产。由于受计划经济的影响，包括后来新建设的二汽、上汽等汽车制造厂，仍然没有摆脱大而全的模式。

这一时期，在高度集中的计划经济体制下，汽车工业的任何一项建设都是在国家计划的严格指导下进行的，由于经济基础薄弱，国家采取了"集中有限力量进行重点建设"的办法，主要汽车产品是中型载货车，产品全部由国家计划组织生产并销售，根本谈不上按市场需求生产和形成竞争机制。

二、探索成长阶段(1979～1993 年)

这一阶段，单一的计划经济体制和管理模式逐渐被打破，市场配置资源的作用逐渐增强。在中央、地方政府的积极推动下，形成了长春一汽、十堰二汽、重庆、南京、北京、天津、上海、沈阳等汽车生产基地，同时也出现了整车生产其厂家数量多而产量较小、同一产品生产分散、规模经济性差的局面。至 1992 年，大规模轿车制造体系开始建立，国产汽车产量首次突破 100 万辆大关，在世界各汽车生产国中排名第 11 位，同时产品的结构得以改善，汽车品种逐渐丰富起来。但这一阶段也产生了投资乱、整体水平低、产品质量差、整体发展速度慢等诸多问题。

三、调整与发展阶段(1994～1998 年)

以 1994 年《中国汽车工业产业政策》的颁布为标志，中国汽车制造业发展进入了新阶段。其背景是中国的经济体制全面向社会主义市场经济体制转变；中国汽车市场已由单一的公费购车转向多元化结构，私人购车量明显上升。到 1998 年，汽车产量达 162.8 万辆(见表 3-10)，世界排名第 10 位。全国商用车的轻、中、重型比例为 78.5∶17.8∶3.7，全国载货车产量的轻、中、重型比例为 67.0∶27.7∶5.5，基本上扭转了改革开放初期汽车产品结构不合理的局面。

表 3-10　1994～1998 年中国汽车产销量及增长

年份	生产量(辆)	同比增长(%)	销售量(辆)	同比增长(%)
1994	1353368	4.36	1337301	—
1995	1452737	7.34	1441779	7.81
1996	1474905	1.53	1458666	1.17
1997	1582628	7.30	1565904	7.35
1998	1627829	2.86	1603054	2.37

资料来源：根据中国汽车工业协会 1994～1998 年数据整理。

四、快速发展阶段(1998 年至今)

进入 21 世纪以来，中国汽车制造业进入了真正快速发展时期。中国汽车工业快速健康发展的同时，中国汽车工业的社会环境、政策环境和市场环境发生了深刻变化。据统计，汽车产业从 2001 年开始加速发展，2002 年、2003 年更是呈现出"井喷"

状态，产量增长率分别达到36.99%和35.2%，2004年达到15.5%。中国汽车的产量从1998年的163万辆，发展到2005年的580万辆，位居世界第3位。

2003年产销量达3万辆以上的汽车企业已经接近20家，且其产量占到2003年全年产量的90%以上(见表3-11)。这表明中国汽车产业已经呈现出一定的市场集中度，向产业规模化方向迈出了坚实的步伐。

表3-11 2003年汽车产销量达3万辆以上的企业及其产量 单位：万辆

序号	1	2	3	4	5	6	7	8	9
企业	上汽	一汽	东风	长安	北汽	哈飞	金杯	广汽	昌河
数量	89.88	86.6	47.5	40.7	34.8	20.0	12.4	12.3	11.9
序号	10	11	12	13	14	15	16	17	
企业	南汽	江淮	东南	吉利	江铃	长城	海南	庆铃	合计
数量	9.9	9.4	8.7	7.2	6.3	5.9	4.2	3.5	411.18

资料来源：《2006中国产业发展报告》，上海财经大学出版社，2006年。

思考题：

1. 请根据表3-11中的数据，分别计算出中国汽车产业前1、2、3、4、8位企业的集中度。

2. 结合你所计算出的集中度，分析中国汽车产业属于哪种市场结构？该市场结构的主要特征是什么？

3. 试分析中国汽车产业的市场结构可能存在哪些影响因素？

本章小结

1. 市场是生产或提供同种或同类产品的企业集合。市场结构是指市场上已有的和潜在的卖方和买方的数量、规模以及相互之间的关系。它反映了特定市场上相关企业面临的竞争环境，是决定企业行为和市场绩效的重要因素。

2. 市场的界定可以从供给、需求、实践及其他方面来判定。供给方面，可以从产品物理性能或属性、供应商的可转换性、价格差别及供给的交叉价格弹性来界定；需求方面，通过需求的交叉弹性判断；实践方面，常用美国司法部的SSNIP方法；另外还有从产品市场和地理市场两个方面去界定的其他方法。

3. 市场结构测度的指标主要有集中率CR_n和赫芬达尔指数HHI。

4. 市场结构一般划分为完全竞争、完全垄断、垄断竞争和寡头垄断四种类型。市场结构划分的依据有谢佩德分类法、贝恩分类法、植草益分类法等方法。

5. 市场结构受规模经济、产品差异化、进入与退出壁垒、企业兼并和公共政策等因素的影响。

重要概念

市场结构	市场集中率	赫芬达尔指数
进入壁垒	退出壁垒	产品差异化
规模经济	完全竞争市场	垄断竞争
寡头竞争	完全垄断	

思考题

1. 市场与市场结构的内涵是什么?
2. 如何去界定市场? 有哪些方法和途径?
3. 市场结构有哪些类型? 各种类型都有什么特征?
4. 决定市场结构的主要因素有哪些?
5. 市场结构有哪些测量方法?

延伸阅读

1. 亚当斯、布罗克:《美国产业结构》,中国人民大学出版社,2003 年。

2. 上海财经大学产业经济研究中心:《2009 中国产业发展报告》,上海财经大学出版社,2009 年。

3. 国家发展和改革委员会产业经济与技术经济研究所:《中国产业发展报告 2009》,经济管理出版社,2010 年。

4. 马建堂:《结构与行为:中国产业组织研究》,中国人民大学出版社,1993 年。

5. 王慧炯、陈小洪等:《产业组织及有效竞争:中国产业组织的初步研究》,中国经济出版社,1991 年。

6. 魏后凯:《市场竞争、经济绩效与产业集中:对中国制造业集中与市场结构的实证研究》,经济管理出版社,2003 年。

7. 戚聿东:《中国产业集中度与经济绩效关系的实证分析》,《管理世界》,1998(3)。

第四章　寡头市场竞争

学习目标

- 掌握寡头市场的定义及特征
- 了解古诺模型的基本结论
- 了解伯川德模型的基本结论
- 了解斯塔克尔伯格模型的基本结论

开篇案例

解说处理器大战

处理器大战是2006年IT产业的最大看点。现在开战过半,我强攻,你防守,激战正酣,令人眼晕。借2006年以来的几件事情,解说一回,或能品味激烈商战的滋味。

进入2006年时,AMD占上风。

英特尔于2005年推向市场的双核因匆忙救市,问题多多。2006年1月25日,市场研究公司Mercury报告,2005年第四季度AMD的市场份额达到21.4%,比第三季度提高3.7个百分点。(事件1)2005年年中,AMD就放风,称英特尔的双核系"封装在一起的双芯",挑起"真假双核"的争端,英特尔被迫接招,十分难受。进入2006年,AMD继续高调扩大战果,7月1日,Mercury公布第一季度战绩,AMD市场份额再涨4.3个百分点,接近30%。(事件2)

这种形势下,地球人都明白,英特尔一直在部署反攻。

1月25日,英特尔采取了一个动作,发布了"真双核"的酷睿处理器,替代遭人诟病的奔腾双核。(事件3)人们普遍以为这仍属防守,但AMD相当紧张,因为华尔街分析师2005年预言2006年将爆发处理器价格大战。于是,AMD采取先下手为强的战法,于1月25日率先宣布双核降价,最大降价幅度达到43%。由此,AMD打响了2006年处理器价格大战的第一枪。(事件4)

此时,英特尔全面反攻已是箭在弦上,蓄势待发。大反攻的第一个信号来自欧洲。3月13日,欧洲的销售总管Juergen Thiel透露:"我们不仅要降价,还要推出好产品。"(事件5)这个当时并没有被人们注意的消息表明,英特尔的反攻将在价格和新产品两个战场上反攻AMD。

在价格战场,两个回合,互不相让。

第一波攻击发起于4月18日,英特尔宣布第一次降价,最大降幅高于AMD,达到50%。(事件6)AMD因事先采取了预防性措施,没有跟进降价,只是嘲讽英特尔倾销。刚刚进入第二季度,也就是在得知AMD市场份额继续走高的报告之后,6月9日,传出消息,英特尔将于7月23日再度大幅降价,最高降幅达到60%。(事件7)同日,AMD反击,也宣布降价,最大降幅超过50%。(事件8)

产品战场,两度交锋,妙趣横生。

在英特尔酷睿上市之前,5月17日,AMD在石油价格飞涨的关头,发布新一代双核炫龙,并在纽约时代广场大做广告,称AMD双核为全球节约11亿美元能耗,暗讽英特尔双核费电。第二季度酷睿上市以后,6月27日,英特尔高官亲自部署测试秀,称性能超过对手24%,节能超过30%。(事件9)AMD对此结果相当不满,高官纷纷对媒体发表谈话,争辩不休。

处理器大战还在继续发展,不过,价格战双方都没力气再打了。可以预见,产品将是下半年处理器大战的主战场。

资料来源:《计算机世界报》,2006年7月10日,第26期,第17页。

思考题:英特尔与AMD之间的竞争为何如此激烈?它们在哪些方面采取了竞争?

第一节 寡头市场简介

一、寡头市场的概念

《现代汉语词典》中对“寡头”的解释是这样的:寡头就是指掌握政治、经济大权的少数分子。那么在经济领域中,寡头市场是一个被为数不多的几家厂商垄断了的行业市场,行业的供给被控制住了。或者说,寡头市场是有少数几个相互竞争的生产者的市场。在寡头市场上,少数几家厂商的总产量在行业的总供给中占有相当大的比例(如80%),每个厂商的产量都占有比较大的份额,从而使得任何一个厂商的决策对整个行业价格与产量都有举足轻重的影响,同时这几家厂商之间又存在着不同形式的竞争。

寡头市场在经济中十分典型和常见,如在日本和欧洲的发达国家,钢铁、石油、飞机制造、汽车、炼铝、机械等行业都属于寡头市场。这些行业中大多几家公司的产量占整个行业产量的60%以上。

寡头市场的出现主要是规模经济的产物。钢铁、汽车、造船这类重工业行业中有一个基本特点,就是这些产品只有在大规模生产时才能获得真正的经济利益。因为这些行业都必须使用先进的大型设备,精细的专业分工,在开始投资时所需的资金十分庞大,而且只有当产量达到一定规模后平均成本才会下降,企业才会有真正的利润。

二、寡头市场的分类和特征

根据寡头所生产的产品是否有差别，寡头可被分为纯粹寡头(Pure Oligopoly)和差别寡头（Differentiation Oligopoly）两类：生产无差别产品的寡头称为纯粹寡头（如钢铁、石油行业的寡头），生产有差别产品的寡头称为差别寡头（如汽车、香烟、造船行业的寡头）。

寡头市场并不存在自然的或法律的进入限制，但存在由规模经济和范围经济所引起的进入限制。从理论上说，任何企业都可以进入寡头市场，但实际上由于寡头市场中每个厂商的产量都十分巨大，几家厂商的产量就可以满足整个市场的需求。另外，在开始时所需投资十分巨大，也使其他厂商很难进入这一行业，与已有的几家大厂商进行竞争。而且已有的寡头也会运用各种方法阻止其他厂商的进入。

寡头市场一个重要特征是几家企业之间的相互关联性。在完全竞争和垄断竞争市场上，企业数量很多，但相互之间在决策上没有依赖性，一家企业的决策对其他企业没有直接影响，也不受其他企业决策的影响。垄断市场上只有一家企业，也不存在与其他企业的关系问题。但在寡头市场上，企业数量很少，每家企业的决策对整个市场都有不可忽视的影响，对其他企业的决策也有重要的影响。任何一家企业的销售都取决于自己的价格和其他企业的销售价格。例如，在一个寡头市场上有三家企业，如果一家要降低自己的价格而其他两家并不降低，那么，降价企业的销售量就会大大增加，而其他两家企业的销售量会大为减少。在这种情况下，其他两家企业也不得不降价。如果其他两家企业跟随降价，那么，降价企业的价格和利润都要减少。所以，每家企业在决定降低价格之前，都要预测其他企业会做出什么反应，并估算这种反应对自己利润的影响。正因为寡头企业之间的这种相关性，寡头市场的价格与产量决定相当复杂，具有不同于其他市场的特点。

接下来依次介绍3个典型的寡头竞争模型：古诺模型、伯川德模型和斯塔克尔伯格模型。

第二节 古诺模型

1838年，法国经济学家安东尼·奥古斯丁·古诺(Augustin Cournot)创立了一个简单的双寡头模型。

专栏4-1 安东尼·奥古斯丁·古诺

安东尼·奥古斯丁·古诺，法国数学家、经济学家和哲学家，数理统计学的奠基人。古诺1801年8月28日出生于法国格雷，1877年3月31日在巴黎逝世。最先试图用数学方法解决经济问题，是数理经济学的创始人之一。古诺最早提出需求量是价格的函数这个需求定理，并建立了垄断模型和分析寡头的双寡头模型，直到今天双寡头模型(称为"古诺模型")仍然是标准教科书中的重要内容。古诺至今被重视的原因还在于他用数学方法分析这些问题。后来的经济学家高度评价了他的这种贡献,认为他对已有的,但形态模糊的经济概念和经济命题给予严密的数学表述。他的分析方法强有力地促使经济学从文字的叙述转向形式逻辑的和数字的表达。20世纪初著名的英国经济学家埃奇沃思指出,古诺的论著"是以数学形式把经济科学里的某些高度概括的命题,陈述得最好的"。现代经济学家还指出,古诺是最早用博弈论思想分析经济问题的先驱者,他的双寡头模型就成功地运用了博弈论。

资料来源:作者整理得到。

一、模型的假设

古诺模型假设两个厂商生产同样的产品,市场需求是已知的,并且双方都知道市场需求。两个厂商决定生产的数量,同时做出生产决策,每个厂商的产量决策中均需考虑对方的决策,市场价格由双方的总产量和市场需求的均衡决定。这个模型的关键是每个厂商在制定决策的时候均假设对方的产量水平固定,然后根据利润最大化原则确定自己的产量水平。

二、模型的求解

厂商产量的决策过程:假设厂商甲认为厂商乙的产量为0,那么厂商甲的需求曲线就是市场需求曲线,这里将其表示为 D_1,对应的边际收益曲线为 MR_1,这里假设厂商的边际成本 MC 为常数。如图 4-1 所示,厂商甲的利润最大化产量为曲线 MR_1 和 MC 交点处所对应的产量 Q_1。

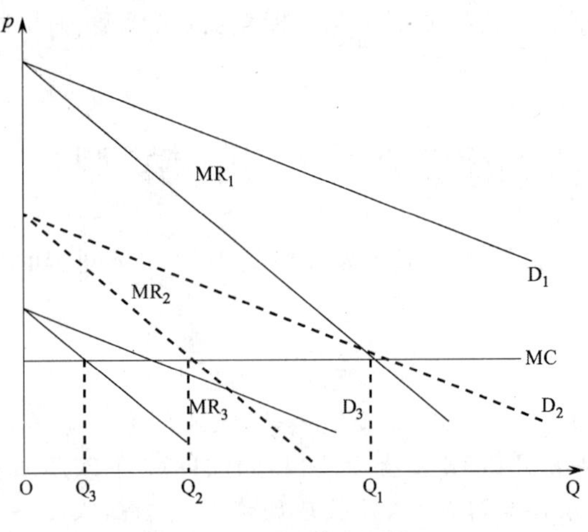

图 4-1 厂商的产量水平

厂商甲认为厂商乙会生产市场需求的一部分的产量时，厂商甲的需求曲线就是市场需求曲线向左平行移动相应单位的距离，对应在图 4-1 中为曲线（虚线）D_2，相应的边际收益曲线则为 MR_2。那么，厂商甲的利润最大化产量现在就是 MR_2 与 MC 交点处所对应的产量 Q_2。进一步假设厂商甲认为厂商乙会生产更多单位产品，那么厂商甲所对应的需求曲线就是市场需求曲线继续向左平行移动，在图 4-1 中表现为曲线 D_3，相应的边际收益曲线为 MR_3，此时厂商甲的利润最大化产量是 MR_3 与 MC 交点处所对应的产量 Q_3。最后假设厂商甲认为厂商乙生产全部市场单位的产品，那么厂商甲的需求曲线、边际收益曲线和边际成本曲线将会在纵轴上相交，结果就是厂商甲的利润最大化的决定是不进行生产，即 $Q=0$。

通过上述的分析，我们将得到这样的一种结论：厂商甲的利润最大化产量是它所确认的厂商乙产量的递减函数，也就是说随着厂商乙的生产数量的逐步提高，厂商甲的生产数量会逐步降低；同理可知，厂商乙的生产数量也会随着厂商甲的生产数量的提高而降低。如果我们把这种关系用数学表达式的方式表现出来的话，我们将其称为“反应函数”，其图形化的表现形式在本书中称为反应曲线：$Q^*_{甲}(Q_{乙})$，图形形式如图 4-2 所示。

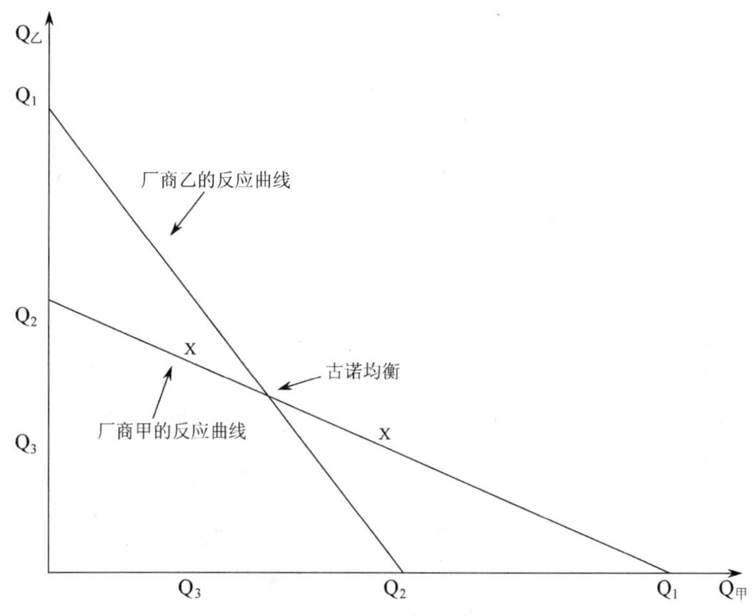

图 4-2　反应曲线和均衡点

厂商的反应曲线表示在给出竞争对手的既定产量条件下，它所对应的决策产量水平。在达到均衡的时候，各个厂商根据自己的反应曲线确定产量，所以均衡的产量水平必定在两条反应曲线的交点处，我们称得到的这组产量水平为古诺均衡。在这个均衡中，各个厂商正确地预测了对方的生产产量，同时都达到了自己的最大化利润。

在这种均衡中,各个厂商的行动是给出它的竞争对手的行动时,它所对应的最好的选择,此时不会有任何一个厂商有改变自身行动的动力,所以这种均衡是一种稳定的均衡。假设各个厂商最初始的产量水平不在古诺均衡点,那么各个厂商会调整自己的产量水平直至达到均衡的产量水平,但是古诺模型并没有阐述这个调整的动态过程。

三、应用及扩展

例1　双寡头模型。

假设软饮料市场中可乐的需求曲线为一个线性需求,市场上只有两个厂商——可口可乐公司和百事可乐公司,同时假设它们所生产的可乐都是一样的,此为一个双寡头模型。需求函数为 $P=100-Q$,其中 Q 表示两个公司的总产量即 $Q=Q_1+Q_2$,假设两家公司的边际成本为 0,即 $MC_1=MC_2=0$,两个厂商的反应曲线的求解过程如下:

利润最大化原则要求各个公司的边际收益等于它们各自的边际成本,可口可乐公司的总收益函数为:

$$\begin{aligned} R_1 &= PQ_1 = (100-Q)Q_1 \\ &= 100Q_1 - (Q_1+Q_2)Q_1 \\ &= 100Q_1 - Q_1^2 - Q_2Q_1 \end{aligned}$$

可口可乐公司的边际收益 MR_1 就是每一单位产量的增量所引起的收益的增量,如果收益函数是连续可导的话,MR_1 就是它的收益函数对产量的导数:

$$MR_1 = \Delta R_1/\Delta Q_1 = 100-2Q_1-Q_2$$

根据利润最大化原则,令 $MR_1=MC_1=0$,求解出 Q_1,这样我们就可以得到可口可乐公司的反应曲线的方程:

$$Q_1 = 50-\frac{1}{2}Q_2$$

应用同样的方式,我们可以得到百事可乐公司的反应曲线方程:

$$Q_2 = 50-\frac{1}{2}Q_1$$

那么根据我们在本节前一部分的分析可以得知,均衡的产量水平就是两家公司的反应曲线的交点所对应的 Q_1^* 和 Q_2^* 的数值,也就是两个反应曲线函数方程的解,通过计算我们可以求得均衡产量的具体数值:

$$Q_1 = Q_2 = \frac{100}{3}$$

因此,总产量水平为 $Q=Q_1+Q_2=\frac{200}{3}$,那么市场上可乐的均衡价格应该为:

$$P = 100-Q = \frac{100}{3}$$

图4－3显示了古诺反应曲线和古诺均衡，可口可乐的反应曲线表明了给定百事可乐公司每一个产量水平，可口可乐公司最大化利润的产量决策。同样，百事可乐的反应曲线表明了给定可口可乐公司每一个产量水平，百事可乐公司最大化利润的产量决策。古诺均衡就是两条曲线的交点，此点代表了两家公司通过相互竞争而得到的使双方都能达到利润最大化的产量水平。

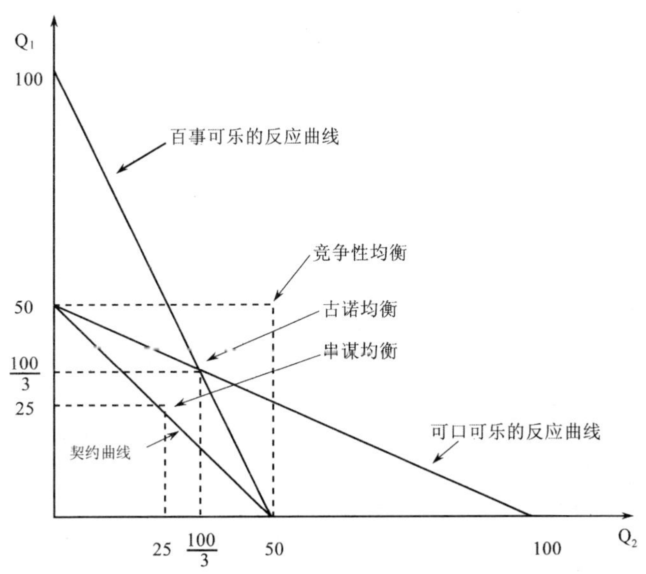

图4－3　双寡头均衡模型

假设市场是完全竞争的，那么两家公司将各自生产市场需求总产量的一半即50个单位，总产量就等于市场的全部需求，均衡价格为0，如图4－3所示均衡点就是竞争性均衡。假设市场的法规允许存在串通行为，那么两家可乐公司就会共同协商确定总产量，使得总利润最大化，之后两家公司平分利润。两家公司的总收益函数为：

$$R = PQ = (100 - Q)Q = 100Q - Q^2$$

总的边际收益为：

$$MR = \Delta R / \Delta Q = 100 - 2Q$$

令 MR = MC = 0，求得利润最大化时的产量水平，此时 Q = 50，那么任何两家可乐公司的产量之和为50的产量组合都能使总利润达到最大，因此这条曲线又叫做契约曲线 $Q_1 + Q_2 = 50$，如图4－3所示。若两家公司同意平分利润，那么两家公司将各自生产总产量的一半，即 $Q_1 = Q_2 = 25$。

通过上述分析，我们不难得出这样的结论：在竞争均衡条件下，市场的产品供给将会达到最大，古诺均衡的总产量次之，而串谋均衡将会生产最少的产量，接近于垄断的产量水平。所以为了保护消费者的利益，提高市场效率，各个国家均有相关的法律规定禁止市场操纵行为,鼓励竞争,促进生产发展。

例2 扩展的多寡头模型。

在例1中我们仅仅讨论了两个寡头存在于市场中的一种比较特殊的类型,那么在本例中我们将其推广,假设市场上存在n个寡头,前提假设与例1相同,那么就有:

$$Q = Q_1 + Q_2 + \cdots + Q_n$$

于是寡头i的收益函数为:

$$\begin{aligned} R_i &= PQ_i = (100 - Q)Q_i \\ &= 100Q_i - Q_i \sum_{j \neq i} Q_j \\ &= 100Q_i - Q_i^{\,2} - \sum_{j \neq i} Q_j Q_i \end{aligned}$$

寡头i的边际收益为:

$$MR_i = \Delta R_i / \Delta Q_i = 100 - 2Q_i - \sum_{j \neq i} Q_j$$

根据利润最大化的原则可知寡头i的反应曲线为:

$$Q_i = 50 - \sum_{j \neq i} \frac{Q_j}{2}$$

我们可以得到n个这样的反应曲线,通过联立这些方程组,可以解出每个寡头的产量 $Q_1 = Q_2 = \cdots = Q_n = \frac{100}{n+1}$,这样市场上的总产量为 $Q = \frac{n}{n+1}100$,当 $n \to \infty$ 时,总产量接近于市场的总需求。

由此,我们得出随着寡头的增加,这个寡头市场逐渐演变成完全竞争市场。

第三节 伯川德模型

1883年法国经济学家约瑟夫·伯川德(Joseph Bertrand)建立了伯川德模型,该模型与古诺模型类似,各寡头厂商生产一种相同的产品,唯一不同的是伯川德模型中厂商所选择的是价格而不是产量。

专栏4-2 玩笑中的"发现"

1838年,寓居巴黎的数学家安东尼·古诺出版了如今被视为经济学名著的《关于财富理论之数学原则的研究》(尽管在当时并不为外界所称道)。在这本书中,他尝试着提出了公司竞争的经济学模型,并且在经过大量数学推算后得出结论:公司间的一切竞争关系都与它们生产产品的数量有关。如果市场中已经存在一个生产碗的工厂,而另一家公司也想开办一个生产碗的工厂,那么就要注意避免产量过剩,因为市场上同类产品过多将造成价格下跌。无论如何这两家公司都会不约而同且各自独立地规划产量，以尽可能使价格保持高位运行。

当时在法国经济圈占主导地位的自由学派对古诺的理论并不感兴趣，这无疑令他感到痛苦和沮丧。他去世之后，后辈经济学家重读《关于财富理论之数学原则的研究》这一经典著作，并得出结论认为古诺受到了他同代人不公正的忽视，他们呼吁重新对古诺提出的竞争模型进行研判。

1883 年，法国数学家约瑟夫·伯川德决定对《关于财富理论之数学原则的研究》一书做出恰当评判。伯川德讨厌这本书，他认为古诺将产量确立为左右企业竞争的关键因素的做法过于武断，以致他半开玩笑地将古诺的模型重新界定为价格而非产量是决定竞争关系的关键变量。令人感到奇怪的是，如此一来他竟然发现了一种堪称简洁的模型。

伯川德认为相比通过限制产量来提高售价、增加利润的做法，各大公司更有可能降低价格以获取更多的市场份额。确实，它们尝试着相互压价直到价格仅比产品成本稍高，这种做法被称为“边际成本定价法”。

资料来源：作者整理得到。

一、伯川德模型均衡分析

假设可口可乐公司和百事可乐公司是通过同时选择价格而不是产量进行相互竞争的，两个公司同时选择价格水平，由于产品是同质的，消费者都从价格最低的公司那里购买可乐。因此，如果这两家公司定价不同，那么定价较低的一家公司将会获得整个市场，而价格较高的公司的销量将会为 0。如果两公司定价相同，那么消费者从任何一个公司处购买可乐都是无差异的，假设此时每个公司供给市场需求的一半。下面我们详细分析一下伯川德模型的均衡形成过程。

假设市场上只有可口可乐公司和百事可乐公司，总的需求函数为：

$$Q = 100 - P$$

根据前面所讲的价格竞争的条件可以知道，伯川德竞争意味着每个公司都面临着一个相同的、不连续的需求函数：

$$Q_1 = \begin{cases} 100 - P & P_1 < P_2 \\ \dfrac{100 - P}{2} & P_1 = P_2 \\ 0 & P_1 > P_2 \end{cases}$$

假设两个公司的边际成本为常数且相同，即 $MC_1 = MC_2 = 20$。显然，任何一个高于边际成本 MC 的价格 P′都不可能是均衡价格，因为任何一个公司在另外一个公司定价为 P′时，都可以以一个稍低于 P′的价格获得整个市场；此外，任何一个低于边际成本 20 的价格 P″也不可能是均衡价格，因为价格 P″会使得两家公司都亏损，任何一家公司都可以在另外一家公司定价为 P″时，以高于 P″的定价将亏损降低到 0，同时产量也为 0。

所以均衡价格不可能高于边际成本20,也不可能低于边际成本20,那么伯川德模型价格竞争的结果就是每一家公司都以边际成本定价,即 $P=20$,任何一家公司都没有改变这个均衡价格的动力,此时市场的总供给为 $Q=100-P=100-20=80$。

接下来我们考虑两个公司的边际成本存在的差别,假设 $C_1<C_2$,那么可口可乐公司就有两种定价的策略可以选择 $P_1<C_2$ 和 $P_1>C_2$。如果可口可乐公司的定价低于 C_2,百事可乐公司在低于自己的边际成本的价格上无法再参与竞争,产量必定为0,那么可口可乐公司将占据整个市场,公司会提高价格至 C_2 来增加总利润。如果可口可乐公司的定价高于 C_2,百事可乐公司在这个价位上可以提供正的供给,两个公司都有降价以争取占据整个市场的动机,这种动机会一直持续到价格降低至 C_2 的水平。当 $P_1=C_2$ 时,百事可乐公司没有兴趣参与竞争,因为它无法获得正的利润。通过以上分析可以得知,市场的均衡价格恰恰为 $P=C_2$,可口可乐公司提供市场上的所有需求,百事公司的产量为0。

二、伯川德悖论

根据伯川德模型,谁的价格低谁就将赢得整个市场,而谁的价格高谁就将失去整个市场,因此寡头之间会相互削价,直至价格等于各自的边际成本为止,即均衡解为:

$$P_1=P_2=MC=C$$

根据伯川德均衡可以得到两个结论:

1. 寡头市场的均衡价格为 $P=MC$,企业按照边际成本定价。
2. 寡头的长期经济利润为0。

这个结论表明只要市场中企业数目不小于2,无论实际数目多大都会出现完全竞争的结果,但是这个结论很难使人信服。市场上企业间的价格竞争事实上往往并没有使均衡价格降到等于边际成本这一水平上,而是高于边际成本,企业仍是能够获得超额利润的,因此该结论被称为伯川德悖论。

专栏4-3　伯川德悖论的三种解释

到目前为止经济学家对伯川德悖论有三种解释:

第一种是埃奇沃斯(Edgeworth)解。他在1897年发表的论文《关于垄断的纯粹理论》中指出,由于现实生活中企业的生产能力是有限的,所以,只要一个企业的全部生产能力的可供量不能全部满足社会需求,则另一个企业对于残差的社会需求就可以收取超过边际成本的价格。

第二种是博弈时序解。伯川德均衡的证明是依赖于两家企业的竞相降价来追求消费者对于降价的反应这一逻辑基础的。如果伯川德模型只是一个同时的价格博弈,则不应包括一个企业降价造成的消费反应这一带时序性的博弈过程。如果分析两家企业竞相降价的序列后果,每一家企业都得比较降价在短期中带来的好处与在长期中由于价格战而带来的损失。如果做这样的时序分析,现实生活与伯川德均衡之间的不一致就可以得到解释:因为企业怕降价引来长期的价格战,所以两家企业很可能在某一大于边际成本的价格处达成协议，不再降价。

第三种是产品差异解。现实中产品的同一性和完全替代性无法得以实现，或者在服务、地域方面存在差异，使得伯川德模型中的假设无法成立，所以会出现与伯川德模型不一致的均衡出现。

资料来源：作者整理得到。

伯川德模型之所以会得出这样的结论，与它的前提假定有关。从模型的假定看至少存在以下两方面的问题：

1. 假定企业没有生产能力的限制。如果企业的生产能力是有限的，它就无法供应整个市场，价格也不会降到边际成本的水平上。

2. 假定企业生产的产品不是完全替代品。如果企业生产的产品不完全相同，就可以避免直接的价格竞争。

伯川德模型假设价格为策略性变量而更为现实，但是它所推导出的结果却过于极端，因其与现实不甚相符而遭到了很多学者的批评。这是我们为什么将其称之为“伯川德悖论”的主要原因。因此，学者们在研究市场中企业的竞争行为时，更多的是采用古诺模型，即用产量作为企业竞争的决策变量。

第四节　斯塔克尔伯格模型

斯塔克尔伯格模型由德国经济学家斯塔克尔伯格（H. Von Stackelberg）在19世纪30年代提出。在古诺模型和伯川德模型中，竞争厂商在市场上的地位是平等的，因而它们的行为是相似的。而且，它们的决策是同时的。当企业甲在做决策时，它并不知道企业乙的决策。但事实上，在有些市场，竞争厂商之间的地位并不是对称的，市场地位的不对称引起了决策次序的不对称。通常，小企业先观察到大企业的行为，再决定自己的对策。德国经济学家斯塔克尔伯格建立的模型就反映了这种不对称的竞争。

专栏4-4　斯塔克尔伯格简介

斯塔克尔伯格（Heinrich Freiherr von Stackelberg）（1905～1946），德国经济学家，其贡献在于博弈论和寡头垄断理论。斯塔克尔伯格生于莫斯科一个贵族家庭。第一次世界大战后全家迁往德国，随后进入科隆大学学习数学和经济学。1941年，斯塔克尔伯格成为波恩大学的经济学教授。1944年离开德国前往西班牙，在马德里做访问学者，于1946年在马德里去世。斯塔克尔伯格的主要著作“Marktform und Gleichgewicht”于1934年出版，书中阐述了著名的双寡头模型。但是由于当时纳粹德国实施的是反竞争的经济政策，因此没人对他的理论产生兴趣。直到去世后他的研究才得到世人的认可。

资料来源：作者整理得到。

一、模型的假设

斯塔克尔伯格模型是一个产量领导模型,厂商之间存在着行动次序的区别。产量的决定依据以下次序:领导性厂商决定一个产量,跟随着厂商可以观察到这个产量,然后根据领导性厂商的产量来决定自己的产量。需要注意的是,领导性厂商在决定自己产量的时候,充分了解跟随厂商会如何行动——这意味着领导性厂商可以知道跟随厂商的反应函数。因此,领导性厂商自然会预期到自己决定的产量对跟随厂商的影响。正是在考虑到这种影响的情况下,领导性厂商决定的产量将是一个以跟随厂商的反应函数为约束的利润最大化产量。在斯塔克尔伯格模型中,领导性厂商的决策不再需要自己的反应函数。

二、模型的求解

使用古诺模型中的例子,假设可口可乐公司是一个先行决策者,百事公司为跟随者。我们可以知道百事可乐公司的反应曲线为:

$$Q_2 = 50 - \frac{1}{2}Q_1$$

其中,Q_2 是百事公司计划生产的产品数量,Q_1 是可口可乐公司的计划生产数量。只要可口可乐公司知道上述方程体现了百事公司的产量和自身产量之间的联系,它就可以应用该方程来确定使其利润最大化而应具有的产量水平。这样一来均衡的位置将不会出现在双方反应曲线的交点。一旦可口可乐公司察觉到百事公司将依赖于自己的产量决策进行生产,那么可口可乐公司的产量就会建立在使其利润最大化的基础之上:

$$R_1 = PQ_1 = 100Q_1 - Q_1{}^2 - Q_2Q_1$$

因为在利润方程中,可口可乐公司的总利润取决于百事公司的产量 Q_2,所以可口可乐公司必须预计百事公司的产量。但是可口可乐公司知道百事公司将会根据反应曲线选择 Q_2,所以我们将反应曲线中的 Q_2 代入利润方程得到:

$$R_1 = PQ_1 = 100Q_1 - Q_1{}^2 - Q_1(50 - \frac{1}{2}Q_1) = 50Q_1 - \frac{1}{2}Q_1{}^2$$

可口可乐公司的边际收益函数为:

$$MR_1 = \frac{\Delta R_1}{\Delta Q_1} = 50 - Q_1$$

令 $MR_1 = 0$,我们得到可口可乐公司利润最大化时的产量为 $Q_1' = 50$。根据百事公司的反应曲线,我们可以得到它的产量 $Q_2' = 25$。可口可乐公司生产两倍于百事公司的产量,并获得两倍的利润。

在图 4-4 中这一产量就是 Q_1',可口可乐公司的产量将会大于古诺模型下的产量水平。

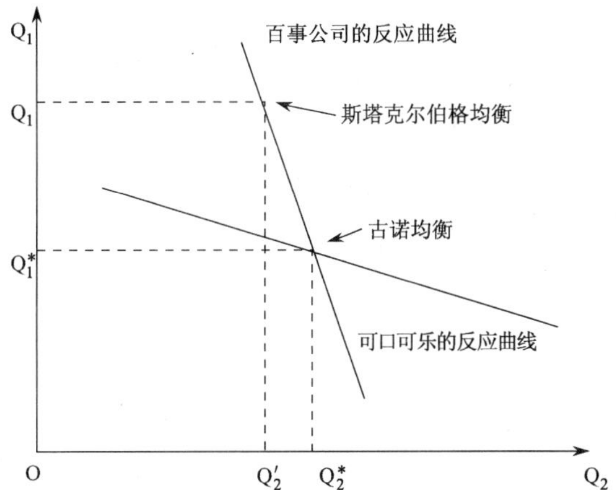

图 4-4 斯塔克尔伯格均衡与古诺均衡的比较

均衡的价格不出现在两条反应曲线的交点的基本原因是,可口可乐公司不再将百事可乐公司的产量视为给定的,它意识到百事公司的产量水平将取决于自身的(可口可乐公司)产量水平。这种认识能够将其利润水平提高到古诺模型下所能获得的利润水平以上,通过操纵斯塔克尔伯格跟风者的产量,领导者使其产量和利润都有所提高。

因为可口可乐公司先行动,所以比百事可乐公司具有策略上的优势。可口可乐有能力确定自己的产量水平,百事公司必须倾力做出最佳反应。如果可口可乐公司确定了比较高的产量水平 Q_1',那么百事公司若要实现自身的利润最大化就必须满足于比较低的产量水平 Q_2'。可口可乐公司因其最先行动而享有的优势常被称为先行优势(First Mover Advantage)。

篇末案例

移动 vs 联通:双寡头的坚守与追击

根据市场角色战略理论,任何一个市场竞争者都应首先明确自己的角色,进而才能制定正确的竞争战略,成为市场的赢家。从中国移动通信市场两大运营商的实力来看,各自的市场角色是十分清晰的。

1997 年 9 月 3 日,中国移动通信集团公司(以下简称“移动公司”)将国内主要地区的移动业务整合组成中国移动(香港)有限公司,于同年 10 月 22 日和 23 日分别在纽约证券交易所和香港联合交易所上市。截至 2004 年年底,移动公司客户总数达到 2.042 亿户,其资产规模超过 4000 亿元,员工 12 万多人,是全球第一大移动通信运营商。移动公司主要经营移动话音、数据、IP 电话和多媒体业务,并具有计算机互联网国际联网单位经营权和国际出入口局业务经营权。

中国联合通信有限公司（以下简称“联通公司”）成立于1994年7月19日，于2000年6月21日、22日分别在纽约和中国香港挂牌上市。联通公司是中国唯一能够经营所有电信业务的运营商，同时也是唯一的双网（GSM、CDMA）运营商。目前，联通公司总资产为1468亿元，移动电话用户总数达到1.12亿户。联通公司具有政府的非对称管制扶持、全业务经营许可等相对优势。随着中国移动通信市场规模的迅速扩大，联通公司也已经攀升到了全球第二大运营商的位置。

表4-1 中国移动与中国联通相关绩效比较

	移动	联通
营业收入（亿元）	1923.81	793.3
纯利润（亿元）	420	43.9
用户数量（亿户）	2.042	1.12
市场占有率（%）	64.4	35.6
资产规模（亿元）	4000	1468

注：相关数据截至2004年年底。

毫无疑问，移动公司是市场领导者，而联通公司则是一个强势的市场追随者。中国的移动通信市场，正是处于双寡头垄断下的不完全竞争状态。由于两大寡头市场角色不同，于是坚守与追击则成了这场竞争中一以贯之的主题。

移动：稳定渗透

据有关资料，中国移动通信90%的高端用户在移动公司手中。2004年，移动公司在中国市场的占有率为64.4%，而收入却高达73%。在高端用户市场，移动专注于不断丰富业务种类，提高服务质量，以切实的优势吸引和稳定高端市场用户。在完善已有业务的同时，移动公司还不失时机地推出新的业务类型，开辟新的业务领域，增强自身的吸引力和竞争力。IP电话、WAP、移动梦网以及语音信箱、移动秘书等附加服务，都对其高端用户市场产生了积极的作用。凭借强大的网络优势，移动公司国际业务的开展更是让其高端用户备感便捷。目前，移动公司已在184个国家和地区的235个运营公司开通了GSM国际漫游业务，与73个国家和地区的51个运营商开通了GPRS国际漫游，国际短信通达106个国家和地区的214家运营商，彩信通达4个国家和地区的14家运营商。近来，移动公司将市场触角伸向集团整体通信业务解决方案的提供上，可视为其不断巩固和扩大高端市场的一个新的方向。

虽然高端用户的市场价值极高，但毕竟总体数量有限，给双方提供的竞争空间也相对小很多。而从国内移动通信市场的变化来看，中低端用户日渐成为移动通信运营商用户增长的主力军，同时也是竞争双方争夺的主要目标。在2003年移动公司新增的2394万用户中,90%以上为神州行用户。这部分用户的ARPU值虽然不高,但其市场占有量大,在用户增加率逐年减少的情况下,他们逐渐成为运营商争夺的目标。

在中低端市场,移动公司在巩固原有神州行地位的同时,不失时机地推出了动感地带,动感地带是移动公司第一个针对细分市场而推出的品牌,从宏观的市场竞争角度来看,动感地带的价值不在于提高移动的利润,而是体现在对对手——联通公司的阻止上,以低价门槛为竞争对手设置障碍才是移动的真正战略目的。动感地带的目标客户——15~25岁的青少年,虽然消费能力有限,但是随着他们年龄的增长,购买能力也在不断提升,这无疑为移动公司日后客户的增加提供了有利的支持。一方面做足做透一个细分市场很坚决地还击联通,另一方面很高明地抓住了潜在的高端用户,应该说,在中低端用户市场的竞争中,移动的战略是不仅要打好反击战,而且要主动寻找、发现、培育、迅速占领新市场,打响攻击战,坚壁清野,使联通处于被动局面。事实证明动感地带的推广是成功的,至今已经赢得了全国超过2000万的青年用户。

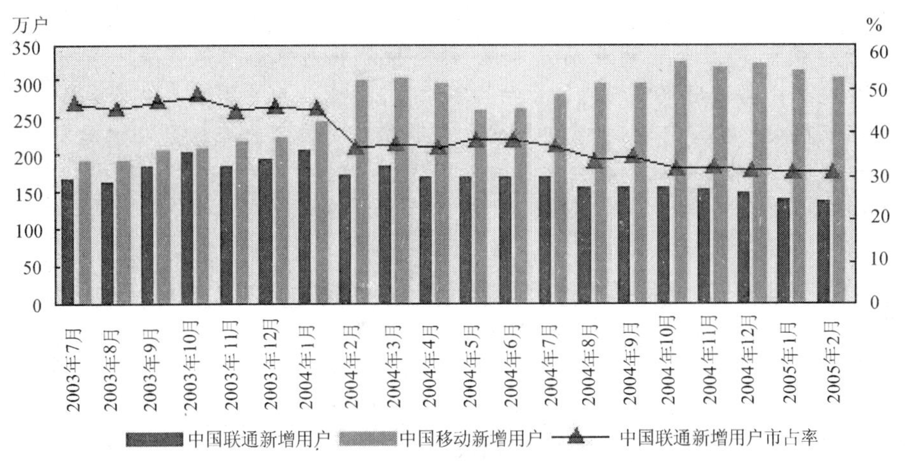

图4-5 中国移动与中国联通新增用户比较

联通:猛冲猛打

相对于移动公司而言,2004年联通公司用户全国市场占有率为35.6%,而其收入却只占27%。这说明联通手机用户中,低端用户占较大比例。从最初的130起步,联通一直给人一种价格低廉的感觉。在市场竞争日趋激烈、用户通信费用日趋降低的大背景下,联通公司试图冲击移动高端市场也是势在必行。而跨越转网壁垒,则是联通公司在高端市场的主要任务。

联通公司首先寄希望于自身的技术和产品优势,强势推出CDMA,并以此向移动GPRS发起进攻。为成功入市,联通前期做了很多市场工作,将CDMA的市场定位为中高端用户,与自己的GSM130网形成错位经营,并给CDMA起了一个全新的名称——联通新时空。2003 年 CDMA 收入仅占所有业务收入的 28.7%，但到了 2004 年则上升到 33.2%。然而，直至 2004 年，CDMA 业务依旧处于亏损的境地，亏损额达到了 5.88 亿元。

在 CDMA 缓慢而令人压抑的征程中，联通公司意识到仅靠产品优势的市场进攻战略是难以很快奏效的。于是，各种更加直接针对换号转网的策略便随之而出。2004 年 8 月，联通强势推出"世界风"双模手机，直接剑指移动高端用户群。"世界风"双模业务紧贴"移动为主、两网协调"的发展思路，弥补两网覆盖不足，让 GSM 网用户享受 CDMA1X 的数据业务，同时还实现了全球漫游，以此来争夺移动公司手上的高端用户资源。它的出现使目标用户实现了既可以转网又不必换号，从而有效地解决了用户转网带来的附加成本问题。截至 2005 年 1 月，"世界风"用户已经逼近 40 万。市场的反应似乎在告诉联通，高端用户的转网条件开始成熟。

但是，移动通信市场高端用户具有收入高、工作忙、社会关系多等方面的共性，这些共性再叠加先入为主(一般是先入移动网)的因素，促使了用户忠诚度的形成和转网成本的增加，从而增加了运营商争夺高端用户转网的难度。因此，联通公司的"世界风"在实际操作层面遇到的阻力也不小：移动高端用户不仅要顾虑转网换号带来的附加成本，而且对于商业用户来说，转网换号就意味着可能丧失一部分生意资源。通过细分高端用户市场的行业结构不难发现，商业用户群体在整个高端用户市场中占有很大比重。可以说，直接转网方式很难在高端用户市场争夺方面发挥规模效应。同时，移动公司的积极应对也在不同程度上化解了联通公司的挑战。因此，联通公司急于求成的市场策略很难奏效，两者的争夺必然是长期的。

联通公司虽然从开始便有着中低端市场的主动权，在中低端市场与移动形成有力的抗衡。但是，在后期的市场发展策略上却显现了模糊倾向，在细分市场战略上棋差一着。从最初的 130 到如意通、UP 新势力等都在不断切分中低端市场，在一个没有做好的情况下又推出另外一个。这些不断推出的新品将自己的市场分割成数个部分，但每一个市场的战绩又总不能令人满意，反而为移动公司留下了机会。在相对弱势的中低端市场，移动公司通过动感地带占尽风头，并直接促成了联通公司 UP 新势力的推出。联通公司将其 UP 新势力直接瞄准动感地带相同的目标客户群——年轻时尚一族，并试图达到三年来移动在"动感地带"品牌营销中拥有的影响力和客户数字……

近来，联通公司又声称将向市场上陆续推出低至 300 元左右的 CDMA 手机。看来，CDMA 势必也要降价屈尊，投入新一轮的中低端用户争夺战中。联通公司出此下策，意在利用 CDMA 的技术优势重新收复失地，但对 CDMA 的高端形象产生负面的影响也应是意料之中。

资料来源：汉中：《移动 vs 联通：双寡头的坚守与追击》，《商界：中国商业评论》，2006(1)，第 116～124 页。

思考题：

1. 针对中国移动的强势，中国联通采取了什么样的竞争策略？
2. 中国移动和中国联通之间的竞争关系应该属于哪一种？
3. 如果你是中国移动的老总，你会采取什么样的策略？

本章小结

本章按照出现时间先后顺序介绍了三种典型的寡头竞争模型，基本上都属于静态竞争的模型，即使在斯塔克尔伯格模型中行动有先有后，但是也是寡头做出一次性的决策，而不存在重复博弈的过程。

1. 寡头市场的特征是市场上只有几家厂商，并且它们意识到其策略是相互依赖的。寡头的行为有若干种方式，这取决于它们相互影响的确切性质和它们在市场中的地位。

2. 在古诺模型中，每家厂商在它对另一家厂商的预测既定的情况下，选择使其利润实现最大化的产量。在均衡的条件下，每个厂商都能发现它对另一家厂商的预测得到了证实。在多寡头的情况下，每家厂商只占有很小的市场份额，那么它们的价格非常接近于边际成本，几乎成为了一个竞争行业。

3. 伯川德模型中，每家厂商都在它对另一家厂商选择的价格预测既定的情况下做出它对价格的选择，那么竞争的均衡就是唯一的均衡价格。

4. 伯川德模型和古诺模型不应该被看做是对给定市场上的竞争后果做出相互矛盾的预测的对立模型。确切地说，它们的意图是对具有不同的成本结构的市场进行挑选，伯川德模型可能更适合具有相当平稳的边际成本的行业；而古诺模型对于具有急剧上升的边际成本行业可能更好一些。

5. 斯塔克尔伯格模型就更加具有特殊性了，它是针对那些地位差别悬殊的寡头结构市场均衡的一种解释。

因此运用不同的模型来解释寡头市场现象的时候，首先要分析的是寡头市场的结构如何，针对不同的市场结构我们需要选择相应的经济模型来分析。

重要概念

寡头市场	古诺模型（双寡头模型）
扩展的多寡头模型	伯川德模型
伯川德悖论	斯塔克尔伯格模型（产量领导模型）

思考题

1. 假定有两家厂商，它们面临的是线性需求曲线 $P(Y)=a-b(Y)$，每家厂商边际成本都为 c，试求古诺均衡下市场的总产量。

2. 假设几家相同的厂商处于古诺均衡的情况下，求证市场需求曲线的弹性一定大于$\frac{1}{n}$。

3. 一个斯塔克尔伯格均衡情况下的领导者,会比古诺均衡情况下少获得一些利润吗？给出证明过程。

4. 针对某种商品,市场需求曲线为 $P=100-2Q$,生产该产品的任何厂商的总成本函数都为 $TC(q)=4q$。

(1) 假设市场上有两个古诺厂商 A、B,这两个厂商的反应曲线分别是什么？求解古诺均衡时的产量。

(2) 假设市场上有两个厂商,一个是领导者 A,一个是追随者 B,求解斯塔克尔伯格均衡。

5. 考虑一个新开发的市场,该市场每年的需求为 $Q=10-P$,企业 1 抢先进入,并以广告的方式大量宣传。在他正要生产时得知企业 2 正在订购生产此产品的设备,并通过调查得知企业 2 的生产成本函数为 $C_2(Q_2)=Q_2{}^2$。已知企业 1 的成本函数为 $C_1(Q_1)=4+2Q_1$。

(1) 如果你是厂商 1 的 CEO,你将抢先向社会宣布什么样的生产计划(即产量为多少),这时厂商 2 会宣布生产多少？

(2) 在第二年初出于行业的惯例,两厂商同时发布产量,这时你预计产量会有什么变化？为什么？

延伸阅读

1. 奥兹 · 夏伊:《产业组织:理论与应用》,清华大学出版社,2005 年。
2. 海、莫瑞斯:《产业经济学与组织》,经济科学出版社,2000 年。
3. 卡尔顿、佩罗夫:《现代产业组织》,中国人民大学出版社,2009 年。
4. 刘易斯 · 卡布罗:《产业组织导论》,人民邮电出版社,2002 年。
5. 骆品亮:《产业组织学》,复旦大学出版社,2006 年。
6. 马丁:《高级产业经济学》,上海财经大学出版社,2004 年。
7. 泰勒尔:《产业组织理论》,中国人民大学出版社,1999 年。
8. 沃德曼、詹森:《产业组织:理论与实践》,机械工业出版社,2009 年。
9. 张维迎:《博弈论与信息经济学》,上海人民出版社、上海三联书店,1996 年。

第五章 市场绩效

学习目标

- 理解市场绩效的概念
- 掌握衡量市场绩效主要指标的含义和用途

开篇案例

世界500强:国有企业的狂欢

2010年英国《金融时报》全球500强排行榜出炉,中国石油首超埃克森美孚跃居榜首。此次榜单共有45家中国企业上榜,入榜的21家大陆上市企业,全部为大型国有或者国有控股企业。除了中石油,榜单的前十位中还有两家中国企业,总数与去年持平,其中工商银行市值增长了585亿美元,依旧在第四名的位置上。而中国移动的排名从去年的第五位下滑到了第十位,但市值仍然增长了183亿美元。值得一提的是,这三家中国企业同时也分别是全球能源行业、金融行业和通信行业中市值第一的企业。

中石油能够登顶全球500强企业,是件可喜可贺的事,这是中国企业第一次站在排行榜榜首。但对很多公众而言,在得知中石油登顶后,他们并未感到兴奋:中石油作为资源性垄断企业,和此次大陆其他20家上榜的企业一样,都是大型国有或者国有控股企业。这些企业之所以能在短短的时间内,取得数额巨大的财富、取得了国外企业百余年拼搏才能取得的成绩,沾的是垄断的光。另据报道,财政部公布的2010年国家财政预算显示,2009年纳入中央国有资本经营预算编制范围内的央企,实现利润总额9655.6亿元,实现净利润7023.5亿元,但按比例提取央企税后利润后形成的2010年中央国有资本经营预算支出安排仅为440亿元,上缴比例仅约6%,甚至比个人所得税还低。

资料来源:《环球企业家》,2010(5)。

思考题:垄断与利润有什么关系?入围世界500强的中国企业的性质说明了什么道理?

第一节 市场绩效的定义与测度

一、市场绩效的定义

一般说来，绩效是“对经济主体满足特定目标的评价，这些目标包括（但不限于）效率、平等、创新和增长等”。（克拉克、米勒，1989）由于评价对象的不同，绩效分为市场绩效（Market Performance）和厂商绩效（Firm Performance）两类。产业组织学的绩效一般指市场绩效。

所谓“市场绩效”，是指在一定的市场结构下，借助一定的厂商行为使某一产业在价格、产量、成本、利润、产品质量、品种以及技术进步等方面达成的最终经济成果。也就是说，厂商的市场行为是否增加了社会福利，是否满足了消费者的需求，是否提高了生产效率和实现了资源配置效率，是否足额生产了满足社会需要的产品。市场绩效既反映了在特定的市场结构和市场行为条件下市场运行的实际效果，也表示最终实现经济活动目标的程度。

二、市场绩效的衡量标准

产业组织学不是在企业层面上，而是在产业和整个国民经济层面上来探讨经济活动的目标。因此，在对市场绩效进行评价之前，我们应首先了解产业和整个国民经济层面上的目标具体是什么。毫无疑问，这个目标本身是多元化的，但从经济学的角度来看，社会福利是最主要、最具综合性的目标，而社会福利本身又包括社会经济活动的效率、公平、稳定与安全、进步等多层次和多方位的目标，这也决定了对市场绩效的测量可以从多个角度来进行。本书从产业的资源配置效率、产业的规模结构效率、产业技术进步程度、X－非效率及公平效率等方面介绍市场绩效的衡量问题。

（一）资源配置效率

资源配置效率是指配置资源的有效性，它同时从消费者的效用满足程度和生产者生产效率高低的角度来考察资源的利用状态。具体包括以下三方面的内容：

第一，有限消费品在消费者之间进行分配，使消费者获得的效用满足程度。

第二，有限生产资源在生产者之间进行分配，使生产者所实现的产出大小程度。

第三，同时考虑生产者和消费者两个方面，即生产者利用有限生产资源所得到的产出大小程度和消费者使用这些产出所获得的效用满足程度。

现代产业组织理论认为，资源配置效率是反映市场绩效优劣的重要指标，这个指标在实际运用中常常使用收益率标准。一般价格理论认为，竞争的市场机制能保证稀缺资源的最优配置，因为在完全竞争条件下，价格由自由竞争的市场决定，资源在产业间和企业间的自由流动，使得产业间的利润率趋于平均化，所有的产业和企业都能获得正常利润，不存在垄断利润。所以，可以用产业和企业的收益率作为衡量资源配置效率的指标。

一般情况下，市场竞争越充分，资源配置的效率就越高；与此相反，市场垄断程度越高，资源配置的效率越低。福利经济学第一定理表明：完全竞争市场经济的一般均衡是最优的。一般均衡的资源配置表明整个经济处于最有效率的状态，即所有的消费活动都是有效率的，所有的生产活动也都是有效率的，而且消费和生产活动协调一致，对任何两种资源，所有消费者的边际消费率全部相等，所有生产者的边际技术替代率也都相等，并且边际消费率等于边际技术替代率。虽然这个定理本身也有某些不严密性，受到某些学者的质疑，但对完全竞争的市场结构能够实现资源配置的最优状态这一点，绝大部分经济学家是深信不疑的。

与理想的完全竞争相比，垄断市场的供应量比完全竞争市场低，而垄断价格却比竞争价格高。与完全竞争的市场相比，垄断企业通过以比较高的价格来提供较少的商品，攫取了一部分消费者剩余，并且导致了一部分消费者剩余的永久性损失，即所谓的“社会福利净损失”，或称“效率损失”。实际上，衡量垄断造成的社会福利净损失需要弄清需求的价格弹性和企业的成本状况。例如，在假定需求曲线为向下倾斜的一条直线、垄断企业平均成本不变的条件下，垄断造成的福利净损失可以表示为图 5－1 中的阴影三角形。①

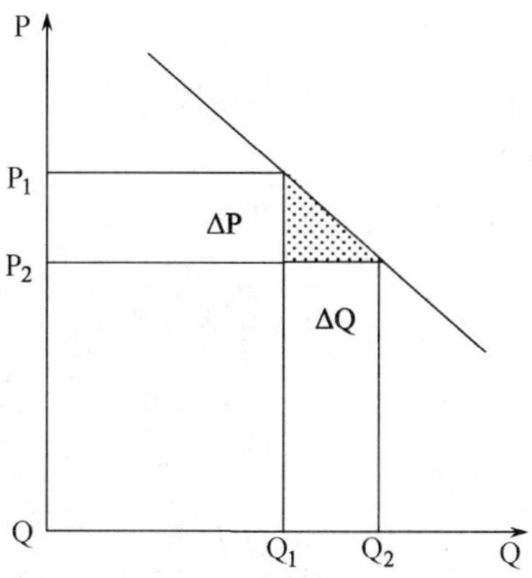

图 5－1　垄断造成的福利净损失

① William G. Shepherd, “The Economics of Industrial Organization,” 3rd ed. Pentice-Hall, Inc. 1990, pp. 126 ~ 132.

即有：$Loss = \frac{1}{2}\Delta P \cdot \Delta Q$

其中，Loss 表示福利净损失，ΔP 表示价格的变化水平，ΔQ 表示量的变化水平。

当然，垄断所导致的社会福利的损失不仅仅表现在上述一方面，垄断企业为了谋取和巩固其垄断地位还经常采取一些特殊的手段并为此支付巨额的费用，如广告和特殊产品差异化、设置人为的进入壁垒等。经济学家认为，所有为竞争市场采取不必要的手段及其开支，都可以看做是一种社会资源的浪费。

（二）规模结构效率

产业的规模结构效率，又称产业组织的技术效率，反映产业经济规模和规模效益的实现程度。产业的规模结构效率既与产业内单个企业的规模经济水平密切相关，还反映出产业内企业之间的分工协作水平的程度和效率。衡量某个特定产业的规模结构效率可以从以下三个方面进行：①用达到或接近经济规模的企业产量占整个产业产量的比例来反映产业内经济规模的实现程度。②用实现垂直一体化的企业产量占流程各阶段产量的比例来反映经济规模的纵向市场程度。③通过考察产业内是否存在企业生产能力的剩余来反映产业内规模能力的利用程度。这有两种情况：一是某些产业特别是集中度低的产业，企业虽然并没有达到经济规模，但却存在开工不足、利润率低的情况；二是多数企业已经达到经济规模，并且同时存在开工不足与生产能力过剩的情况。

在发达市场经济国家，如美国、日本和西欧国家，多数产业（贝恩对美国的研究结果是 70% ~90%）已经实现了产业规模经济水平的理想状态，即主要生产企业都是达到经济规模的企业。尤其是那些规模经济性显著的产业，如钢铁、石油化工、汽车和家电等。而在另外一部分产业中，存在超经济规模的过度集中。贝恩发现，许多过度集中的产业中大企业的生产成本比规模较小的企业高。可见，过度集中实际上是降低了产业的规模结构效率。

影响产业规模结构效率的主要因素有两方面：一是产业内的企业规模结构。产业内的企业规模结构是指产业内不同规模企业的构成和数量比例关系，它同时反映了大企业和中小企业所占的比例。根据不同产业的特点，形成大、中、小型企业按照一定比例组合的规模结构，有利于整个产业实现生产的协同效应。在这一规模结构中，大企业负责开拓市场、设计新产品、使用大型自动化生产线完成产品总装的工作，中小企业则利用专业化为大企业提供零部件等配套产品，通过协作从整体上提高产业的规模经济水平。二是市场结构。市场结构是影响产业规模结构效率的直接因素。大量实证研究表明，产业市场的过度集中和分散都会降低产业的规模经济水平。企业规模大小与利润率存在某种程度的正相关，但并不是说企业规模越大越好。理论研究和实践经验都表明，规模经济中的“规模”是有限度的规模，只有在此限度内，企业的效益才随规模的增大而提高，超过此限度，企业的效益反而会随规模的增大而降低(见图5-2)。

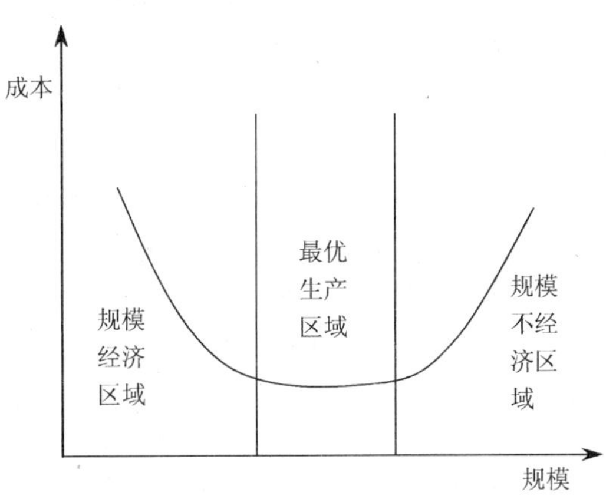

图5-2 企业规模与平均成本曲线

(三)技术进步程度

产业技术进步是指产业内的发明、创新和技术转移(扩散)的过程。技术进步渗透于产业市场行为和市场结构的方方面面,并且最终通过经济增长表现出来。产业技术进步反映了一种动态的经济效率,因此也是衡量市场绩效的一个重要指标。

不同规模的企业在技术进步过程中的作用和地位,是研究产业组织和技术进步关系的重要内容。对这个问题,不同的经济学家有不同的看法。

熊彼特等人认为,大企业对技术进步的作用最大,其理由是:①技术创新的成本巨大,只有大企业才能承担。反之,一旦创新失败,也只有大企业才有能力承担亏损,并用其他成功项目的利润加以弥补。由此可见,大企业更有能力承担技术进步的风险。②研究开发中也存在规模经济,大企业比小企业更有能力利用和发挥这种规模经济的效益。③由于大企业拥有的市场份额更高,并且大多从事多元化经营,因此大企业能够从发明和创新活动的成果中获取更高收益。④维护和巩固垄断地位的需要迫使大企业开展更多的技术发明和创新活动。

谢勒等人认为,小企业在推动技术进步方面的作用更大,其理由是:①大企业在试图形成垄断力量的过程,确实会从事技术进步活动,但是垄断地位一旦形成,技术进步的动力和行为就会消失,市场支配能力反而成为限制技术进步的障碍。因此,竞争才是技术进步的原动力。②大企业拥有的大规模在技术进步的过程中也会成为劣势,如决策过程低效率、技术开发人员之间的相互倾轧、管理层对某些独特的创新活动的忽略和不支持等。③实践表明,在许多产业中,小企业能对某些独特的创新活动做出重要的贡献。

在一定的规模临界点以内,研究开发投入随企业规模扩大而增长,研究开发成果也随之增加，这种规模临界点因产业的不同而不同。大量研究表明，在研究开发能力方面，大企业确实比小企业强。大企业在发明和创新的投入中占的比重大于其规模的比重，可见在研究开发的实际投入方面大企业的确占据了主导地位。这不仅证明了大企业投入的能力，而且也表明了大企业技术投入的意愿。就实际贡献来说，实证研究表明，大、中、小型企业在发展和创新方面的作用与产业类别、技术进步阶段的特点、专业化分工程度以及政府政策等因素有着密切的关系。大型企业和中、小型企业的作用经常是互相补充和密切联系的，正是小企业的技术发明和创新对处于垄断地位的大企业构成了一定程度的挑战和竞争压力，从而加速了技术进步的进程。因此，技术进步并不限于某个特定规模的企业，所有规模的企业在技术进步上都可以有所作为。

（四）X－非效率

所谓“X－非效率”（X-inefficiency），是指垄断企业由于缺乏外部压力而出现的组织内部资源配置低效率现象，因此也被称为内部低效率理论，它是反映市场绩效优劣的一个指标。这一概念是由美国哈佛大学教授莱本斯坦（H. Leibenstein）在1966年提出来的。莱本斯坦假定企业面临的外部竞争压力和企业成员的努力程度之间是直接相关的。如果缺乏外部竞争压力，企业内部就会出现管理松弛和员工懈怠等问题，因为企业成员发现不必付出最大化的努力就可以获得高额垄断利润。对垄断性大企业来说，由于外部市场竞争压力小，组织内部层次多、机构庞大，加上所有权和控制权的分离，它们往往并不追求成本最小化，这种现象统称为“X－非效率”，它是“X－效率”的对称。事实上，X－非效率是随着企业规模的扩大，企业缺乏外部压力出现的组织内部资源配置低效率的现象。正如希克斯（Hicks，1935）所言，“获得垄断利润的最佳途径是享受平静的生活”。[①] 由垄断造成的无谓净损失和X－非效率如图5－3所示。假定企业的边际成本等于平均成本，并且是一个常数，社会最优产量水平即企业完全竞争条件下的产量为Q^c，假定该企业变成市场上的垄断企业，那么其利润最大化产量是Q^m，相应市场价格提高到P^m，其中浅灰色三角形ECF即上述社会福利净损失三角形。假定由于缺乏竞争导致管理松弛、员工懈怠等，企业实际边际成本由MC上升到MC^m，图中深灰色矩形ABCD便是X－非效率导致的成本。

（五）公平效率

资源配置效率、企业生产效率和技术进步等主要是从实证角度考察了影响和反映市场绩效的因素。事实上，市场绩效的好坏除了上述各方面以外，还涉及收入、财富、机会的平等分配等更为广泛的社会目标，这些目标往往涉及人们的不同道德判断，属于规范性问题，也是公共经济学研究的主要对象之一。

---

① 戚聿东：《中国经济运行中的垄断与竞争》，人民出版社，2004年。

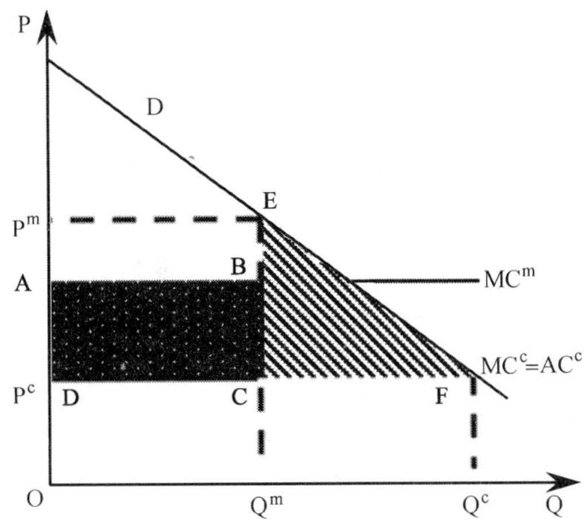

图5－3　垄断造成的社会福利损失

一般认为，完全竞争市场为人们提供了自由选择的机会，有助于培养人们的多元化信念、宽容心和个人创造性，提升人们的自主性、自信心，增强不同社会阶层的流动性。如果竞争成了经济的组织原则和开放自由社会的基础，那么，个人才能和价值观将得到充分体现，来自社会上层的控制将得到抑制。在这样的社会，由于权利和信息分散于社会成员之间而不是集中在少数人手里，因此有利于政治民主的发展。尽管竞争不能保证财富、收入和机会的完全平等，但是相对于垄断而言，还是减少了人为的垄断力量造成的分配扭曲。

与完全竞争相比较，垄断不仅造成人们选择机会的减少和丧失，而且可能失去制约滥用垄断权力的经济机制。垄断容易造成财富和收入的社会转移和分配的不平等。一个企业垄断市场的实力越强，利用垄断地位获得的超额利润越多，从消费者那里盘剥的财富也就越多。而且研究表明，垄断对工资和年薪有着显著影响。① 这一影响表现在两个方面：一是在公司规模既定的条件下，市场份额越大，公司利润率越高，其管理者获得的年薪越高。这些公司管理者收入的增加得益于公司垄断势力的上升，而管理者收入的增加直接造成了收入差距的扩大。二是集中度高的产业与集中度低的产业相比，其普通工人的工资更高。我国某市电力集团公司一名普通职工的月工资不到6000元，但加上奖金、住房公积金及各种补贴后，其年薪可达到15万元，相当于全国职工年均工资的10倍。

三、市场绩效的衡量指标

目前，被普遍用来衡量市场绩效的指标有四个，即利润率、勒纳指数、贝恩指数

① F.. M. Scherer and David Ross, "Industrial Market Structure and Economic Performance, 3rd", Houghton Mifflin Company, 1990, pp. 681 ~682.

和托宾 q 值。

（一）利润率

根据微观经济学原理，在完全竞争市场中，各种资源在产业间、企业间自由流动，各产业的利润率趋于平均化，所有的企业都只能获得正常利润，不存在垄断利润。因此，产业间是否形成了平均利润率是衡量产业内市场结构效率是否达到最优的基本依据。利润率的一般计算公式是：

$$R = (\pi - T)/E$$

其中，R 是税后资本收益率，π 是税前利润，T 是税收额，E 是自有资本（包括股本或所有者权益）。

利用利润率指标评价市场绩效应区别经济利润和会计利润。经济利润等于收入减去机会成本，而会计利润则是根据规定的会计原则所计算的利润。具体来说，经济利润等于收入减劳动、物资耗费和资本成本。严格来说，评价市场绩效的高低应采用经济利润而非会计利润。

（二）勒纳指数(Lener Index)

勒纳指数度量市场绩效是通过计算价格与边际成本的偏离率进行的。其计算公式为：

$$L = (P - MC)/P$$

其中，L 是勒纳指数，P 是价格，MC 为边际成本。

勒纳指数的数值在 0 和 1 之间变动。在完全竞争市场中，价格等于边际成本，勒纳指数为 0；在完全垄断市场中，勒纳指数会大一些，但不会超过 1。可以看出，勒纳指数越趋近于 0，则竞争程度越高，垄断程度越低，市场绩效越好；勒纳指数越趋近于 1，则市场竞争程度越低，垄断性越高，市场绩效越差。勒纳指数本身反映的是当市场存在支配力量时，价格与边际成本的偏离程度，但是却难以反映企业为了谋取巩固垄断地位而采取的限制性定价和掠夺性定价行为所产生的结果。

（三）贝恩指数(Bain Index)

贝恩把利润分为会计利润和经济利润两种，这样就克服了简单利润率计算所存在的弊端。会计利润计算公式为：

$$\pi_\alpha = R - C - D$$

其中，π_α 是会计利润，R 是总收益，C 是即期总成本，D 是折旧。

经济利润计算公式为：

$$\pi_\beta = \pi_\alpha - iV$$

其中，π_β 是经济利润，i 是正常投资收益率，V 是投资总额。

贝恩指数是指经济利润与资本总额的比率，即：

$$B = \pi_\beta / V$$

贝恩指数的理论依据是：市场中如果持续存在超额利润（或者说经济利润），那么，一般情况下就表明该市场存在垄断势力，且超额利润越高，垄断力量越强。可见，贝恩指数代表的是产业的超额利润率。与勒纳指数相比，所要求的基础数据相对比较容易取得，产生系统偏差的可能性较小。

需要指出的是，在现实经济生活中，某个产业的利润率高于社会平均利润率水平，并不一定是由垄断因素引起的，还可能是由以下因素导致：一是作为风险性实业投资报酬的风险利润；二是由于不可预期的需求和费用条件的变化形成的预期外利润；三是技术开发与创新所带来的创新利润。这三种超额利润都是短期的，不可能长期存在。因此，传统产业组织理论认为，倘若某一产业的利润率长期高于社会一般利润率水平，就说明该产业存在着一定的垄断力量。

（四）托宾 q 值

托宾（Tobin）q 值是衡量市场资源配置的一个指标，指一家企业资产的市场价值与这家企业资产的重置成本的比率。其计算公式为：

$$q = \frac{M_c + M_p + M_D}{A_R}$$

其中，q 表示托宾指数，M_C 表示企业普通股票的市值，M_P 表示企业优先股票的市值，M_D 表示企业债券的市值，三者加总表示企业资产的市场总价值，A_R 是以重置成本表示的企业资产。如果一个产业处于完全竞争市场，那么 q 值为 1，也就是说，企业市场价值正好等于企业资产的重置成本。q 值越大，即企业市场价值与其重置成本的差额越大，企业获得的超额利润越多，企业的市场势力越大。

托宾 q 值的优点在于避免了估计利润率或者边际成本的困难。但是，利用托宾 q 值也存在一些局限性：首先，只有股票市场和债券市场高度发达才能获得所考察企业的市值，对那些没有上市的企业只能进行不准确的估计。其次，在缺乏健全完备的二手市场的条件下，要获得企业资产重置成本困难很大。再次，计算企业重置成本涉及广告、研发和人力资本等无形资产投资，计算这部分投资的重置成本往往困难较大，因此部分研究人员往往将该部分投资忽略掉，由此得到的托宾 q 值必然大于 1。最后，如果在计算企业可交易优质资产的机会成本时没有将其可能产生的高额回报计算在内，那么得出的托宾 q 值也会大于 1。如果不将这些非垄断因素导致的托宾 q 值的变化排除在外，不仅不能正确显示企业的垄断势力，而且可能产生误导作用。因此，这一指数不如其他方法常用。

第二节　市场结构与市场绩效的关系

对市场结构和市场绩效的关系，经济学家们长期以来已做过大量的研究，但其中许多问题尚未得到一致的结论。产业组织学领域中,关于市场结构与市场绩效关系研究比较重要的有哈佛学派、芝加哥学派。从研究文献看,早期的研究大多支持共谋假说,而晚一些研究则支持有效结构假说。据 Rhoades(1977)的统计,在 1967 ~ 1977 年研究美国市场结构与绩效的 39 篇论文中,有 30 篇支持共谋假说。20 世纪 80 年代以来,相关研究更多地验证了有效结构假说的正确性。但 Smirlock(1984)、Evanoff & Fortier(1988)、Molyneux(1994)等采用定量模型对上述“市场力量假说”和“有效结构假说”分别进行检验。结果显示,这两个假说在不同的产业集群中均有成立的可能。

一、哈佛学派的观点

哈佛学派(Harvard School)是指以哈佛大学的经济学教授为主构成的产业经济学的一个流派,是产业经济学的主流学派。学派代表人物是哈佛大学的梅森(E. Mason)教授和其弟子贝恩(J. Bain)。1959 年,贝恩所著的第一部系统阐述产业组织理论的教科书《产业组织》出版,标志着哈佛学派正式形成。哈佛学派主要研究市场结构、企业行为、市场绩效之间的关系,并认为三者之间存在递进制约的因果关系,主张以市场结构为主要研究对象,根据 SCP 范式,以市场竞争状态和价格形成模式为评价市场绩效的主要指标,推崇完全竞争和政府对垄断的积极干预甚至阻止。哈佛学派的理论主张被美国的竞争政策采纳,对美国的反垄断发挥着极大作用。

早在第一次世界大战后到第二次世界大战前的一段期间,梅森就发展了传统的“市场结构—企业行为—经济成果(Structure-Conduct-Performance)”的模式,使之成为产业经济学内容的框架。他认为,产业经济学或称产业组织理论,既要靠实践经验的研究和经济制度的研究,又要有一个理论上的分析框架,即“结构—行为—成果”这个框架。梅森特别强调市场结构和其他客观市场条件的重要性,把它作为认识企业行为的关键。因此,梅森着重研究市场结构,并以此作为产业经济分析的统一基础。

哈佛学派的后来学者中最著名的是贝恩,他继续强调市场结构的重要性。研究了市场经济中新企业进入一个产业时遇到的障碍,认为进入障碍、市场集中性和产品差别性是市场结构的关键要素。哈佛学派的特点是重视产业经济的实践经验,着重研究市场结构。此外,还强调垄断力量与一定的市场结构相联结的重要性,把它作为产业经济分析中的普遍性问题。

贝恩(1958)在吸收和继承马歇尔的完全竞争理论、张伯伦的垄断竞争理论和克拉克的有效竞争理论的基础上,提出了 SCP 分析范式,即市场结构(Structure)—市场行为(Conduct)—市场绩效(Performance)相结合的研究模式。该范式已经成为传统产业组织理论分析企业竞争行为和市场效率的主要工具。贝恩特别强调,不同产业具有不同的规模经济要求,因而它们具有不同的市场结构特征。市场竞争和规模经济的关系决定了某一产业的集中程度，产业集中度是企业在市场竞争中追求规模经济的必然结果。一旦企业在规模经济的基础上形成垄断，就会充分利用其垄断地位与其他垄断者共谋限制产出和提高价格以获得超额利润。同时，产业内的垄断者通过构筑进入壁垒使超额利润长期化。因而，贝恩的 SCP 分析范式把外生的产业组织结构特征看做是企业长期利润的来源。

哈佛学派基本遵从了 SCP 范式。哈佛学派研究的市场结构主要包括集中度、产品差异、规模经济、进入障碍和政府管制。企业行为主要涉及合谋和策略性行为、广告和研究开发等方面。市场绩效包括资源配置效率、利润率、生产率等。哈佛学派认为三者之间存在递进制约的因果关系，市场结构决定企业的市场行为，而市场行为决定市场资源配置的绩效。哈佛学派以实证的截面分析方法推导出企业的市场结构、市场行为和市场绩效之间存在一种单向的因果联系：集中度的高低决定了企业的市场行为方式，而后者又决定了企业市场绩效的好坏。行业集中度高的企业总是倾向于提高价格、设置障碍，以便谋取垄断利润，阻碍技术进步，造成资源的非效率配置。要想获得理想的市场绩效，最重要的是要调整和改善不合理的市场结构，限制垄断力量的发展，保持市场适度竞争。

在 SCP 分析范式中，作为市场结构指标之一的集中度和作为市场绩效标准之一的利润率之间的关系的研究处于重要的核心地位。贝恩调查了美国制造业 42 个产业并将它们分为两组，一组是 CR_8 大于 70% 的 21 个产业；另一组是 CR_8 小于 70% 的另外 21 家企业。结果显示：这两个不同集中度的产业群之间存在很大的利润率差异；前者利润率平均为 11.8%，而后者平均利润率只有 7.5%。哈佛学派认为，在具有寡占或垄断市场结构的产业中，由于存在少数企业间的共谋、协调行为以及通过市场进入壁垒限制竞争的行为，削弱了市场竞争性，其结果往往是产生超额利润，破坏资源配置效率。这就是“集中度—利润率”假说。

二、芝加哥学派的观点

20 世纪 70 年代以后，产业组织理论的发展分化成两个路线：一是由代表主流学派、沿着 SCP 范式继续前进的哈佛学派提出的“新产业组织学”；二是以芝加哥学派为首所发展的“产业组织理论”。前者的代表人物包括考林、谢勒、沃特森、鲍莫尔等人。新产业组织学补充了贝恩《产业组织》一书中对市场行为论述的不足，并考察了微观和宏观环境对市场结构、市场行为和市场绩效的影响。此外，他们还把博弈论引入市场行为的分析，从均衡意义上理解企业的市场行为，认为在企业的市场行为中普遍存在“纳什均衡”（合作均衡）和非合作均衡，尤其是后者构成了市场行为的核心内容。芝加哥学派则以斯蒂格勒、德姆塞茨、波斯纳等为代表，他们开创了微观规制经济学的新领域，指出判定企业市场行为是否损害市场公平的标准，关键在于它是否促进社会的经济绩效。如果竞争者过多，不利于规模经济，就应该允许通过并购等方式促进市场集中，以达到更高的产业绩效。

在这一时期,博弈论方法开始被广泛采用。与计量经济学方法不同,它主要适用于产业组织的理论分析。20 世纪 70 年代以后,产业组织理论从重视市场结构研究转向重视企业行为研究,而博弈论尤其是非合作博弈理论,则较好地归纳了企业竞争行为的特征,被认为是处理以企业为重点的微观经济主体的策略性行为问题时较为理想的方法,因而在企业行为的相关研究中得到了广泛运用。

20 世纪 70 年代以后,新产业组织理论虽然在研究方法上也采取 SCP 范式,但是不再强调市场结构而是突出市场行为。因为从短期来看,市场结构不会有大的变化,但是从长期来看,市场结构、市场行为和市场绩效都可能发生变化,而且市场行为和绩效会对市场结构产生反作用,引起市场结构的变化。他们主要采用数学方法和博弈论,建立一系列的理论模型,以此来研究企业行为,对经济福利问题分析得较为深入。

与结构主义者只关心竞争的程度不同,芝加哥学派特别注重市场结构和效率的关系,故被理论界称为"效率主义者"。其代表人物施蒂格勒由于对产业经济学的开创性研究而被授予 1982 年诺贝尔经济学奖。该学派继承了奈特以来芝加哥大学传统的经济自由主义思想和社会达尔文主义,认为市场竞争过程就是市场力量自由发挥作用的过程,是一个"生存检验"的过程。该学派在理论上皈依新古典经济理论,坚信瓦尔拉均衡和自由竞争理论依然有效,厂商行为是厂商预期的函数,政府不需干预。1966 年施蒂格勒的名著《产业组织》一书问世,标志着芝加哥学派理论上的成熟。在芝加哥学派形成的过程中,法学家与经济学院和商学院的经济学家们共同合作,应用价格理论对反托拉斯法展开了深入研究,推动了新兴边缘学科——法学经济学的诞生。芝加哥学派对产业经济学研究的另一重要贡献是开创了规制经济学这一新的经济学研究领域。

作为对传统的 SCP 范式的批判,鲍莫尔、帕恩查和韦利格等人于 1982 年合作出版了《可竞争市场与产业机构理论》,系统阐述了所谓的"可竞争市场理论"。这一理论对 20 世纪 80 年代鲍莫尔(1982)提出的"可竞争性理论"有很大影响。SCP 范式的衰落,一方面是因为该范式缺乏深刻而又明确的理论基础,旧产业组织学与微观经济学理论不能很好地融合以及它对大型企业的成长与行为和日益突出的产业集中趋势缺乏解释能力;另一方面是因为在实践中人们无法发现稳定的具有普遍意义的模型关系,导致对统计结果的解释自相矛盾。还有就是博弈论的广泛运用,企业在市场中的策略性行为以及企业内部代理人的策略性行为,为博弈论的应用提供了广泛的机会,预示了产业经济学的发展方向。因此,SCP 范式的衰落正是产业经济学迅速发展的结果。

哈佛学派的"集中度—利润率"假说是芝加哥学派批判的焦点。他们认为,在高集中度的市场结构中存在的高额利润源于大企业的高效率,而并非像哈佛学派所说的那样是来自垄断势力。在芝加哥学派看来,如果高度集中的市场中长期出现高利润率,这只能说明是该市场大企业高效率经营的结果。因为不是建立在高效率经营基础上的高利润水平,都会招致其他企业的大量进入而使利润率很快降至平均水平。芝加哥学派认为,哈佛学派所依据的垄断竞争理论错误地将规模的扩大等同于垄断,殊不知规模扩大是有其内在原因的。其可竞争市场理论认为,厂商规模的大小是由规模经济的内在要求和生产技术水平决定的,在一定的技术水平条件下,规模的扩大会带来成本的降低和资源配置效率的提高,只要市场当中不存在人为的进入和退出障碍限制,市场上现有的厂商——不论是仅有一个垄断者还是有许多活跃的厂商,就总是面临着来自潜在进入者的竞争压力,因此原有企业之间的定价和产量选择总是处于一种"无显著超额利润的均衡约束状态下"。由此,芝加哥学派主张:行业集中度的提高是市场需求和技术水平进步的结果,大企业的高利润率是生产效率提高的结果,而不是资源分配无效率的结果。不能以集中度的高低和规模的大小作为判断一个企业是否是垄断企业的标准,政府应该干预和管制的是那些市场绩效不好的垄断企业(尤其是政府垄断企业)。另外,该学派认为,政府反垄断政策应以促进经济效率为目的,反托拉斯法应该是保护竞争,而不是单纯保护竞争者。因此,芝加哥学派主张,即使市场是垄断的或是高集中寡占的,只要市场绩效良好,政府管制就没有必要。在此基础上,他们认为,在市场结构、市场行为与市场绩效的相互关系中,市场绩效起决定性的作用,不同的企业效率形成不同的市场结构,正是由于一些企业在竞争中具有更高的生产效率,它们才能获得高额利润,进而促使企业规模扩大和市场集中度的提高,最终形成以大企业和高集中度为特征的市场结构。

德姆塞茨认为,传统的SCP范式忽略了潜在市场进入的因素,他在1973年出版了《市场集中研究》一书,实证研究了获利能力与市场结构的关系。认为流行的"集中—合谋—垄断—利润"的垄断企业具有"获取超额利润的市场支配力"的观点是不正确的;实际上,更有效率的企业在竞争过程中会持续提升其市场份额,同时导致更高的集中度,超额利润反映的是优异的企业绩效而非垄断与合谋。(Demsetz,1973;Peltzman,1977;Brozen,1982)德姆塞茨的有效结构假说强调:虽然市场结构与市场绩效之间存在表面上的相关性,但这种相关是伪相关,二者都是由企业效率共同决定的。有一些学者把市场份额作为变量对有效结构假说进行验证,发现企业所获取的超额利润来自于较高效率,在竞争过程中,绩效较高的企业由于其更高的竞争力而不断扩大了其市场份额(Smirlock et al. ,1984;Smirlock,1985;Allen & Hagin,1989;Evanoff & Fortier,1989;Molyneux & Forbes,1995)。后来,Sheperd对有效结构假说进行了修正。他认为,市场绩效的变化可由企业效率和市场份额的影响来共同解释,这是因为市场份额不仅仅取决于企业效率,还取决于与企业效率无关的其他因素,如市场势力或产品差异等。该假说和德姆塞茨的有效结构假说一样,认为市场集中度并不直接影响市场绩效。

三、国内对市场结构与市场绩效关系的研究

我国学者近些年来对市场结构与市场绩效关系的研究也越来越多,从最初的金融行业逐步向其他行业拓展,但现有的研究基本上都是集中在对具体行业的市场结构与市场绩效之间关系的研究。

王颖捷(2004)在《金融产业组织的市场结构》中利用产业组织理论对我国金融业进行了研究,对金融产业组织市场结构的集中度、进入和退出壁垒、规模经济、产品差异化等问题做出了判断,并且针对我国金融产业组织市场结构改革提出了对策和建议。杨德勇(2004)在他的著作《金融产业组织理论研究》一书中运用产业组织理论对我国金融产业组织、金融业的规模经济和范围经济、金融企业的市场、金融业的市场集中、金融业的重组战略行为、金融业的创新行为以及金融业的价格行为进行深入研究,并针对我国国情提出了独特的金融产业政策。秦宛顺、欧阳俊(2001)运用 DEA 法开创性地测度了我国银行业的市场效率,并在此基础上对我国银行业市场结构与绩效的关系进行实证研究,研究结果表明市场效率才是我国商业银行绩效的决定因素。曾江洪、樊娜娜(2010)以 19 家商业银行 2004 ~ 2008 年的数据为研究对象,以赫芬达尔指数作为衡量市场结构的指标,对我国商业银行市场结构与市场绩效关系进行了实证研究。结果表明,我国商业银行市场结构处于垄断竞争阶段,股份制商业银行和城市商业银行市场绩效明显优于国有银行的业绩表现,市场结构与规模对我国商业银行市场绩效的影响呈显著负相关关系。柯健(2010)运用 DEA 模型从市场结构和市场绩效两方面对我国商业银行进行检验,显示我国银行业的集中度、市场份额与绩效呈负相关关系。我国银行集中度和绩效之间不存在结构理论中所假设的因果关系,银行业市场结构对绩效的促进作用不明显。

杜煊君(2001)和陈晓舜(2001)分别研究了我国证券业的市场结构,并得出我国证券业市场集中度不高,具有竞争性市场结构的结论。高正平、杨克成(2003)利用 SCP 分析框架,对我国证券业的市场结构和市场绩效进行了系统的实证分析,指出外部性与内部收益率是影响我国证券业市场绩效的主要因素。王斌(2002)从实证角度出发,研究了我国保险业市场结构与保险公司绩效之间的关系。结果表明,市场份额、市场集中度与企业绩效的相关关系不尽相同,中国人民保险有限公司的市场份额与绩效呈正相关,而中国平安保险公司和中国太平洋保险有限公司的市场份额却与市场绩效呈负相关。游小列(2004)从市场集中度、规模经济水平、市场进入与退出壁垒和产品差异化入手,对我国证券投资基金业的市场结构进行了分析,描述了我国证券投资基金业的市场结构现状,总结了我国证券投资基金业的市场结构特征。林坚、郑慧清等(2003)进行了证券投资基金规模与绩效之间的相关性分析,得出了基金规模与绩效之间的关系存在效用先减后增的结论。朱焕(2004)用 SCP 分析框架对我国基金业的市场结构、市场行为以及市场绩效进行了深入研究,根据我国基金业发展的大背景得出了我国基金业符合市场力量假说的结论,提出了通过制

度改革和优化市场结构来实现市场绩效提高的建议。

陈明等(2009)选取我国乳业 1998 ~ 2004 年的相关数据进行回归分析,以检验我国乳业市场结构与市场绩效诸要素之间的相互影响的程度。结果表明,内部效率对产品差异和进入壁垒具有负面影响,配置效率对产品差异具有正面影响,技术进步效率对产品差异和进入壁垒具有负面影响,而规模结构效率对市场结构各个指标都没有表现出显著影响。吕裔良(2007)利用中国乳制品产业 1997 ~ 2005 年的数据,建立回归模型,对该产业市场结构和市场绩效进行实证研究,并提出了构建寡占型市场结构以促进乳制品产业健康发展的政策建议。

上述研究的结论都支持了"市场结构决定市场绩效"的假设,但陆奇斌等(2004)的研究却提出了相反的观点,认为在我国特定的转型经济条件下,不是市场结构决定了市场绩效,而是市场绩效决定了市场结构。陆奇斌等利用我国 44 个行业中的 367 家企业共计 103616 位消费者的满意度数据,以及这 44 个行业的产业集中度数据,根据结构方程模型,实证研究了我国市场结构和市场绩效之间的关系。结果表明,与美国等西方国家不同,处于市场经济条件下转型过程中的中国市场,主要是市场绩效决定了市场结构,而不是市场结构决定了市场绩效。

第三节　中国产业集中度与市场绩效[①]

一、产业集中度的现状

产业集中度是计算产业市场结构现状和大企业市场控制力的概念,通常用某一产业中前若干家企业的某些指标的合计数占整个产业相应指标的比重来反映,这一比值越大,说明产业集中度就越高。具体指标的选择,可以是投入方面的,如总资产、资金、劳动力等,也可以是产出方面的,如产值、销售收入、利润等。前若干家企业的选择,一般可以是 4 家、8 家或 20 家等,这主要取决于"产业"的内涵范围、产业内的企业数量以及研究者的研究目的和获取资料的难易程度等。可以用 CR_n 表示,表示前 n 个最大企业的产值、销售收入等指标占全部企业的比例,如 n 取 4 或 8 值。CR_n 越大,该行业的集中度就越高,而大企业的地位就越重要。

该公式表示前 n 个企业的产值、销售收入等指标占全部企业的比例,如 n 取 4 或 8 值。CR_4 或 CR_8 越大,该行业的集中度就越高,而大企业的地位就越重要。

产业集中度是动态的,而且容易受特定时期和外部因素的影响,为避免这种影响所导致的产业集中度的波动和不稳定性,本书主要采用了 3 年的产业集中度的平均数作为产业集中度的数值。在此,笔者按照国家统计局的工业分类标准,运用 CR_n 公式,根据销售收入等指标计算了我国 1996 年、1998 年和 2000 年各个工业产业的

① 戚聿东:《中国经济运行中的垄断与竞争》,人民出版社,2004 年。

集中度(见表5-1)。

表5-1 中国产业集中度状况

产业	CR_4 集中度					CR_8 集中度				
	1996年(%)	1998年(%)	2000年(%)	2000年/1996年	平均集中度(%)	1996年(%)	1998年(%)	2000年(%)	2000年/1996年	平均集中度(%)
煤炭采选业	12.1	12.7	13.0	1.07	12.60	20.1	20.2	21.3	1.06	20.53
石油天然气开采业	60.8	60.3	58.9	0.97	60.00	76.6	76.0	71.8	0.94	74.80
黑色金属矿采选业	16.4	24.5	17.0	1.04	19.30	20.5	31.3	24.1	1.18	25.30
有色金属矿采选业	8.7	8.4	9.5	1.09	8.87	11.8	11.4	13.7	1.16	12.30
非金属矿采选业	3.2	6.6	6.9	2.16	5.57	5.5	9.7	10.0	1.82	8.40
木材及竹材采运业	7.4	8.0	11.7	1.58	9.03	13.9	14.6	19.9	1.43	16.13
食品加工业	3.1	3.6	4.3	1.39	3.67	5.2	5.5	6.5	1.25	5.73
食品制造业	7.5	4.8	5.8	0.77	6.03	10.9	8.0	9.4	0.86	9.43
饮料制造业	6.3	8.7	11.5	1.83	8.83	9.5	12.5	15.9	1.67	12.63
烟草加工业	29.0	29.1	26.6	0.92	28.23	37.1	37.8	36.5	0.98	37.13
纺织业	1.8	2.2	2.4	1.33	2.13	2.8	3.4	4.1	1.46	3.43
服装及其他纤维制品制造业	2.8	3.4	3.0	1.07	3.07	4.1	4.7	4.5	1.10	4.43
皮革毛皮羽绒及其制品业	2.4	3.1	4.2	1.75	3.23	4.0	4.7	6.6	1.65	5.10
木材加工及竹藤棕草制品业	5.4	5.7	5.4	1.00	5.50	7.5	9.8	9.4	1.25	8.90
家具制造业	3.0	4.2	3.8	1.27	3.67	4.3	6.0	6.6	1.53	5.63
造纸及纸制品业	3.1	4.2	5.5	1.77	4.27	5.4	6.3	8.1	1.50	6.60
印刷业及记录媒介复制业	3.4	4.4	4.7	1.38	4.17	5.6	7.6	8.2	1.46	7.13
文教体育用品制造业	7.2	6.3	6.2	0.86	6.57	10.7	10.0	9.6	0.90	10.10
石油加工及炼焦业	25.3	21.0	21.5	0.85	22.60	42.5	37.7	35.9	0.84	38.70
化学原料及化学制品制造业	7.2	7.4	8.1	1.13	7.57	10.0	10.2	10.7	1.07	10.30
医药制造业	6.9	7.2	9.5	1.38	7.87	11.8	12.6	14.4	1.22	12.93
化学纤维制造业	29.1	4.1	26.3	0.90	19.83	35.0	29.6	32.9	0.94	32.50
橡胶制品业	11.5	11.8	10.6	0.92	11.30	18.5	17.6	17.2	0.93	17.77
塑料制品业	2.2	2.4	3.1	1.41	2.57	3.7	4.0	5.1	1.38	4.27
非金属矿物制品业	1.4	1.8	1.7	1.21	1.63	2.1	2.6	2.8	1.33	2.50
黑色金属冶炼及压延工业	20.9	20.8	18.5	0.89	20.07	29.7	29.1	27.9	0.94	28.90

续表

产业	CR_4 集中度					CR_8 集中度				
	1996年(%)	1998年(%)	2000年(%)	2000年/1996年	平均集中度(%)	1996年(%)	1998年(%)	2000年(%)	2000年/1996年	平均集中度(%)
有色金属冶炼及压延工业	8.8	9.2	7.8	0.89	8.60	15.0	14.9	13.9	0.93	14.60
金属制品业	2.3	2.1	2.7	1.17	2.37	3.7	3.4	4.3	1.16	3.80
普通机械制造业	4.4	5.0	4.5	1.02	4.63	6.7	7.6	7.2	1.07	7.17
专用设备制造业	4.7	5.3	5.6	1.19	5.20	6.7	7.9	8.0	1.19	7.53
交通运输设备制造业	17.4	16.6	16.7	0.96	16.90	22.3	22.0	22.4	1.00	22.23
电气机械及器材制造业	6.8	9.4	10.4	1.53	8.87	10.0	11.9	13.5	1.35	11.80
电子及通信设备制造业	11.6	10.8	9.2	0.79	10.53	16.8	16.6	13.8	0.82	15.73
仪器仪表及文化办公用机械制造业	4.8	8.3	12.8	2.67	8.63	7.3	11.9	18.1	2.48	12.43
电力蒸气热水生产供应业	10.3	13.0	15.4	1.50	12.90	14.1	19.2	23.4	1.66	18.90
煤气生产和供应业	26.8	23.1	29.5	1.10	26.47	37.8	32.5	37.2	0.98	35.83
自来水生产和供应业	17.4	19.1	10.2	0.59	15.57	23.4	25.3	16.0	0.68	21.57

通过上述统计可以看出，我国产业集中度水平仍然不高，CR_4集中度一般都小于30%，CR_8集中度一般都小于40%。在37个工业产业中，CR_4和CR_8平均集中度在50%以上的产业都只有1个，即石油天然气开采业。该产业属于资源开采业，具有垄断性质。CR_4集中度在20%～30%的产业为4个，10%～20%之间的为8个，其余24个产业集中度均在10%以下，占全国工业产业总数的64.86%。而CR_8集中度在30%～40%之间的产业为4个，20%～30%之间的为5个，10%～20%之间的为12个，其余15个产业集中度均在10%以下，占全国工业产业总数的40.54%。这些都反映了中国同发达国家相比所呈现出来的较低产业集中度特点。为了更加直观地说明问题，笔者还分别把CR_4和CR_8平均产业集中度做了分组（见表5－2）。

表5－2 1996～2000年中国产业集中度分组与产业数

3年CR_8平均产业集中度	产业个数	3年CR_4平均产业集中度	产业个数
50%以上	1	50%以上	1
40%～50%	0	20%～30%	4
30%～40%	4	15%～20%	4

续表

3 年 CR_8 平均产业集中度	产业个数	3 年 CR_4 平均产业集中度	产业个数
20% ~30%	5	10% ~15%	4
10% ~20%	12	8% ~10%	6
10% 以下	15	5% ~8%	7
		5% 以下	11

从动态上来讲，1996 ~2000 年，除一些行业的集中度提高较大（如非金属矿采选业、仪器仪表及文化办公用机械制造业、皮革毛皮羽绒及其制品业、饮料制造业）以及个别行业的集中度发生了较大幅度的下降（如自来水生产和供应业）以外，大多数行业的集中度并没有发生特别明显的变化，基本上呈稳中有升的局面。总体上看，2000 年比 1996 年，在所有行业中，64.9% 的行业 CR_4 集中度指标上升，恰好也有 64.9% 的行业 CR_8 集中度指标上升，说明我国行业集中度尽管仍处于较低水平，但大多数行业近年来正趋于集中。

二、产业集中度与经济绩效的关系

西方产业组织学的主流观点认为，市场结构决定市场行为，进而决定市场绩效。而决定市场结构的首要因素就是产业集中度。因此，产业集中度与经济绩效之间的关系成了半个世纪以来西方产业组织学家关注和研究焦点。大量的实证研究和分析均表明产业集中度与经济绩效之间确实存在一定程度的正相关关系。那么，中国的实际情形如何呢？下面是笔者分类整理计算的产业集中度与经济绩效指标的有关数据。对经济绩效指标，这里分别采用销售利润率、净资产利润率、总资产贡献率三个指标来反映。通过多个绩效指标来揭示产业绩效，有助于避免单一指标的局限性和缺陷，从而更恰当地说明问题。

在表 5－3 中，分别计算列出了 1996 年、1998 年和 2000 年三年的平均集中度以及平均销售利润率和平均净资产利润率。

表 5－3 中国产业集中度与经济绩效指标

产业名称	3 年 CR_4 平均集中度（%）	3 年 CR_8 平均集中度（%）	经济绩效指标	
			3 年平均销售利润率（%）	3 年平均净资产利润率（%）
煤炭采选业	12.60	20.53	0.88	1.07
石油天然气开采业	60.00	74.80	19.44	22.89
黑色金属矿采选业	19.30	25.30	2.98	2.46
有色金属矿采选业	8.87	12.30	6.50	11.74
非金属矿采选业	5.57	8.40	3.02	4.51
木材及竹材采运业	9.03	16.13	0.90	0.92
食品加工业	3.67	5.73	0.21	0.86

续表

产业名称	3年CR_4平均集中度(%)	3年CR_8平均集中度(%)	经济绩效指标	
			3年平均销售利润率(%)	3年平均净资产利润率(%)
食品制造业	6.03	9.43	2.14	4.62
饮料制造业	8.83	12.63	4.69	7.62
烟草加工业	28.23	37.13	9.68	16.16
纺织业	2.13	3.43	0.09	-0.05
服装及其他纤维制品制造业	3.07	4.43	2.87	8.37
皮革毛皮羽绒及其制品业	3.23	5.10	2.20	8.37
木材加工及竹藤棕草制品业	5.50	8.90	1.54	3.94
家具制造业	3.67	5.63	3.72	8.75
造纸及纸制品业	4.27	6.60	2.76	5.34
印刷业及记录媒介复制业	4.17	7.13	6.12	8.88
文教体育用品制造业	6.57	10.10	3.74	8.84
石油加工及炼焦业	22.60	38.70	0.97	2.24
化学原料及化学制品制造业	7.57	10.30	2.37	4.35
医药制造业	7.87	12.93	6.94	10.83
化学纤维制造业	19.83	32.50	2.75	4.09
橡胶制品业	11.30	17.77	1.71	3.50
塑料制品业	2.57	4.27	2.75	5.89
非金属矿物制品业	1.63	2.50	0.86	1.38
黑色金属冶炼及压延工业	20.07	28.90	1.91	2.23
有色金属冶炼及压延工业	8.60	14.60	0.79	1.68
金属制品业	2.37	3.80	1.98	5.07
普通机械制造业	4.63	7.17	2.31	3.79
专用设备制造业	5.20	7.53	1.79	3.13
交通运输设备制造业	16.90	22.23	2.77	4.83
电气机械及器材制造业	8.87	11.80	3.12	6.84
电子及通信设备制造业	10.53	15.73	5.44	12.85
仪器仪表及文化办公用机械制造业	8.63	12.43	2.41	5.27
电力蒸汽热水生产供应业	12.90	18.90	6.87	6.65
煤气生产和供应业	26.47	35.83	-4.88	-2.69
自来水生产和供应业	15.57	21.57	5.60	2.02

注:其中销售利润率=利润总额/销售收入;净资产利润率=利润总额/所有者权益。

经 SPSS 统计分析方法，可以得出以下几个主要分析结果：

图 5－4、图 5－5、图 5－6 和图 5－7 为 X1（1996 年、1998 年和 2000 年的平均 CR_4 产业集中度）、X2（1996 年、1998 年和 2000 年的平均 CR_8 产业集中度）分别和 Y1（1996 年、1998 年和 2000 年平均销售利润率）、Y2（1996 年、1998 年和 2000 年平均净资产利润率）形成的散点图。其中横轴代表集中度，纵轴代表绩效指标。

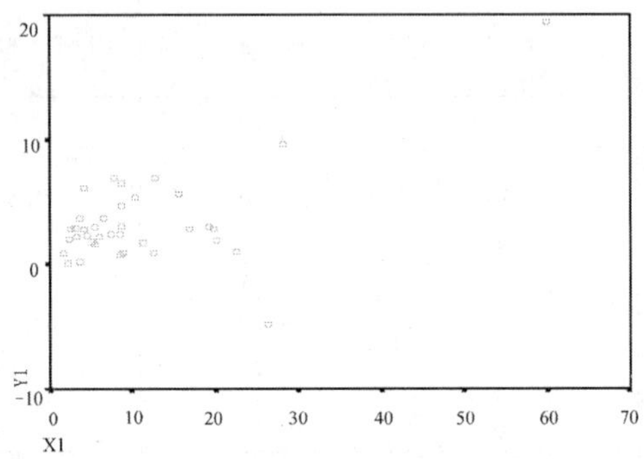

图 5－4　4 厂集中度与销售利润率关系散点图

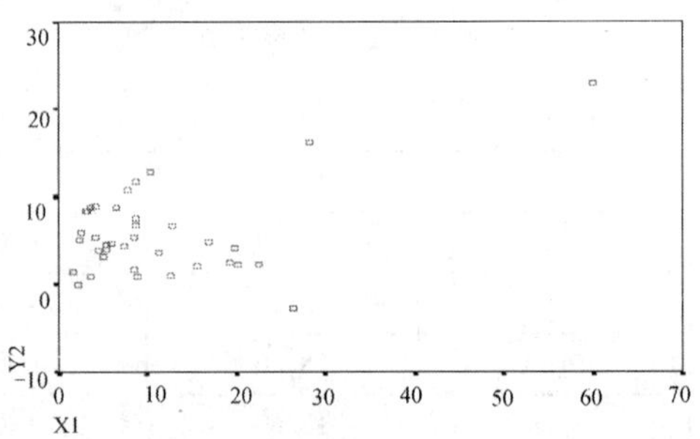

图 5－5　4 厂集中度与净资产利润率关系散点图

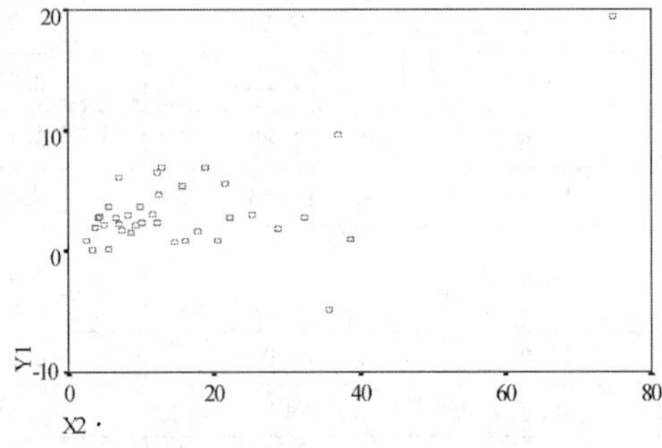

图 5－6　8 厂集中度与销售利润率关系散点图

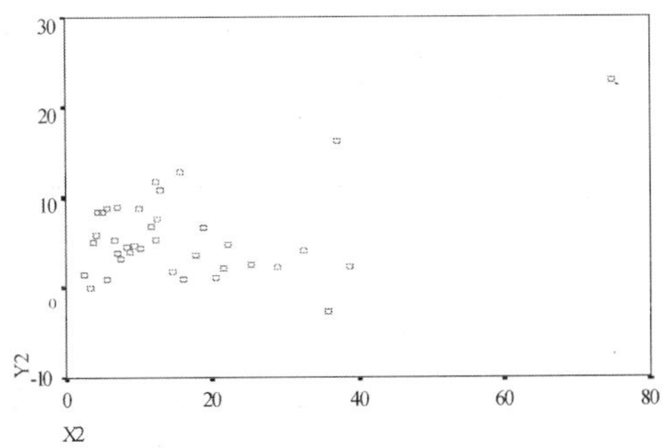

图 5－7 8 厂集中度与净资产利润率关系散点图

由上述分析结果可以看出，这三年的 CR_4 和 CR_8 平均产业集中度与这两个经济绩效指标之间存在一定的正相关性，但并不存在很显著的相关关系。其中，CR_4 和 CR_8 平均产业集中度与平均销售利润率的相关系数分别为 0.586 和 0.529，相关性稍强；而 CR_4 和 CR_8 平均产业集中度与平均净资产利润率的相关系数分别为 0.433 和 0.373，相关性就表现得相对比较弱。

另外，笔者又分别计算列出了 1994 年、1996 年、1998 年和 2000 年四年的平均 CR_4 和 CR_8 集中度以及 1998～2001 年四年的平均总资产报酬率（见表 5－4）。

表 5－4 产业集中度与总资产报酬率 单位：%

产业名称	4 年 CR_4 平均集中度	4 年 CR_8 平均集中度	1998～2001 年平均总资产报酬率
煤炭采选业	12.40	20.48	4.21
石油天然气开采业	59.88	75.13	24.25
黑色金属矿采选业	19.83	25.63	6.28
有色金属矿采选业	9.45	13.03	9.37
非金属矿采选业	5.10	7.78	6.75
木材及竹材采运业	8.70	15.43	3.85
食品加工业	3.75	5.70	5.99
食品制造业	6.05	9.23	7.98
饮料制造业	8.13	11.90	12.56
烟草加工业	28.93	37.78	44.34
纺织业	1.95	3.13	5.92
服装及其他纤维制品制造业	3.03	4.33	8.96
皮革、毛皮、羽绒及其制品业	2.83	4.53	7.99
木材加工及竹藤棕草制品业	5.30	8.38	7.05

续表

产业名称	4年CR_4平均集中度	4年CR_8平均集中度	1998~2001年平均总资产报酬率
家具制造业	3.95	5.75	8.74
造纸及纸制品业	4.05	6.50	6.64
印刷业及记录媒介复制业	4.05	6.70	9.24
文教体育用品制造业	6.15	9.38	8.09
石油加工及炼焦业	23.28	40.03	9.83
化学原料及化学制品制造业	7.70	10.53	6.06
医药制造业	7.78	12.58	10.26
化学纤维制造业	22.90	33.93	6.03
橡胶制品业	11.13	17.68	7.36
塑料制品业	2.60	4.28	7.47
非金属矿物制品业	1.55	2.40	6.04
黑色金属冶炼及压延工业	20.65	29.40	5.41
有色金属冶炼及压延工业	8.58	14.83	6.44
金属制品业	2.48	3.95	7.28
普通机械制造业	4.48	7.00	6.07
专用设备制造业	4.75	6.98	5.68
交通运输设备制造业	16.90	22.05	7.16
电气机械及器材制造业	7.80	10.70	7.88
电子及通信设备制造业	10.20	15.48	8.99
仪器仪表及文化办公用机械制造业	7.83	11.35	7.46
电力蒸气热水生产供应业	10.78	15.95	7.27
煤气生产和供应业	27.00	36.73	0.94
自来水生产和供应业	16.98	22.83	3.21

注：统计年鉴中只有1998~2001年的平均总资产报酬率数据，为使数据可比，笔者单独考察平均总资产报酬率与4年集中度的相关性。

图5-8、5-9为X1（1994年、1996年、1998年和2000年的平均CR_4产业集中度）、X2（1994年、1996年、1998年和2000年的平均CR_8产业集中度）分别和Y1（1998~2001年平均总资产报酬率）形成的散点图和相关系数。横轴代表集中度，纵轴代表绩效指标。

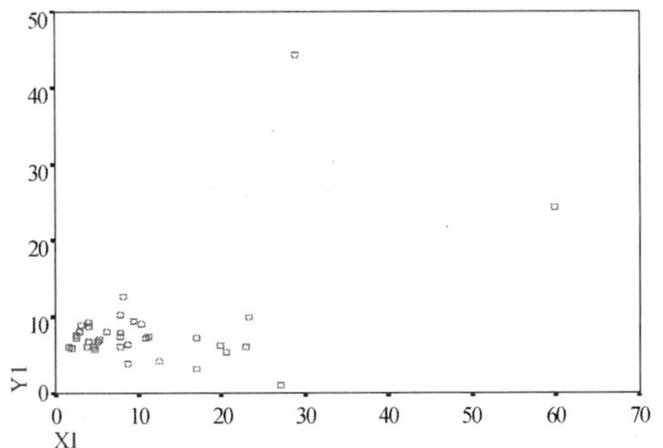

图 5-8　4 厂集中度与总资产报酬率关系散点图

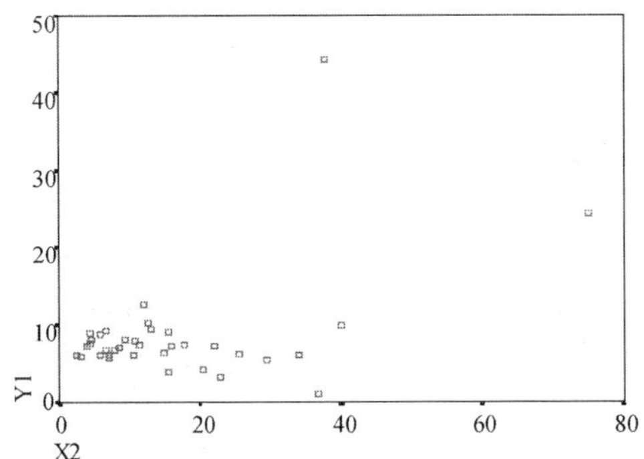

图 5-9　8 厂集中度与总资产报酬率关系散点图

由上述分析结果可以看出，这 4 年的 CR_4 和 CR_8 平均产业集中度与总资产报酬率之间的相关性并不显著。其中，CR_4 和 CR_8 平均产业集中度与总资产报酬率的相关系数分别为 0.481 和 0.447，相关性较弱。

在上述的统计结果中，从 37 个行业的整体上分析来看，产业集中度与经济绩效之间的相关性并不十分明显，尤其是集中度与总资产报酬率和平均净资产利润率之间相关性更弱一些。但上述资料经分组之后可以看出，产业集中度与经济绩效之间还是存在一定程度的正相关关系的（见表 5-5 和表 5-6）。

表 5-5　4 厂集中度与经济绩效

4 厂集中度	产业个数	4 厂平均集中度（%）	平均销售利润率（%）	平均净资产利润率（%）
50% 以上	1	60.00	19.44	22.89
20% ~30%	3	21.33	1.44	2.24
10% ~20%	7	15.19	4.02	5.20
5% ~10%	12	7.66	3.18	5.93
5% 以下	11	3.22	2.35	5.15

表 5-6 8厂集中度与经济绩效

8厂集中度	产业个数	8厂平均集中度(%)	平均销售利润率(%)	平均净资产利润率(%)
50%以上	1	74.80	19.44	22.89
30%~50%	2	35.60	1.86	3.17
20%~30%	4	24.50	3.31	2.88
10%~20%	12	14.99	3.88	6.80
5%~10%	10	7.16	2.58	5.22
5%以下	5	3.69	1.71	4.13

注:表 5-5、表 5-6 中剔除了煤气生产供应业、烟草加工业和煤炭采选业 3 个特殊产业。因为这些产业的企业市场行为受到国家规制,因此其市场结构与经济绩效之间比较确定的关系不复存在。

从表 5-5 和表 5-6 经过分组整理计算得出的数据来看,在 20%以下的 CR_4 和 CR_8 集中度的范围内,集中度越高的产业群组,其平均销售利润率和平均净资产利润率也越高。反之,集中度越低的产业群组,其经济绩效就越差。至于集中度在 50%以上的产业未能绝对地体现出这种关系,完全是由该组产业的特殊性造成的。该组产业个数只有 1 个,即石油天然气开采业。集中度 20%以下的 3 个产业群组,这种正相关关系能够完全地体现出来。而集中度 20%以上的 3 个产业群组,这种关系则不明朗和不规则。由此可见,在一定条件和一定范围内,集中度较高的产业,其产业经济绩效也倾向于较好。同时,也说明了规模经济并不是无条件和无限度的,其中包含着许多要求。

三、因素分析

从上述的几组实证资料中我们能够看出,在我国,产业集中度与平均销售利润率和平均净资产利润率等指标在一定的集中度范围内存在较为明显的正相关关系,即集中度越高,产业经济绩效就越好。那么,接下来的问题是,较高的经济绩效水平究竟是什么因素带来的。对此,国外存在两种截然对立的解释。一种是产业组织主流学派所认为的垄断价格的结果。即集中度高的产业中几家大厂商具有市场势力(Market Power),这些厂商可以实行公开或隐蔽串通(Open or Tacit Collusion),以抬高商品卖价或降低商品进价。我们可以把这种观点概括为"垄断价格说"。与此完全不同的解释是以哈罗德·德姆塞茨为代表的"效率"说。在"效率"学派看来,高效率的企业可以占有较大的市场占有率,这就提高了产业集中度,同时也从高效率中获得高额利润。如果产业的平均利润以各企业的平均利润为基础,集中度高的产业自然就有更高的利润率(H. Demssetz,1973)。这两种解释都以各自数据和实例做支持。那么,中国产业集中度与经济绩效的正相关关系,究竟是大企业垄断价格的结果还是大企业高效率所带来的低成本的结果呢?至少到目前为止,还没有足够的证据表明我国高集中度下产业的较高利税率是大企业串通共谋(Collusion)的结果,不论是公开的还是隐蔽的。所以,在此我们考察一下不同集中度下的产业的效率差异。

我们选择劳动生产率指标来反映产业的效率。一个隐含的假设是:如果某个产业具有良好的经营效率,必然反映出该产业具有较高的全员劳动生产率。与此同时,我们也考察一下各个产业市场价格的上涨情况。通过这两方面的对比,我们就可以发现究竟是哪个方面的原因和因素在起作用(见表5-7)。

表5-7 产业集中度与劳动生产率和价格上涨情况

CR_8 平均集中度	产业个数	全员劳动生产率(元/人·年)	价格上涨率(%)
50%以上	1	189796.44	20.23
30%~50%	2	67624.70	14.31
20%~30%	4	29447.34	9.54
10%~20%	12	37134.47	9.07
5%~10%	10	25728.47	7.21
5%以下	5	24225.60	9.09

注:CR_8 平均集中度同表5-6,全员劳动生产率、价格上涨率均为1996年、1998年和2000年的平均数。各年的价格上涨率为当年工业总产值与前一年的工业总产值之差再与前一年工业总产值的比值。

从表5-7可以大体看出,集中度较高的产业群组对应着较高的劳动生产率。这反映出较高集中度下的较好产业经济绩效,首先是生产经营高效率的结果和表现。从集中度与价格上涨率之间的对应数据也可以看出,除了集中度在5%以下的5个产业外,存在集中度较高、价格上涨率也倾向于较高的情况。所以,对于我国产业集中度与产业经济绩效之间的正相关关系,在现实生活中究竟是垄断价格理论还是低成本高效率理论更能说明问题还有待于进一步探究。

为了进一步检验产业集中度与产业经济绩效正相关关系的导致因素,我们还有必要考察不同产业群组间的技术差异。产业科技进步状况既可以理解为产业经济绩效的指标,也可以看做是导致经济绩效差异的深层因素。在此,一个隐含的假设是:如果一个产业的科技进步比较活跃,势必有利于该产业直接提高劳动生产率,或者直接降低单位成本费用,这两方面都会直接促进产业集中度的提高。而产业集中度的提高,反过来又会进一步促进科技投入。因为科技创新是高风险事业,没有一定的财务实力和规模基础,一般企业是很难胜任和成功的。那么,中国在这方面的实际状况如何呢(见表5-8)?

表5-8 产业集中度与产业技术进步

CR_8 集中度	产业个数	新产品销售收入比重平均数(%)	技术开发经费内部支出总额比重平均数(%)	技术开发项目数比重平均数(%)
50%以上	1	0.08	3.98	4.25
30%~50%	2	2.05	1.96	1.82
20%~30%	4	5.85	5.03	3.92
10%~20%	12	4.13	3.66	3.34
5%~10%	10	1.08	1.50	2.06
5%以下	5	1.57	1.78	2.19

注:这里产业科技进步的指标都是相对1999年全国全部独立核算的大中型企业而言的,没有包括小企业。这里的比重都是指各产业的某项指标数值占全国总计的百分比。平均数是指按产业数进行算术平均。CR_8 集中度同表5-7。

从表5－8可以看出,在产业科技进步的有关指标中,就总体而言,并不存在集中度与产业科技进步完全的正相关关系。这一方面可能是集中度划分的结果,另一方面也可能是产业科技进步同其他有关经济绩效指标一样,是现实中多种因素综合作用的结果,因而不能完全体现出与产业集中度的正相关关系。但类似前面的有关结论,不是完全的正相关关系,也并不意味着完全无关。在集中度10%～30%以下的3个产业群组中,不论是新产品销售收入、技术开发经费内部支出总额,还是技术开发项目数等科技产出指标,均无一例外地完全体现出集中度与科技进步的正相关关系。这3个产业群组共计30个产业,覆盖了中国工业产业数的70%。因此,总的来看,高集中度并不像产业组织主流学派所想象的是科技进步的阻碍因素(Retarding Factor),在一定程度上却是一种促进因素(Promoting Factor),尤其是在集中度较低的各种产业群组,较高产业集中度明显地对应着较高的技术进步效率。

四、结论

通过上述实证分析,我们能够得出如下一些初步结论:

第一,就全部工业行业集中度与产业经济绩效指标整体考察结果来看,并不存在明显的相关关系,相关系数较低。但经过分组之后,在集中度20%以下的3个产业群组中,产业集中度与各种产业经济绩效指标之间都存在一定的正相关关系,即产业集中度越高,产业经济绩效就越好;产业集中度越低,产业经济绩效就倾向于越差。但20%以上的产业群组,这种关系就变得不规则,这一点恰好印证了规模经济和范围经济并不是无限的,只能存在于一定的区间范围内。而CR_4和CR_8集中度在20%以下的产业数量则占据我国全部工业产业的70%以上。考虑到工业行业的划分比较宽泛,同一行业内部差异较大,因此,按我国目前划分的行业来计算产业集中度,其数值大体保持在20%左右较为适宜。

第二,产业集中度与产业经济绩效在一定范围内的正相关关系,从我国目前现实情况的因素分析考察结果来看,似乎与劳动生产率和价格因素都有关系。所以传统的两种解释究竟哪一个更能说明中国的现实情况还未有定论,也许可能还需要考虑更多内外部条件的影响并进行更深层次的探究。

第三,在深层次上决定产业集中度与产业经济绩效一定范围内正相关关系的是技术进步和创新。在市场竞争基础上基于规模经济、范围经济、技术创新等集中机制形成的垄断结构,反过来又会进一步维持和促进技术进步和创新。从前面有关资料和分析中,我们很难理解产业组织主流学派所主张的生产集中以及在此基础上形成的垄断结构会妨碍技术进步和创新这种观点。所以,从我国的“两个转变”和“科教兴国”发展战略出发,从产业组织政策角度,我们应该适当提高产业集中度,尤其是在规模经济效应比较显著的产业,更是应该大力整合产业组织,发展大公司大集团,并使股份公司和企业集团相互渗透,融合发展,以形成具有国际规模水准的大企业。通过这种途径提高我国的产业集中度将会有助于从科技投入等角度间接促进产业的技术进步和创新。

第四，在产业集中度与产业经济绩效的正相关关系之间，存在多种中间环节和因素。而且，产业集中度和产业经济绩效本身也各受多因素影响，加之指标本身及原始数据的缺陷，因此，在分析中有时自然会出现个别不规则甚至反常现象。这表明，提高产业集中度仅仅是提高产业经济绩效的一个方面，同时也内含着对其他方面（如所有制、市场规则、宏观政策、内部管理等方面）的相应要求。

篇末案例

中国电信产业的竞争结构与市场绩效分析

一、我国电信业发展状况

近几年来，我国电信产业发展势头强劲。一是业务收入稳步增长。电信业的发展对进一步拉动国民经济增长、促进经济结构调整、推动经济与社会发展做出了直接贡献，也让人们享受到越来越多、越来越实惠的电信服务。二是电话用户规模持续增长。截至 2004 年 5 月，电话用户总数达到 5.9 亿元，继续居世界首位。三是电信业务结构更趋多元化，产业链已具雏形。固定、移动、互联网三大业务的用户保持较高的增长率。IP 电话、短消息、宽带等业务逐渐渗透到人们的日常生活中，成为人们重要的通信消费内容，也受到了电信运营企业越来越多的关注。四是电信业投资规模相对稳定，投资更加务实。目前，电信业务市场正处于结构调整期，新一代网络应用尚未启动，在已经具备大规模网络覆盖的条件下，目前电信投资主要是根据用户的发展进行必要的网络扩容，因此投资需求相对稳定。五是服务水平进一步提高，“村村通电话”提速发展。到 2003 年年底，全国已通固定电话的行政村比例接近 90%。

二、电信技术变革

电信技术进步的作用主要表现在以下几个方面：一是接入网的竞争性增强。固定接入方式多样化。固定接入从传统的窄带接入发展到目前的 ADSL、以太网等宽带接入以及未来的光纤接入。无线接入成为固定接入的重要竞争力量，正在兴起的 3G 和 WLAN 等无线宽带接入成为高速数据业务接入的重要方式。二是网络成本下降促进了基于网络的竞争。基于电子技术和光纤技术的电信设备在 1 年左右的时间内容量增加 1 倍，成本下降一半。光纤、交换机、基站等电信设备成本的快速下降为电信网络在一定程度上的重复建设创造了条件，促进了基于网络的竞争。三是新技术和新业务促进了电信竞争。技术进步促使新业务层出不穷。IP 电话业务的推出彻底打破了固定长途电话业务的垄断地位，其效果超过了传统长途电话。“小灵通”、“大灵通”等基于固定电话网络的无线市话业务对固定电话业务和移动电话业务都形成了一定的竞争压力。

三、电信企业改革取得的成绩

我国基础电信企业的公司化改革任务艰巨。基础电信经营机构直到 1998 年才从政企不分的行政事业部门改革为初具现代企业制度框架的公司，铁通直到2001年才脱离铁道部门成为独立的公司。各个基础电信企业都在积极致力于内部建设，并取得了长足的进步。由于基础电信企业规模大、业务广，一些企业历史包袱较重，企业化改革还有待时日。基础电信企业的改革依赖于外部环境的改革。基础电信企业都是国有独资或国有绝对控股企业，国有资产管理的低效率导致企业在公司治理上存在重大缺陷。公司治理的不完善对基础电信企业的运营带来潜在的威胁：缺乏有效保障投资人利益的机制，公司倾向于扩大投资，追求市场力量，提高内部人员的收入。由此公司的竞争行为可能受到扭曲，如过度负债和恶性竞争等。国家正在建立高效率的国有资产管理体系，这是改善国有独资和国有控股电信运营企业公司治理的有力措施。部分基础电信企业海外上市促进了企业改革。中国移动、中国联通和中国电信先后实施了企业重组和海外上市或部分上市。公司外部治理改善对企业绩效的积极影响已经有所体现，在2002年激烈的移动市场竞争中，中国移动和中国联通都实现了收入和收益的快速增长。

四、电信市场绩效的制约因素

第一，实现有效、有序竞争的任务还相当艰巨。目前，我国电信市场仍然存在一些不规范的竞争行为，网间互联互通不畅成为妨碍有效竞争的重大问题之一。主要表现在：网间通信质量不高，通信安全存在隐患；擅自中断或限制网间通信的现象时有发生；开放网间新业务、启用新业务号码十分艰难；网间结算秩序混乱等。

第二，区域发展不平衡问题仍然很突出。东、中、西部之间尤其是城乡之间的电信服务差距仍然很大，普遍服务明显滞后，电信服务整体水平有待进一步提高。中部地区的固定电话普及率和移动电话普及率与东部地区也有较大差距。根据国际电联公布的2003年数据，目前我国城市固定电话普及率高出全球固定电话普及率平均水平近10%，但由于我国农村通信发展较为滞后，全国固定电话普及率与全球平均水平基本相当。目前，我国农村固定电话普及率为11%左右，是城市水平的1/3。与东部地区相比，中西部地区的电信城乡差距更为明显。

第三，电信业务创新仍未取得重大突破。近几年我国电信业务收入保持快速增长的发展态势，但是业务收入的增长速度远低于用户或业务量的增长速度，ARPU值逐年下降。2004年1～4月份固定通信ARPU值从去年同期的79.2元下降到72.6元，移动通信ARPU值从上年同期的89.5元下降到78.2元。业务创新缺乏、服务附加值有待提高、用户深层次需求开发不足是重要的原因。因此，整个电信行业的发展急需向效益型、创新型增长模式转变。尽管视频会议、手机支付、宽带上网、移动互联网等多种数据业务发展较快，但其应用还暂时处于初级阶段，对人们消费习惯的影响还不够明显。

第四，电信企业整体竞争实力有待提升。最近几年，随着电信运营体制改革的推进，我国电信运营企业真正走向了市场，在战略制定和实施能力、业务创新能力、市场应变能力等方面取得了长足的进步。但是，与国际先进的电信运营企业相比，由于企业化运作的时间较短，我国电信运营企业综合竞争能力与发达国家相比仍有较大差距，集中表现为企业管理机制与技术、业务的迅速发展不匹配。由于竞争日趋激烈，电信用户逐渐理性、成熟，对网络的服务质量提出越来越高的要求。过多的设备制式制约着网络监控系统的开发和使用，维护集中管理难以很好地实现。在多年来大规模网络建设的压力下，企业网管和业务支撑等系统的发展速度和性能依然落后于市场的需求，影响了运营企业的竞争实力和服务质量。我国电信业投入产出水平的增速开始趋缓，2003 年投资与收入比超过 40%，发达国家的相应比例为20% ~30%，这说明我国电信企业整体投资效益还有待提高。

资料来源：芮明杰：《产业经济学》，上海财经大学出版社，2005 年。

思考题：

1. 电信产业的市场结构对市场绩效有什么影响？
2. 你认为是竞争还是技术进步更有利于改善电信产业的市场绩效？
3. 如何进一步提高中国电信产业的市场绩效？

本章小结

1. 市场绩效是指在特定市场结构下，通过一定的市场行为使某一产业在价格、成本、产量、利润、产品质量、品种及技术进步等方面达到的最终经济成果。它实际反映的是在特定的市场结构和市场行为条件下市场运行的效率。

2. 市场绩效的综合评价包括产业的资源配置效率、产业的规模结构效率、产业技术进步程度、X－非效率及公平效率等方面。

3. 衡量市场绩效的指标主要有四个，即利润率、勒纳指数、贝恩指数和托宾 q 值。

4. 对于市场结构和市场绩效的关系，经济学家们长期以来已做过大量的研究，但其中许多问题尚未得到一致的结论。比较著名的有哈佛学派、芝加哥学派、新产业组织理论等。

重要概念

市场绩效　　　勒纳指数　　　SCP 范式

思考题

1. 市场绩效测度的标准有哪些？
2. 简述哈佛学派关于市场绩效的观点。
3. 简述芝加哥学派关于市场绩效的观点。

延伸阅读

1. 于春晖:《产业经济学:教程与案例》,机械工业出版社,2006 年。

2. 马建堂:《结构与行为:中国产业组织研究》,中国人民大学出版社,1993 年。

3. 戚聿东:《中国产业集中度与经济绩效关系的实证分析》,《管理世界》,1998(4)。

4. 戚聿东:《中国经济运行中的垄断与竞争》,人民出版社,2004 年。

5. 王慧炯、陈小洪等:《产业组织及有效竞争——中国产业组织的初步研究》,中国经济出版社,1991 年。

6. 魏后凯:《市场竞争、经济绩效与产业集中:对中国制造业集中与市场结构的实证研究》,经济管理出版社,2003 年。

7. 谢佩德:《市场势力与经济福利导论》,商务印书馆,1972 年。

8. 亚当斯、布罗克:《美国产业结构》,中国人民大学出版社,2003 年。

9. 植草益等:《日本的产业组织:理论和实证的前沿》,经济管理出版社,2000 年。

第六章　产 品 定 价

学习目标

- 了解企业定价的基本原理
- 掌握三种价格歧视之间的异同
- 了解两部收费制的基本原理
- 了解企业定价的其他技巧

开篇案例

麦当劳的优惠券

散发优惠券是肯德基、麦当劳、必胜客等洋快餐一直在使用的营销模式。为什么它们会乐此不疲呢？我们对麦当劳的优惠券进行分析。麦当劳的优惠券有的夹带在报纸中赠送，有的利用电子网络派发，形式多样，不一而足。消费者持此券购买商品，往往可享受8折甚至更大幅度的优惠。那么，麦当劳为什么要派发优惠券呢？

事实上，优惠券已经成为现代商业营销的一种重要形式。2004年，美国制造业共发放了2750亿张优惠券，其面值超过2800亿美元。其中1906亿美元的优惠券发放在日用百货的销售中，而844亿美元优惠券发放在健康和美容产品的销售中。但是，优惠券的使用情况并不理想。只有33亿美元的优惠券被消费者使用，兑换率仅为1.2%。

资料来源：作者整理得到。

思考题：麦当劳为什么分发优惠券，而不是直接降价呢？

第一节　统 一 定 价

一、统一定价策略

根据微观经济学理论，在均衡的条件下，每种产品都有并且只有一种价格。在这种价格条件下，产品的需求与供给相等。在现实生活中，当我们走进专卖店购买产品时，销售人员会告诉我们每种产品的价格。例如，白菜2.00元/斤、衣服280元/件、教科书28元/本……

可以发现，企业在销售产品时都制定一个合适的价格，所有相同产品的价格都一样。这种定价策略就是统一定价策略（Uniform Pricing）。

> 统一定价（Uniform Pricing）是指企业在销售产品时给每一单位产品制定相同的价格。

二、定价原则

在统一定价的条件下，企业如何制定价格的呢？企业制定价格的原则是什么呢？为了便于分析，我们考虑在完全垄断市场中，企业销售一种产品时如何制定价格来使利润最大化。基本假设如下：①企业的需求函数是 $q = D(p)$，并且满足需求定理即 $D'(p) < 0$。那么企业的逆需求函数就是 $p = p(q)$。②企业的成本函数为 $C(q) = F + c \times q$，其中固定成本为F，边际成本为一常数c。

企业的目标是利润最大化，即：

$$\frac{\max \pi}{q} = [qp(q) - C(q)]$$

一阶条件（FOC）为：

$$P^m - c = -\frac{D(p^m)}{D'(p^m)}$$

即：

$$\frac{P^m - c}{P^m} = -\frac{D(P^m)}{P^m D'(P^m)} = \frac{1}{\varepsilon}$$

其中，P^m 是企业的垄断价格，ε 为需求价格弹性。$\frac{P^m - c}{P^m}$ 表示企业的成本加成比例，又叫勒纳指数（Lerner Index）。

可以利用图6-1来分析。D是企业的需求曲线，MR是边际收益曲线，MC是边际成本曲线。由利润最大化的条件 MR = MC 可知，企业的销售量是 Q_0，价格为 P^m，该价格高于竞争市场的价格c。

我们可以发现：

(1)垄断企业会以高于社会最优价格（社会最优价格为边际成本）销售产品。

(2)垄断总是在某一价格区域运行，以使需求价格弹性大于1。

(3)企业成本加成比例与需求价格弹性成反比。

> **逆弹性法则**
>
> 垄断企业的产品价格与需求价格弹性成反比。

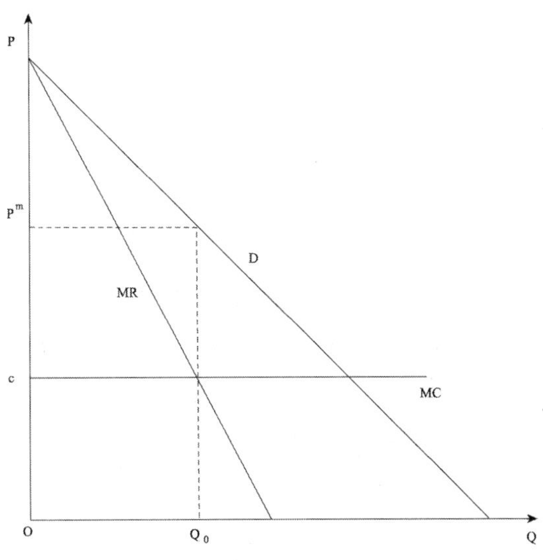

图 6－1 企业的定价

专栏 6－1 汽车的配件价格之和高于整车的价格

“如果把刚买的新车拆散了卖配件，很多车都可以卖出两辆车的价钱来。”不止一位业内人士这样告诉记者。就此问题，记者进行了周密细致的采访和资料收集工作。记者找到了一款厂家自信配件价格远低于同价位其他车的车型资料。在其上万个零配件中，记者选择发动机、变速器等近千个主要零部件，将其价格仔细加了一遍。结果发现，仅仅是这个不完全统计的价格，就已超过整车售价的两倍！

出于严谨负责的态度，记者再次认真仔细地核加了另一款被大家公认配件价格低、市场保有量大的车型的零配件价格，结果再次证实：新车零部件价格之和完全可买两辆新车，甚至还有节余！

为什么会产生这种怪现象呢？究其原因在于，消费者对整车与配件的需求价格弹性不同。消费者没有买汽车之前，对汽车的需求价格弹性大；一旦消费者购买了汽车后，对汽车配件的需求价格弹性就小了。因此，汽车配件的价格要远远高于组装后整车的价格。

资料来源：作者整理得到。

三、成本加成定价

由前面的定价原则可知，企业在定价时其成本加成比例是需求价格弹性的倒数，即：

$$\frac{P^m - c}{P^m} = -\frac{D(P^m)}{P^m D'(P^m)} = \frac{1}{\varepsilon}$$

变形得到：

$$P^m = \frac{c}{1 - \frac{1}{\varepsilon}} = c\left(\frac{\varepsilon}{\varepsilon - 1}\right) = c(1 + \lambda)$$

其中，$\lambda = \frac{1}{\varepsilon - 1}$。

由于需求价格弹性是一个常数，因此，企业的价格可以按照在边际成本的基础上乘以某一系数的原则进行设定。这就是著名的成本加成定价方法。在现实中，企业的边际成本不容易测度，同时为了收回固定成本，企业在采用成本加成定价时，采用如下形式：

$$P = (1 + \lambda)ATC$$

其中，λ 是成本加成比例，ATC 是企业的平均成本。

例如，期望的毛利润率为 20%，平均成本是 10 元。那么企业的价格就可以定为 12 元，即 10 元 ×（1 +20%）。

第二节 价格歧视

一、统一定价的缺陷

前面我们分析了统一定价情况下企业最优的价格制定。那么这时企业得到的利润是最高的利润吗？能否采用其他的方法得到更高的利润呢？答案是还有更好的方法可以得到更高的利润。

由微观经济学知识可知，需求曲线可以表示不同消费者对产品的评价。需求曲线自左上方向右下方倾斜表明不同的消费者对产品的评价不同，有高有低。评价高的消费者愿意支付更高的价格来得到一单位产品，评价低的消费者愿意支付低一点的价格来得到一单位产品。但是在统一定价策略中，消费者购买产品支付的价格相同。这样，评价高的消费者就得到了实惠（消费者剩余）。其实，这些消费者还能够而且愿意支付更高一点的价格来得到这样的商品。因此，厂商完全可以对这类消费者收取更高的价格，获得更高的利润。

因此，统一定价并不是最优的定价策略。同样的产品可以制定多个价格，从而获取更高的利润。这种定价就是价格歧视。

二、价格歧视

价格歧视（Price Discrimination）是指根据消费者的购买特点，企业出售完全相同的商品而向消费者收取不同的价格的行为。例如，许多旅游景点对学生游客半价，但是普通游客却要支付全价。

厂商实施价格歧视的目的是尽可能多地榨取消费者剩余。

现实生活中有两类特殊情况需要注意：

1. 价格出现差异不一定是价格歧视。例如，在竞争市场条件下，制造商将产品既卖给批发商又卖给零售商，收取不同的价格。在这种情况下，制造商把产品卖给批发商收取较低的价格，卖给零售商收取较高的价格，这种价格的差异主要来源于成本的差异，而不是价格歧视。

2. 价格相同也可能是实施了价格歧视。例如，生产工厂在上海的公司，在北京销售的价格与上海的价格相同。在这种情况下，生产企业把产品运到北京的成本要高于在上海本地的产品，但是却收取了相同的价格，相当于在北京销售的产品价格较低，因此属于价格歧视。

由此可见，价格歧视也可以定义为不能反映成本的定价行为。

价格歧视有三种类型：第一价格歧视、第二价格歧视与第三价格歧视。为了介绍方便，我们先介绍第一价格歧视，接着介绍第三价格歧视，最后介绍第二价格歧视。

实施价格歧视是有条件的，具体需要三个条件：

1. 企业具有市场势力。只有具有市场势力的企业才能够对不同的消费者索取不同的价格。在完全竞争市场上，企业仅仅是价格接受者，不可能制定其他的价格。

2. 企业知道或者可以推断消费者对每单位产品的支付意愿。

3. 消费者之间没有套利行为。因为，消费者之间的交换行为会使企业实施价格歧视的愿望落空。

三、第一价格歧视

第一价格歧视（First-degree Price Discrimination）又称完全价格歧视，是指企业以买者愿意为每一单位商品支付的最高价格向买者销售每一单位商品的行为。

那么如何实施第一价格歧视呢？主要有两种方法：

1. 单一产品购买。如果每个消费者只购买一件产品，那么就可以针对不同的消费者收取不同的价格。例如，对第一个消费者收取 P_1 的价格，P_1 就是第一个消费者对该产品的评价；对第二个消费者收取 P_2 的价格，P_2 就是第二个消费者对该产品的评价……依次类推，直到第 n 个消费者，这个消费者对产品的评价等于生产产品的边际成本（如图 6－2 所示）。

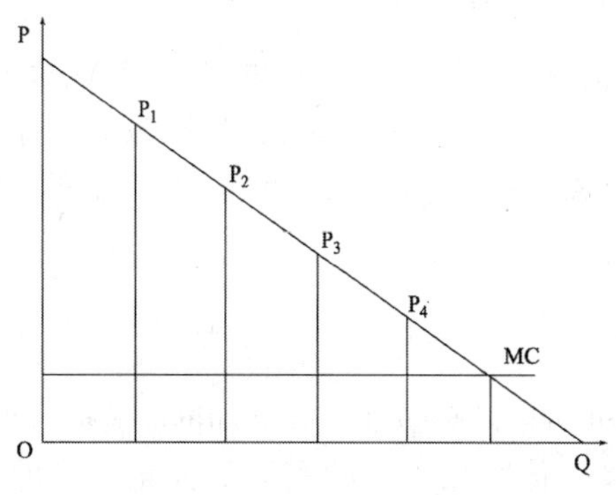

图 6－2 第一价格歧视

2. 多产品购买。如果每个消费者购买不同数量的产品,那么如何对这些消费者采取第一价格歧视呢?可以采用两部收费制的方法实施第一价格歧视。向每一个消费者收取的总费用为:

$$T(q) = CS + c \times q$$

其中,c = MC,CS 为消费者净剩余。

即消费者在购买产品时,需要支付一个与购买量无关的固定费用以及为购买的每单位产品另外支付边际成本的费用。通过这种收费方式,厂商就把消费者的所有消费者剩余都榨取了。

由前面的分析可以看出,实施第一价格歧视的条件十分严格。厂商需要清楚所有消费者的需求信息(包括支付意愿),即厂商与消费者之间的信息是完全的。这一条件在现实中是不可能满足的。因此,现实中没有真正的第一价格歧视。但是现实中有一些近似第一价格歧视的例子。

专栏 6-2 亚马逊在监视你

亚马逊,一家大型电子商务销售商,搜集了海量的有关其 2300 万顾客的购买偏好和购买意愿方面的信息。如果你曾在亚马逊购物,或许已经注意到,它的网站通过称呼你的名字来和你打招呼。

2000 年,亚马逊决定利用这些信息进行动态定价:今天它对消费者的定价取决于消费者近期的活动(包括他们买过什么、付过多少钱、是否选择了快递业务等)和消费者的个人信息(如居住地)。有人发现第一次在亚马逊上查找 DVD《泰特斯》(Titus)时价格为 22.74 美元。但是几天之后,当他再到亚马逊时发现价格涨到 26.24 美元了。当他把用来识别身份的 Cookie 信息删除后,发现价格又回落到 22.74 美元了。一般说来,亚马逊向老顾客收取的价格要比新顾客高出 3% ~5%。

为什么会有这样的变化呢?原来,亚马逊在实施价格歧视。亚马逊通过 Cookie 来了解消费者,进而对消费者进行价格歧视。亚马逊认为一个回头客不太可能像新顾客那样比较不同商店的价格。

资料来源:佩罗夫:《中级微观经济学》,机械工业出版社,2009 年,第 280 页。

第一价格歧视的社会福利效果如何呢?事实上,实施第一价格歧视使产品的产量与竞争市场的产量相同,因此社会福利是最优的,没有产生扭曲。但是,第一价格歧视也不是没有缺陷,其缺陷表现为收入分配不公。通过实施第一价格歧视,厂商把消费者的所有剩余都据为己有。

四、第三价格歧视

第三价格歧视(Third-degree Price Discrimination)是指厂商将消费者区分为不同的群体,并向不同消费者群体索取不同的利润最大化价格的行为。这样,不同群体的消费者支付的价格不同,但是同一群体内部消费者支付的价格相同。

采用第三价格歧视时需要把消费者进行分类，相同的消费者组成一个消费群体（集团）。例如，按性别可以把消费者分为男性消费者与女性消费者。这就可以对男性消费者群体与女性消费者群体制定不同的价格。我们利用图 6－3 进行分析。我们把消费者分为两个群体，消费群体 1 与消费群体 2。其中 D_1 是消费群体 1 的需求曲线，D_2 是消费群体 2 的需求曲线。我们可以看出两条需求曲线的斜率不同，表明两个市场的消费者需求价格弹性不一样，其中消费群体 2 的需求弹性大于消费群体 1 的需求弹性，即 $\varepsilon_2 > \varepsilon_1$。企业根据边际成本（固定常数 c）等于边际收益的原则，即 $MR_1 = MR_2 = c$，在消费群体 1 销售的利润最大化产量是 Q_1，制定的价格为 P_1，在消费群体 2 销售的利润最大化产量为 Q_2，销售价格为 P_2，可以发现 $Q_1 < Q_2$，$P_1 > P_2$。

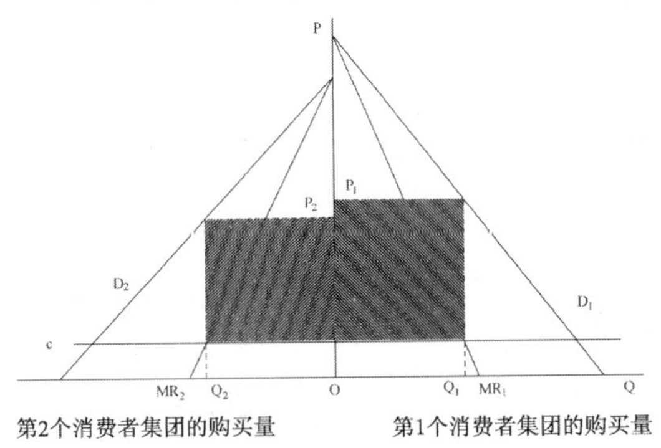

图 6－3　三级价格歧视

根据企业定价的逆弹性法则和两个市场消费需求弹性 ε_1、ε_2，可以得到垄断企业的三级价格歧视原则：

$$\frac{P_1}{P_2} = \frac{1 + \dfrac{1}{\varepsilon_2}}{1 + \dfrac{1}{\varepsilon_1}}$$

这样，凡是属于消费群体 1 的消费者购买每单位产品都要支付 P_1 的价格，而属于消费群体 2 的消费者需要支付 P_2 的价格。在消费需求富有弹性的市场，消费者支付的价格低于消费需求缺乏弹性的市场，购买的产量大于消费需求缺乏弹性的市场。

垄断企业从三级价格歧视中得到阴影部分所表示的利润。可以直观地看出，企业通过三级价格歧视获得的利润大于收取单一垄断价格（如 P_2）所得到的利润。但是比一级价格歧视获得的垄断利润少。也就是说，由于垄断企业不了解消费者的全部信息，所以只能获得部分消费者剩余。

现实中有许多第三价格歧视的例子。例如，火车票对学生是半价销售，对其他人员是全价销售；公园门票对有老年证的老年人是半价，其他人员全价；商场里女装的价格普遍高于男装;鸡蛋的价格在城市比农村价格要高得多……

专栏 6-3 微软 Ofiice 2000 的第三价格歧视

微软将其最受欢迎的办公软件做成各种版本进行销售。标准版本包括 Excel、Powerpoint、Outlook 和 Word,而专业版本除了这四个基本软件之外,还增加了 Access 和 Publisher。微软的 Office 办公软件在各国之间的定价不同,对不同国家实施第三价格歧视。其中英国售价最高,达到 884.48 美元;美国售价最低,只有 469 美元。另外,还对不同用户进行细分,把顾客分为学生与非学生用户。其中学生用户比非学生用户价格要低。一般说来,学生版的 Office 要比其他用户的低 64% ~70%。微软为什么要这么做呢?因为学生的需求价格弹性较高。

表 6-1 2003 年微软 Office 的定价

单位:美元

国家	新加坡	英国	美国
正常价	539.23	884.48	469.00
学生价	180.79	261.90	164.99

资料来源:转引自方博亮、吴常岐、孟昭丽:《管理经济学》,北京大学出版社,2008 年,第 236 页。

实施第三价格歧视有什么条件呢?①信息不对称。实施第三价格歧视的第一个条件是厂商与消费者之间存在信息不对称,厂商不能确切知道消费者的消费意愿等重要信息。②有良好的分组标志。虽然企业与消费者之间存在信息不对称,但是厂商有一个很好的识别标志可以对消费者进行分组。组与组之间的区别很明显,但是组内消费者之间无法识别。③各群体之间不能套利。

专栏 6-4 套利与《华尔街日报亚洲版》定价

《华尔街日报亚洲版》在中国香港、新加坡和东京每天印刷,同步发售。在这三个区域里,报纸的价格差异很大。2006 年 5 月,该报纸在中国香港的年定价是 348 美元,在新加坡的定价是 331 美元,在东京的定价是 845 美元。然而,该报纸网络版的价格在上述三地的价格都是 99 美元/年。

为什么印刷版报纸的价格差别这么大,而网络版的价格却相同呢?主要原因在于消费者的套利。《华尔街日报亚洲版》印刷版很难在不同地区之间套利,因为没有人愿意以较低价格购买过时的新闻。而电子版由于容易通过互联网快速传输,可以在一个地方低买,到另外一个地方高卖,赚取差价。因此,《华尔街日报》选择了对印刷版在香港、新加坡、东京的销售采取第三价格歧视,而电子版仍采用统一定价策略。

资料来源:转引自方博亮、吴常岐、孟昭丽:《管理经济学》,北京大学出版社,2008 年,第 238 页。

常见的分组标志有:年龄、性别、职业、证件、区域等。

第三价格歧视的社会福利效果是不确定的,既可能对社会有利,也有可能危害社会。因此需要对三级价格歧视下产品产量与统一定价下产品产量进行比较分析。

五、第二价格歧视

第二价格歧视(Second-degree Price Discrimination)是指垄断企业根据消费者的类型设计几种“商品—价格”的组合菜单,让消费者进行自我选择(Self Selection)的一种定价行为。

现实生活中有很多第二价格歧视的例子。例如,出版商出版的图书有精装本与简装本之分,精装本的价格要高于简装本的价格;许多商店都有数量折扣,当消费者购买第一件产品时价格为 10 元,但是当购买第二件时只需要支付半价即 5 元即可;超市销售的方便面有 1 包装与 5 包装,1 包装的价格为 2 元/包,5 包装的价格为 9 元(相当于每包 1.8 元);许多商场为顾客办理积分卡,不同的积分享受不同的折扣,例如,积分 1000 可以享受 9.8 折,积分 2000 可以享受 9.5 折优惠等;航空公司提供头等舱与经济舱,头等舱是每排有 2 个座位,而经济舱每排有 3 个座位,这样乘坐头等舱就更舒服,并且可以享受先下飞机的服务,但是头等舱的价格也要比经济舱高得多;航空公司还对白天航班与夜晚航班收取不同的价格,白天航班一般比夜晚航班价格要高;电信公司也是这样,在夜间打电话比白天要便宜 ……这样的例子还有很多。

实施第二价格歧视的条件有三个:

(1)信息不对称。

(2)没有一个有效的标志区分消费者。

(3)消费者不能够套利。

第二价格歧视“商品—价格”组合一般需要利用机制设计理论进行设计,为每一群体的消费者设计适合他们的“商品—价格”组合①。该“商品—价格”组合的基本要求就是满足个人理性约束与激励相容约束两个条件。例如,我们确定 1 包装方便面与 5 包装方便面的价格。其中 1 包装方便面主要是面向不经常吃方便面的消费者;5 包装方便面主要是面向经常吃方便面的消费者。那么个人理性约束(Individual Rational)要求这两类消费者买比不买效用要高;激励相容约束(Incentive Compatibility)要求不经常吃方便面的消费者购买 1 包装的比购买 5 包装的效用要大,同时经常吃方便面的消费者购买 5 包装的比购买 5 份 1 包装的效用要大。由于机制设计的技术性太强,在这里就不详细介绍了。有兴趣的读者可以参考 Tirole(1988)的《产业组织理论》第 3 章或者艾尔玛 · 沃夫斯岱特的《高级微观经济学:产业组织理论、拍卖和激励理论》第 1 章②。

---

① 2007 年诺贝尔经济学奖授予博弈论专家 Hurwicz、Maskin 和 Myerson,以表彰他们在“机制设计理论”方面所做出的杰出贡献。

② Tirole. Jean,“Theory of Industry Organization”,MIT Press,1988(中译本:泰勒尔:《产业组织理论》,中国人民大学书版社,1999 年)。

艾尔玛 · 沃夫斯岱特:《高级微观经济学:产业组织理论、拍卖和激励理论》,上海财经大学出版社,2003 年。

一般说来,第二价格歧视的福利效果不是最优的。要实施第二价格歧视需要以扭曲低需求消费群体的需求为代价。为了让高需求消费者能够购买为其设计的高价格—高数量(或者高价格—高质量)组合商品,需要降低需求消费群体的供应量或者质量,以避免高需求消费者冒充低需求者。历史上最著名的例子是 Duputi(1849)描述的19世纪英国火车的人为区分装备。

专栏6-5 19世纪的英国火车

在火车刚刚出现的时候,英国的二等火车车厢是没有顶棚的,而一等车厢却安有顶棚。不管刮风还是下雨,二等车厢的乘客都要接受大自然的考验。为什么火车公司不给二等火车车厢安装顶棚呢?是因为安装一个顶棚要花费许多英镑吗?

答案:不是!不给二等车厢安装顶棚并不是因为安装一个顶棚要花费许多英镑,而是为了吓跑能够买得起一等车厢车票而想去买二等车厢车票的乘客。

资料来源:泰勒尔:《产业组织理论》,中国人民大学出版社,第186页。

现代高科技企业也在通过破坏产品来实施第二价格歧视。例如,英特尔的芯片、IBM的打印机。

专栏6-6 高科技公司在破坏产品

销售低质量的、事实上"遭受损坏"的商品,作为一种在愿意支付高价与愿意支付低价的消费者之间进行价格歧视的方法十分普遍地运用于高科技企业。

比如,Intel的486微处理器有两个版本:486DX与486SX。尽管这两个版本在运行上有很大不同,但是486SX除了其内部数字协处理器不能工作以外,其他方面就是486DX的翻版……486SX在1991年售价为333美元,而486DX售价为588美元。

1990年5月,IBM宣布推出E激光打印机,该型号的激光打印机比IBM原来流行的激光打印机成本低。实际上,前者与后者的唯一区别在于E激光打印机每秒打印5页,而原来的打印机每秒打印10页,两种打印机使用同样的引擎与相同的零部件,仅有一点差别:E激光打印机加入了一个芯片以降低打印速度。

资料来源:转引自卡布罗:《产业组织理论》,人民邮电出版社,2002年,第167页。

六、三种价格歧视的比较与选择

(一)相同点

三种价格歧视的目的都是榨取消费者剩余,获取更大利润。

（二）不同点

1. 三种价格歧视的本质区别在于信息不对称的程度。如果信息完全，就可以实施第一价格歧视，对每一个消费者收取不同的价格，榨取所有的消费者剩余；如果信息不完全但有一个良好的分组标志可以把消费者分为不同的群体，群与群之间区别很明显，但是群内消费者无法区分，就可以实施第三价格歧视，对每一个群体收取不同的价格；如果信息不完全并且缺乏良好的分组标志，就可以实施第二价格歧视，通过机制设计方法设计不同的价格—数量（或者价格—质量）组合，让消费者进行自我选择，选择对自己最有利的组合。

2. 每种价格歧视的盈利性一般是不同的：第一价格歧视利润高于第三价格歧视，而第三价格歧视利润高于第二价格歧视（如表 6－2 所示）。

表 6－2 三种价格歧视的比较

价格歧视类型	信息	盈利性
第一价格歧视	完全信息	最高
第三价格歧视	部分信息，但是良好的分组标志	第二
第二价格歧视	部分信息，缺乏良好的分组标志	第三
统一定价	没有分组标志信息	最低

（三）价格歧视策略的选择

在现实生活中，对于价格歧视我们如何选择呢？我们可以遵循这样的步骤：首先思考能否实施第一价格歧视，如果能实施就要实施第一价格歧视；如果不能就要看能否实施第三价格歧视，如果可以就实施第二价格歧视；如果不可以就要看能否实施第三价格歧视，如果可以就实施；如果不能就实施统一定价策略。

第三节 两部收费制

一、两部收费制的基本形式

具有市场势力的厂商为了提高利润还经常使用另一种定价策略——两部收费。两部收费（Two part Tariff）是指消费者为购买某一产品需要先支付一个固定费用，然后再为每单位购买的产品支付一个可变费用。

典型的两部收费的收费公式为：

$$T(q) = A + b \times q$$

其中，A 是支付的固定费用，b 是购买每单位产品支付的费用。

例如,电话公司按月收取月租费,然后再按用户通话时间收取电话费就是典型的两部收费制。水、电、煤气供应、俱乐部、高尔夫球场、歌舞厅、游乐园等有时均采用类似的收费结构。

两部收费制的关键就是固定费用 A 与可变费用 b 的确定。那么,如何确定 A 与 b 呢? 为了实现利润最大化,可以让 b 等于边际成本,A 等于完全竞争市场下的消费者剩余,即:

$$T(q) = CS + c \times q$$

其中,CS 为消费者净剩余,c = MC。

如图 6-4 所示,在完全竞争的条件下,当商品的价格 P_e 等于企业边际成本 MC 时,消费者购买单位产量支付的价格为 P_e,购买 Q_e 数量的产品。消费者剩余为图中阴影部分 T。具有一定垄断势力的企业可以实施两部定价法:凡购买本产品的消费者必须先支付一笔固定费用,然后再按照单位价格 P_e 购买所需要的数量。显然,只要固定费用不超过 T,消费者就有利可图。这样,企业通过实施两部定价法将部分消费者剩余转移到了自己手中。

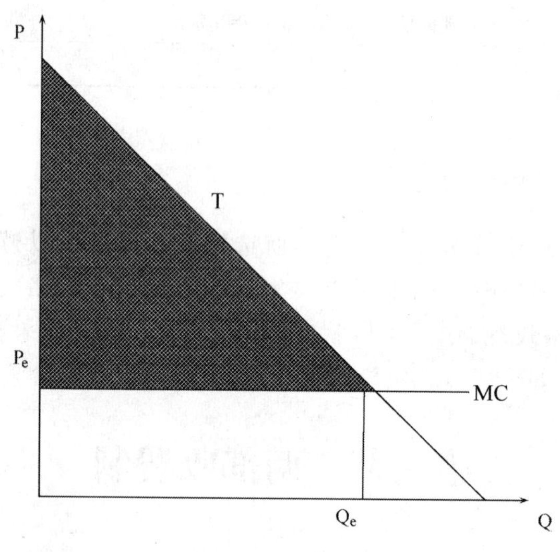

图 6-4 两部收费制

专栏 6-7 中国移动的服务套餐与两部收费制

中国移动有两种主打产品:神州行与动感地带。它们采取了两种不同的定价方式。其中神州行采取了典型的统一定价;动感地带采取了两部收费制。动感地带用户每个月要缴纳至少 10 元的月租(可发 120 条短信),拨打电话需要另外收费,每分钟收费 0.25 元(如表 6-3 所示)。

表 6-3　神州行与动感地带的两部收费制

	固定收费	可变收费
神州行	0	0.60 元/分钟
动感地带	10 元/月(可发 120 条短信)	0.25 元/分钟

事实上,在动感地带系列内还有多种套餐,这些套餐又是由两部收费制构成的。以短信套餐为例,用户发送短信需要支付一定的月租。月租从 10 元/月到 50 元/月不等。超过预定的条数后,每条收费为 0.1 元(如表 6-4 所示)。

表 6-4　动感地带的短信套餐的两部收费制

短信业务类型	固定收费	可变收费
120 条	10 元/月	0.1 元/条
240 条	15 元/月	0.1 元/条
320 条	20 元/月	0.1 元/条
500 条	30 元/月	0.1 元条
1000 条	50 元/月	0.1 元条

资料来源:作者根据中国移动通信网站收费标准整理得到。

在有些两部收费制情况下,产品的边际成本很低、近似为零,在这种情况下,两部收费制就退化为只收取固定费用,没有可变费用了。例如,许多公园只收取入门门票,公园内的各景点不再另外收费;还有很多高级酒店里的自助餐收费也是这个道理。

专栏 6-8　迪斯尼为什么让你在乐园里任意乘坐过山车?

迪斯尼世界主题公园为参观者提供了很多品种的门票选择。对这些门票选择中有一点是相同的,这就是这些门票都包括一次固定入场费,并且允许消费者不需要支付其他费用就可以不限次数地乘坐其设施。例如,如果消费者支付 42 美元购买了一张通票,那么该消费者可以在这一天之内任意乘坐过山车等设施,没有次数限制。

究其原因就在于,过山车等设施只要运行起来,那么增加一名顾客的边际成本就为零。按照两部收费制原则,迪斯尼只需要收一个固定费用(即门票)就可以了。

资料来源:贝叶:《管理经济学与商务战略》,社会科学文献出版社,2003 年,第 406 页。

二、几种常见的两部收费制

如果消费者同质,那么根据上述分析,对于每一个消费者都可以采用同样的两部收费,且固定费用和商品单价相同。但是,如果消费者的偏好不同,那么,求解最优两部定价就比较复杂。如图 6－5 所示,消费者 1 对产品的评价高于消费者 2 对产品的评价,在相同价格与数量的情况下,消费者 1 的消费者剩余(T_1)比消费者 2 的消费者剩余(T_2)要大。企业如何制定两部收费制的价格呢？在这种情况下,有多种两部收费制方法。

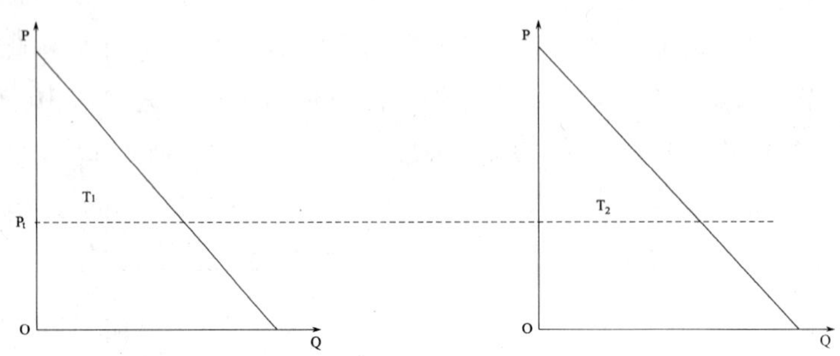

图 6－5　异质消费者条件下的两部定价

方法一:$T(q)=T_2+c\times q$,在这种机制下两类消费者都购买产品。企业获得 $2T_2$ 的利润。

方法二:$T(q)=T_1+c\times q$,在这种机制下只有高需求消费者购买产品,企业获得 θT_1 的利润(其中 θ 表示高需求消费者所占的比重)。

这两种方法哪种方法更好呢？这时候,两部定价在很大程度上取决于消费者偏好的类别,以及各类消费者所占市场份额的大小。例如,在图 6－5 中,如果消费者 2 的数量很少或者占市场份额很小,那么最优两部定价就可以将价格定为 T_1,把消费者 2 排斥于市场之外。

当然还有更复杂的第三种方法。根据前面介绍的第二价格歧视方法,利用机制设计理论为消费者 1 制定一个两部收费制,为消费者 2 制定不同的两部收费制,这样利润会更高一些,有兴趣的读者可以阅读 Wilson(1993)的专著①。

两部收费制一定比统一定价的利润要高。因为,统一定价是两部收费制的一种特殊形式,其中固定费用等于零。

第四节　跨 期 定 价

一、跨期定价的原则

对于跨期产品,如何制定价格呢？这需要根据不同时期产品之间的特征进行分析。我们可以把不同时期产品的特征分为两类:替代品与互补品。

① Wilson. Robert,"Nonlinear Pricing",Oxford University Press,1993.

（一）替代品的跨期定价

替代品是指不同时期产品具有替代特征，如冰箱。消费者今天购买的冰箱就是明天购买的冰箱的替代品。因为消费者今天购买了冰箱，明天就不会再购买了。替代品包括各种耐用品、图书、电影等产品。

对于替代品应当采取先高后低的定价策略。即初期应当制定高价随后制定低价。例如，许多手机在推出新产品时价格很高，但是随着时间的推移价格一路下跌。

为什么要这么做呢？这在本质上是一种价格歧视。因为选择现在购买新产品而不是过一段时间再购买的消费者对该产品比较偏好，并且收入较高，他们对产品的需求价格弹性较小。按照逆弹性法则应当收取较高的价格。随着这部分消费者需求得到满足，剩余消费者的需求价格弹性就相对较高了，因此需要降低价格进行销售。另外，随着产品产量的增加，产品的生产成本也随之降低，也为降低价格提供了条件。

专栏 6－9　出版社应当先推出精装本还是简装本？

出版社图书有精装本与简装本之分。例如，产业组织理论大家、著名经济学家 Tirole 的名著《产业组织理论》有精装本与简装本两种。其精装本的价格是 72 美元，而其简装本的价格只有 34 美元。是因为精装本比简装本印刷成本更高吗？如果你是出版社 CEO，你将先出版精装本还是简装本呢？

一般来讲，国外出版社在出版图书时先推出精装本，让急切需要该图书的消费者都购买精装本，一年后再推出简装本。

资料来源：作者整理得到。

（二）互补品的跨期定价

互补品是指不同时期的产品具有互补特征，如毒品。消费者今天吸食毒品，明天就会上瘾还要继续吸食，这样就增加了今后对毒品的要求。互补品的例子还包括计算机软件、化妆品等。

对于互补品应当采取先低后高的定价策略。即初期应当制定低价吸引消费者购买随后制定高价。例如，许多化妆品在刚推出时消费者对其并不熟悉，因此在最初始制定较低价格甚至免费试用。随着消费者的认可逐步提高价格。

专栏 6－10　卖刀架还是卖刀片？

1903 年，满脑子乌托邦式幻想的推销员金·吉列（King Gillette）已年近 50，却渴望成为一个发明家。他花了 4 年时间发明了可更换刀片式剃须刀。但是遗憾的是销售情况却令人沮丧。在最初销售的 1 整年里，只卖出了 51 副刀架和 168 枚刀片。

但接下来，吉列做的事情却创造了一种全新的商业模式。他以极低的折扣将数百万副刀架卖给美国陆军，以期这些士兵退役还家后，可以变成吉列的忠实用户。

军队很乐意地将刀架当做生活必需品发给了士兵们。吉列还将刀架卖给银行,让银行作为礼品来送给新开户的客户。仅仅过了1年,他就已经售出了9万副刀架和1240万枚刀片。

原来,剃须刀的刀架与刀片是互补的。当消费者免费得到刀架后,他们需要购买刀片才能使用剃须刀刮胡须。这样,金·吉利利用刀片的价格补贴刀架,最终取得了成功。

资料来源:作者整理得到。

二、航空公司的跨期定价

许多航空公司允许顾客提前1年预订机票。航空公司机票的定价也是一个跨期定价问题。那么航空公司是如何定价的呢?

首先,我们分析一下不同时间预订机票的消费者的特点。如果一名消费者提前1个月甚至更长时间预订机票,一般说来这位消费者是普通乘客。他乘坐飞机的目的是旅游或者探亲。如果说一位消费者提前2天或者1周订票,这位乘客可能是商务人士。提前1个月甚至更长时间的旅游乘客之所以提前这么长时间预订机票,表明其喜欢精打细算,那么这类乘客对机票价格比较敏感,需求价格弹性较高,因此可以制定一个低价。提前2天订票的商务乘客大都是公费购买,对价格不敏感,需求价格弹性较低,可以收取高价。

但是还有一类乘客,那就是飞机起飞前2个小时购票的乘客。对他们应当制定什么样的价格呢?一般说来,对他们可以收取一个较低的价格。为什么呢?因为如果飞机没有坐满乘客,增加一个乘客的成本几乎为零。因此,收取较低的价格仍能够盈利(见图6-6)。

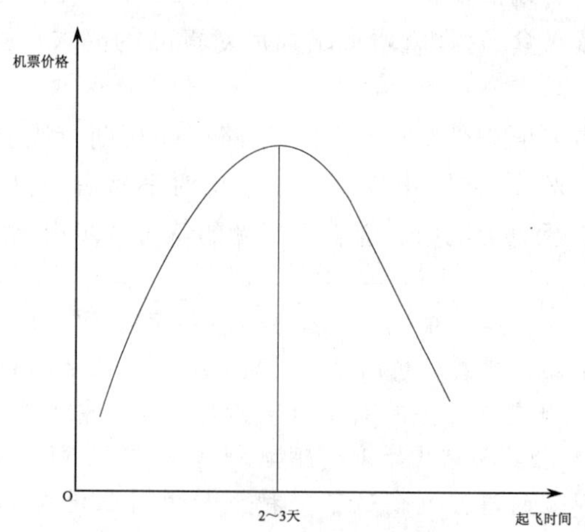

图6-6 航空公司机票价格变化图

三、产品生命周期定价法

生命周期定价法就是借助产品生命周期而帮助企业制定定价策略的定价方法。产品就像人一样,一般要经历几个发展阶段。典型的产品生命周期一般可分为四个阶段:导入期、成长期、成熟期和衰退期。在生命周期的不同阶段,采取价格和营销策略是不同的。

(一) 导入期定价

导入期开始于新产品首次在市场上普通销售之时。当新产品投入市场、进入导入期时,顾客对产品还不了解,只有少数追求新奇的顾客可能购买,销售量很低。为了扩展销路,需要大量的促销费用,对产品进行宣传。这一段时间一般采用低价甚至免费试用方式。

(二) 成长期定价

新产品经历市场导入期以后,消费者对该产品已经熟悉,消费习惯业已形成,销售量迅速增长,这时的产品就进入了成长期。进入成长期以后,老顾客重复购买该产品,并且带来了新的顾客,销售量激增。同时,随着销售量的增大,企业生产规模也逐步扩大,产品成本逐步降低。随后,新的竞争者也会加入到竞争的行列。因此,处于成长期的企业需要把市场进行细分,逐渐提高价格,避免与其他品牌进行正面的价格竞争冲突。

(三) 成熟期定价

产品经历成长期以后,销售量的增长会缓慢下来,利润开始缓慢下降,这表明产品已开始走向成熟期。进入成熟期以后,产品的销售量增长速度缓慢,销量逐步达到最高峰,然后缓慢下降。该产品的销售利润也从成长期的最高点开始下降。市场竞争非常激烈,各种品牌、各种款式的同类产品不断出现。商品进入成熟期后,消费者对于商品的选择能力增强,同时由于生产能力过剩,市场竞争激烈,彼此的市场份额趋于下降。此时,一般采用降低价格或者维持原价。例如,进入 21 世纪后,随着纳爱斯、拉芳等本土日化品牌日益强大,再加上老对手联合利华的夹击,宝洁公司在中国的市场份额已经出现了萎缩的局面。面对残酷的竞争,从 2001 年起,宝洁的全线产品开始有不同程度的降价。在中国不仅将飘柔洗发水降到 9.9 元,甚至在飘柔品牌下推出了沐浴露和香皂,完全和中国本土品牌一个套路,而且价格更低。另外,宝洁力推的单价 2.2 元汰渍洗衣粉的广告随处可见,宝洁希望凭借这款产品挽回自己失去的阵地。

(四) 衰退期定价

当产品进入衰退阶段,大部分消费者已经失去对原有商品的新鲜感,购买人数日益减少。此时,一般采用接近成本的价格。事实上,市场竞争已迫使市场价格接近成本。只要有剩余经营能力,就应把变动成本作为价格的最低限度。如果价格高于变动成本,就表示通过这种商品销售可为经营者带来利益,弥补一部分固定成本。

专栏6-11 摩托罗拉V998/V8088的产品策略

摩托罗拉的两款手机V998和V8088是"V"系列手机的代表,这一系列手机进入市场的四年多历程表明了公司针对产品生命周期的定价策略。

一、短暂的导入期

摩托罗拉公司推出V998手机的市场背景是:摩托罗拉、诺基亚和爱立信三家公司雄踞手机市场的前三位,西门子、三星等品牌还没有引人注意,而国产手机更是悄无声息。因此,摩托罗拉公司不费吹灰之力就成功地将V988推向市场。

二、辉煌的成长期

V998款手机是公司在1999年春天推向中国市场并迅速得到消费者的青睐。该手机的特点是:双频、体积小、大显示屏和大键盘。这些特点在市场上是绝无仅有的,再加上摩托罗拉先进的市场推广手段,很快便凭借其功能和品牌,受到市场青睐。摩托罗拉公司为该手机的市场定价是13000元左右。

三、漫长曲折的成熟期

伴随着新产品的推出,也产生了一系列的问题,如手机生产工艺不成熟、原材料供应不足等。公司通过努力,使新产品的各方面情况逐渐稳定,并且新增加了"中文输入"和"录音"的功能,尤其是"中文输入"功能,深受短信息业务使用者的欢迎。此时,其市场价位也降到了7000~8000元。

与此同时,摩托罗拉也在发展另一款手机——V8088。它完全是基于V998设计出来的,除了具有V998的一切功能外,还有WAP上网、自编铃声、闹钟提示和来电彩灯提示等功能,从外观曲线设计上看也独具特色。与在美国设计的V998不同,V8088是在新加坡设计出来的,更符合亚洲人的审美观点,公司的策略也是只将这款手机投放到亚洲市场。

1999年伴随着新千年钟声的敲响,中国的手机市场刮起了"手机上网"的旋风。而号称"摩托罗拉网上通"的V8088恰恰选择在此时推向市场,因此风靡一时,售价达到8000元以上,比同期的V998高出了2000元。以V998/V8088为代表的"V"系列手机属于公司四类产品特色中的"时尚型",其市场目标是成功人士和一些追求时尚的人们。

风光了近半年以后,随着摩托罗拉以及其他公司一些新产品的推出,V998/V8088系列手机开始逐渐离开高端市场的位置,其市场价格降到了4000元以下。同时,WAP上网的狂热逐渐冷却,V8088的价格也只比同期的V998高出不到1000元。价格的降低非常有效地刺激了市场,这两款手机的市场需求量大大提高。从2000年第三季度起,V998/V8088系列手机成为摩托罗拉的主打产品,其需求量在公司手机产品中名列第一。然而,伴随着V998/V8088需求的大幅上升,又产生了一系列质量问题。在全国的许多地方,消费者手中的产品发现有倒屏、显示不全或黑屏的现象。由于问题的突发性和数量较大、地域较广,加上公司的售后服务没有跟进,致使福建、浙江、四川和贵州等地出现了消费者拒绝购买V998/V8088手机的情况,这两款手机遭受了沉重打击,并可能会影响到后续的V60、V66等还在试制阶段的系列手机。因此,公司采取了断然措施,紧急招回有问题的手机,妥善处理,向消费者真诚道歉。接下来,公司经过努力,发现了产品本身缆线上的设计缺陷,及时予以纠正,终于挽回了市场,V998/V8088系列手机市场第一的位置又失而复得。此时的产品价位已经降至2000~2700元,这个大众化的价位再度刺激了消费需求,使得产品的市场需求旺盛,同时也为后续产品的研发和成长提供了有利的条件。

接下来,伴随着市场的激烈竞争,这一系列的手机已定位于中低档价位并稳定在1500~1700元。这一系列轻巧且功能齐全,依然受到消费者的喜爱。此外,这一系列手机的工艺已经发展成熟、质量和服务稳定。因此,功能、价位和质量等多方面的特点使得这一系列的手机仍然在市场上占据比较重要的地位。

四、不愿但必然的衰退期

值得关注的是,随着技术的进步,手机市场已经开始向2.5G和3G发展,新的GPRS和CDMA取代GSM是一种发展趋势。因此,尚处在GSM时代的V998/V8088系列手机也进入了产品的衰退阶段。按照公司的产品策略,这一系列手机将在一年左右的时间淡出市场。因此,该系列的手机不断降价,2002年2月,在天津V998的市场定价为1700元,但是到了10月,就已经降至1300元了。

资料来源:http://yxwl. njuue. edu. cn/jpkcscyxx/ziyuan9. htm。

第五节 其他定价策略

一、高峰负荷定价

高峰负荷定价(Peak-load pricing)是一种根据不同时间段收取不同价格的定价行为。某些产品的需求与时间有很大的关系。例如,电力的需求在夏天上午10点至晚上12点是高峰,而凌晨3点至早上8点是低谷;同样,航空公司在平时比周末有更多的客流。因此在高峰时间,市场的需求可能会超过企业供给能力。为了保证电力供需的平衡,电力公司可以在高峰时间提高产品的价格以提高企业的利润。例如,上海物价部门从2004年7月1日开始实行为期3个月的“夏季电价”,通过高峰负荷定价引导用户避开高峰、节约用电。决定高峰时段每千瓦时电力价格将提高 0.03 元,低谷时段每千瓦时将降低 0.04 元。

二、交叉补贴定价

交叉补贴(Cross Subsidization)是指当一个企业同时提供一组彼此互补的产品和服务时通过一部分产品的低价措施来争取顾客同时用另一部分的较高价格弥补损失。吉利(Gillette)的买刀片送刀架以及中国移动的充话费送手机活动就是典型的交叉补贴定价。另外,许多著名公司都曾成功运用过这一战略。

专栏 6－12 移动充话费送手机

日前,新一轮"移动充话费送手机"活动已经正式启动。据报道,全球通客户只要承诺达到一定数额的话费,即可获得摩托罗拉、诺基亚、索爱、三星、多普达等 20 多款时尚手机中的一款。

下面我们介绍一下发生在 2010 年 1 月份浙江衢州地区的充话费送手机活动。活动对象是衢州地区 2008 年 12 月 31 日前入网的移动老客户(IP 公话等数据类套餐除外)。活动内容包括:活动期间,充值 100 元话费即可获得价值 330 元的大礼包一份(手机＋新号码 1 个＋100 元话费);新老号码要求均开通家庭统一支付业务和虚拟网(5 元以上包月)/家庭网,且老号码需从办理当月起 1 年内每月话费保底要大于等于 68 元。其中,礼包中的手机从以下机型中任选一款:三星 E1120C、天语 N2200、诺基亚 1682、波导 S230、三星 E1110C(缺货)。

资料来源:作者整理得到。

三、最低价格保证

最低价格保证(Price-matching Guarantees)是零售商为吸引消费者购买,承诺为消费者提供最低价格的产品,否则,消费者可以在零售商限定的期限内索取差价补偿的一种促销政策。这种政策源自于美国的百货业,目的在于增强消费者的购买意愿,进而为商家带来利润。

例如,某超市推行"最低价格保证"条款。该条款规定:如果消费者发现在本市其他超市以更低的价格出售同样的商品,该店将对差额进行 5 倍的补偿。比如,若在该超市花 35 元购买了一袋奶粉,但发现该奶粉在另一家超市只卖 30 元,那么通过与该超市交涉,若按 5 倍差额补偿,将获得 25 元的赔款,结果相当于购买这袋奶粉只花费了 10 元。

四、随机定价

在激烈的价格竞争市场上，厂商使用的另一种定价方式是随机定价。随机定价（Random Pricing）是指厂商随时改变价格的定价行为。当我们到超市购物时，发现超市产品的价格频繁地在变化，这就是所说的随机定价。那么超市为什么这么频繁地改变定价呢？这主要是基于以下两个原因：

第一，阻止消费者在不同厂商之间的套利行为。

第二，削弱竞争对手制定更低价格的能力。

专栏 6－13　航空业的随机定价

每天飞机票价会发生 215396 次以上的变化，这相当于每分钟价格变化 150 次。许多航空公司将大把的金钱花费在企图监视其他航空公司的价格上。以 Delta 航空公司为例，该公司雇用了 147 名员工追踪竞争对手价格，并且快速反应：在某个特定时间里，把超过 5000 次的行业价格变化与 Delta 的 70000 次以上的票价进行比较。在航空价日表出版公司把新的飞机票价归档的前一天，Delta 的计算机就能够追踪到这种新的票价。一旦 Delta 知道竞争对手的价格发生了变化，那么在两个小时之内能够把一个匹配价格输入它的订票系统。

资料来源：转引自米希尔·R. 贝叶：《管理经济学与商务战略》，社会科学文献出版社，2003 年，第 435 页。

五、拍卖

企业与消费者之间的信息不对称制约着企业制定最合适价格的能力。为了缓解甚至克服信息不对称，许多企业采用拍卖的方式制定价格并出售产品或服务。拍卖（Auction）是指以公开竞价的形式，将特定的物品或者财产权利（统称“拍卖物”）转让给最高应价者的买卖方式。在现实经济中，许多经济活动都是通过拍卖的方式进行的。经常被拍卖的物品包括古董、珠宝、精美的艺术品、住房、旧车、农产品等有形资产，也包括一些无形资产，如土地使用权、油田开采权，甚至一些特别电话号码、车牌号码的使用权。例如，美国财政部和加拿大中央银行经常采用拍卖的方式销售政府债券，内务部也定期拍卖石油开采权，中国香港政府每年要公开拍卖大批量的土地给发展商开发使用。这些拍卖的特点是由多位购买者自由竞价，出价最高的买方赢得竞拍。拍卖也常用于定向购买物品或服务，如数家公司竞投承包一项工程或提供某项服务①。目前，拍卖在现实生活中发挥着越来越重要的作用。

---

① 在中国习惯称这种交易方式为招标。

专栏 6－14 从巴比伦到 Ebay

拍卖已有几千年的悠久历史。早在公元前 500 年左右，古希腊著名历史学家希罗多德就记载了古巴比伦人用拍卖方式来购买妇女作为妻子。在罗马帝国时期，拍卖成为人们进行商品买卖的一种普遍形式，如奴隶和战利品的买卖。甚至罗马皇帝也通过拍卖其财产来偿还战争引起的负债。在中国公元 7 世纪左右，和尚死后其私人物品也用拍卖的方式卖掉。

如今，通过拍卖进行的交易数额巨大，交易涉及的行业众多。许多国家政府采用拍卖方式出售国家债券、外汇、各种开采/开发权（如油田的开采权、土地的开发权）；许多大型项目合同也是通过招标的方式实现的。

最近几年因特网（Internet）的崛起使得在线拍卖蓬勃发展。最早的拍卖网站是由欧米达在 1995 年建立的，他在网站上设置了一个小的拍卖程序，于是现在网上的拍卖老大——Ebay 诞生了。人们不但利用计算机技术实现传统拍卖向网络上的移植，同时也创建了不少新的在线拍卖形式，如逢低买入（group buying auction）等。而且拍卖的应用领域大大扩展了，利用拍卖出售日用消费品，将拍卖引入了人们的日常生活。拍卖是目前互联网上最流行的一种动态价格机制。众所周知的 Ebay. com、Onsale. com 都是拍卖网站。

在我国，1999 年 6 月正式开通的雅宝竞价交易网（www. yabuy. com），是中国开通最早的交易网。中国的酷必得、易趣、6688、淘宝网等都是拍卖网站。更有许多传统企业（如钢材、化工、医疗器械、股票等）也将在线拍卖作为一种新的产品分销手段或者采购的价格决定机制。在 Yahoo 上注册的拍卖网站数量，从 1998 年的大约 100 家，激增至现在的大约 2000 家。

资料来源：作者整理得到。

篇末案例

Beyond. com 的定价

Beyond. com 从 1994 年开始在互联网上销售软件。最初，该公司只有 3 名雇员，在位于加利福尼亚 Menlo 公园的一家理发店的楼上办公。到了 1999 年，该公司已经成为一家向个人、公司和政府机构销售商用和通用软件的上市公司。

Beyond. com 以打折的价格销售流行软件。1999 年访问 Beyond. com 网站的消费者都会醉心于许多有趣的定价决策。具体有以下几个方面：

（1）Quicken Deluxe，一种先进的财务软件，对 Macintosh 系统用户售价是 54. 97 美元，对 Windows 系统用户是 59. 95 美元。但是 Windows 系统的用户可以从厂商那里得到 30 元退款，因此净价格为 29. 95 美元。

(2) Encarta Encyclopedia 99,著名的微软电子百科全书,对 Macintosh 系统用户与 Windows 系统用户都是 35 美元。但是,Windows 系统用户可以从厂商处得到 25 美元退款,同时从 Beyond 处可以得到 10 美元的退款,因此是免费的。

(3) 微软公司生产的 Expedia Streets 与 Expedia Trip Planner,以 35 美元的价格捆绑销售。

(4) 对政府与公司部门的大客户实行价格折扣。

资料来源:瓦里、夏皮罗:《信息规则》,中国人民大学出版社,2000 年,第 17 页。

思考题:

1. 试分析 Beyond 公司都采用了哪些定价策略?
2. 这些定价策略是如何实施的?

本章小结

1. 需求价格弹性是影响企业定价的一个重要因素。一般说来,价格与需求价格弹性成反比。

2. 价格歧视是指根据消费者的购买特点,企业出售完全相同的商品而向消费者收取不同的价格的行为。

3. 厂商实施价格歧视的目的是尽可能多地榨取消费者剩余价值。

4. 价格歧视有三种类型:第一价格歧视、第二价格歧视与第三价格歧视。

5. 第一价格歧视是指企业以买者愿意为每单位商品支付的最高价格向买者销售每一单位商品的行为。

6. 第二价格歧视是指垄断企业根据消费者的类型设计几种“商品—价格”的组合菜单,让消费者进行自我选择的一种定价行为。

7. 第三价格歧视是指厂商将消费者区分为不同的群体,并向不同消费者群体索取不同的利润最大化的价格的行为。这样,不同群体的消费者支付的价格不同,但是同一群体内部消费者支付的价格相同。

8. 三种价格歧视的本质区别在于信息不对称的程度。

重要概念

统一定价　价格歧视

第一价格歧视　第二价格歧视

第三价格歧视　逆弹性法则

两部收费制　捆绑销售

思 考 题

1. 许多超市定时销售一些特价产品,但是特价商品的种类每次都是改变的。同样,许多饭店每天都会推出一些特价菜,但是这些特价菜却是固定的。例如,周一醋溜土豆丝特价、周二宫保鸡丁特价……试思考它们之间的区别?

2. 试比较三种价格歧视的异同,在现实中如何选择究竟实施哪种价格歧视?

延伸阅读

1. 汤姆·纳格、约翰·霍根:《定价战略与战术》,华夏出版社,2008 年。

2. 克雷格·C. 扎瓦达、埃里克·V. 罗格纳、迈克尔·V. 马恩:《卓越定价:创造价格优势的定价策略》,高等教育出版社,2008 年。

3. 罗伯特·J. 多兰:《定价圣经》,中信出版社,2008 年。

4. 骆品亮:《定价策略》,上海财经大学出版社,2008 年。

第七章　策略性行为

学习目标

- 了解策略与策略性行为的含义
- 了解非合作策略性行为与合作策略性行为的异同
- 掌握常见的合作策略性行为的本质
- 掌握常见的非合作策略性行为的本质

开篇案例

沃尔玛的成功之道:农村包围城市

沃尔玛(WAL-MART)是2008年全球500强榜首企业。沃尔玛公司由美国零售业的传奇人物山姆·沃尔顿先生于1962年在阿肯色州成立。经过40多年的发展,沃尔玛公司已经成为美国最大的私人雇主和世界上最大的连锁零售企业。目前,沃尔玛在全球开设了6600多家商场,员工总数180多万人,分布在全球14个国家。每周光临沃尔玛的顾客达1.75亿人次。

山姆·沃尔顿面对像西尔斯、凯玛特这样强大的竞争对手,起初为获得优势,采取了以小城镇为主要目标市场的“农村包围城市”的发展策略。沃尔玛开分店首先在围绕配送中心600公里辐射范围内,把小城镇逐个填满——即使是5000人的小乡村也照开不误,然后再考虑向相邻的地区渗透。这样正好使沃尔玛避开了和那些强大对手直接竞争,同时抢先一步占领了小城镇市场,待凯玛特等竞争对手意识到沃尔玛的存在时,后者已经牢牢地在小城镇扎下了根,并且定点战略已经开始强攻大城市,以实现由守转攻的战略转换。就是这条“农村包围城市”发展策略使沃尔玛成为世界第一。

无独有偶,上海联华超市为了赢得胜利,也是采取“以农村包围城市”的策略。它们除了在市郊、城镇布点外,还把长江三角洲作为联华超市拓展市场的理想区域。截至2002年上半年,联华超市在上海的浦东、南汇等区县及苏、浙、皖三省的几十个县市共发展了200多家门店,联华超市商业公司在为当地农村市场输送优质的商品和先进的管理经验的同时,又为当地的名、特、优产品销售打开了销路,同时更为自己赢得了零售业“第一把交椅”的竞争优势。

资料来源:薛选登:《沃尔玛“农村包围城市”战略对中国零售业发展的启示》,《商场现代化》,2006(4)。

思考题:沃尔玛为什么要采取“农村包围城市”的策略?

第一节 策略性行为简介

一、策略性行为的概念

1960年经济学家托马斯·谢林(Thomas C. Schelling)首次在其名著《冲突的战略》中给出了现代意义上的策略性行为(Strategic Behavior)概念。他认为策略性行为是博弈一方以对自己有利的方式影响对方对自我行为的预期判断,从而达到影响对方决策的行为模式[①]。策略性行为可以简单理解为在考虑到其他经济行为主体对其行为依赖性的基础上进行的选择行为[②]。历史上著名的“破釜沉舟”典故就是典型的利用策略性行为转败为胜的案例。项羽通过把锅打破,把船沉入水中,表明了自己誓死战斗的决心,改变了对手的预期,从而使敌兵心中畏惧,最终反败为胜。

专栏7-1 破釜沉舟

有一年,秦国的30万人马包围了赵国的巨鹿(今河北省平乡县),赵王连夜向楚怀王求救。楚怀王派宋义为上将军,项羽为次将,带领20万人马去救赵国。谁知宋义听说秦军势力强大,走到半路就停了下来,不再前进。军中没有粮食,士兵用蔬菜和杂豆煮了当饭吃,他也不管,只顾自己举行宴会,大吃大喝。项羽为此怒火中烧。他杀了宋义,自己当了“假上将军”,带着部队去救赵国。项羽先派出一支部队,切断了秦军运粮的道路;他亲自率领主力过漳河,解救巨鹿。楚军全部渡过漳河以后,项羽让士兵们吃饱,每人再带3天干粮,然后传下命令:把渡河的船凿穿沉入河里,把做饭用的锅砸个碎,把附近的房屋放火统统烧毁。这就是破釜沉舟。项羽用这办法来表示他有进无退、一定要夺取胜利的决心。楚军士兵见主帅的决心这么大,就谁也不打算再活着回去。在项羽亲自指挥下,他们以一当十,以十当百,拼死向秦军冲杀过去,经过连续9次冲锋,终于把秦军打得大败。秦军的几个主将,有的被杀,有的被虏,有的投降。

资料来源:作者整理得到。

---

① 托马斯·谢林:《冲突的战略》,华夏出版社,2006年。

② 《新帕尔格雷夫经济学辞典》(第四卷),经济科学出版社,1996年。

具体到产业组织理论,策略性行为是指一家企业为增加利润而采取的一系列旨在影响市场环境的行动的总称①。市场环境是指影响市场结果(价格、数量、利润、福利)的所有因素,它包括消费者和竞争对手的信念、现有的以及潜在的竞争对手的数量、每家企业的生产技术以及潜在对手进入自己所在行业的成本和速度等。通过操纵市场环境,该家企业可以增加其利润。例如,企业通过阻止其他企业的进入,保持自己在产品市场上的垄断地位,从而一直获得垄断利润。

按照策略影响的时间长短分类,企业可以利用的策略有三大类:短期策略、中期策略与长期策略(如图 7-1 所示)。短期策略是指企业在短期内就可以利用、改变的策略。例如,价格、产量等策略。中期策略是指企业在短期内无法改变,需要一定时间才能利用、改变的策略。例如,企业的生产能力、产品特征、垂直一体化的程度、企业的兼并与重组、销售渠道的建立等。长期策略是指企业在长期内才能利用、改变的策略。例如,企业决定是否生产某种产品的产品定位问题、研发等策略。

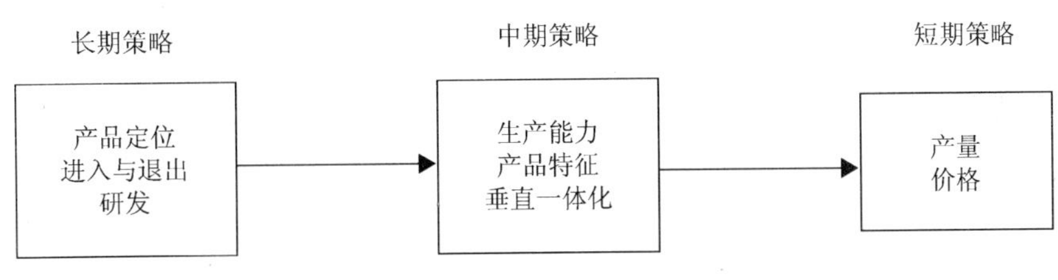

图 7-1 企业策略的分类

二、策略性行为的分类

策略性行为可以分为非合作策略性行为和合作策略性行为。

非合作策略性行为(Noncooperative Strategic Behavior)指那些通过提高自己的竞争地位来最大化自身利润的行为,这些行为一般是通过损害竞争对手的利益来增加自己的利润。

合作策略性行为(Cooperative Strategic Behavior)指那些旨在协调本行业各家企业的行动、限制它们的竞争性行为发生而采取的一些行动。合作策略性行为可以减少竞争,从而增加本行业内各家企业的利润。例如,几家企业联合组成卡特尔就是典型的合作策略性行为。寡头利润取决于卡特尔的每个成员能使其他成员相信,它不会在暗中约定的价格上欺骗它们。所有成员之间越能达成相互信任,相信彼此之间不会通过降低价格来夺取对方的顾客,它们就越能成功地索取一个高出竞争性价格水平的价格,从而增加所有成员的利润。“合作”这个术语并不意味着采取合作策略性行为的企业之间必须明确签订一项采取该行动的协议。由于卡特尔协议为某

① 刘树成:《现代经济词典》,凤凰出版社、江苏人民出版社,2005 年。

些国家反托拉斯法所禁止，采取合作策略性行为的企业之间可以达成一种默契来约束彼此的行动①。

第二节　非合作策略性行为

在非合作策略中，通过改变竞争对手的信念来吓退潜在的竞争对手，使潜在对手相信，一旦它进入，将会遇到现有企业的激烈竞争而根本无法立足。非合作策略要取得成功，必须满足两个条件：

1. 采取策略的企业必须具有先动优势，即为获得竞争优势，企业必须能够先于其对手行动，以图先发制人。

2. 采取策略的企业做出的承诺必须是可信承诺，即它必须使其竞争对手相信，不管对手如何行动，它都将执行该承诺。要使一个承诺可信，就必须使其对手相信该承诺是理性的，使对手相信执行该承诺比不执行该承诺更符合承诺者的利益。

一、提高对手的成本

企业可以从提高竞争对手的成本中受益。为了提高对手的成本，通常企业必须具有一定的市场势力或政治势力。常见的方式有以下几种：

（一）借助政府管制

许多政府都对一些产业实施进入管制。在位垄断企业为了把潜在进入者拒之门外，通过游说政府实施进入管制以此设置进入障碍，把潜在的竞争对手挡在门外。例如，城市出租车牌照的发放就是一种重要的进入障碍。在纽约，只有得到城市出租车牌照的出租车才可以合法上街载客。为了限制外来进入者，执照持有者游说官员限制颁发更多的执照，导致出租车牌照价格在2005年每个高达250000美元，这极大地增加了进入者的成本，从而为已经获得出租车牌照的司机设置了一道“安全防护网”，免于受到更多进入者的竞争压力。在我国这种现象也是比比皆是。最典型的就是电信产业的中国电信对联通公司的成立设置种种障碍与屏障。

专栏7－2　电信与联通的博弈

在1994年之前，我国电信产业是独家垄断的，只有中国电信一家企业提供电信服务。因此电信产业的利润颇高。当时安装一部电话需要交电话初装费几千元，而且还要等上几个月的时间才行。许多部门看到电信产业的利润之高，都想分一杯羹。于是上演了一场争夺与反争夺的战斗。

① 刘树成主编：《现代经济词典》，凤凰出版社、江苏人民出版社，2005年。

在这场博弈中最先登场的是中国人民解放军总参谋部所属的通信兵部。1988年，总参通信兵部上书有关部门，寻求经营电信业之特许权。1989年，两位资深通信专家——中国科学院院士叶培大和张煦教授联名向中央提交了一份题为《按照商品经济的规律改革中国通信管理体制的建议》的报告，建议中央有控制地放开国家对通信的专营权。而邮电部于1990年9月3日向国务院递交了一份题为《关于加强通信行业管理和认真整顿通信秩序的请示》报告。此份《请示》的核心思想在于强调“邮电部是管理全国通信工作的主管部门，负有通信行业的管理职责……主要通信业务必须由国家统一经营”。具体讲，它强调并重申。①公用网和专用网的建设必须统筹规划，提倡并鼓励联合建立。②除军队、铁路等有特殊要求者外，其他部门原则上不得再自行建设长途通信线路。③各部门长途通信所需电路原则上由公用网提供，凡新建长途通信线路均应经邮电部或省、自治区、直辖市邮电管理部门归口会审。④长途通信业务和国际通信业务由邮电部门统一经营。⑤专用网只限内部使用，原则上不得开放公众业务。⑥地区性专用网应纳入当地公用网的规划，经技术改造后组成统一的市内电话网。⑦外商不得参与经营境内电信业。由此我们可以看出邮电部在阻止专用网经营共用事业、继续维持其垄断地位方面一直不懈努力。

1992年6月，中国电子学会、中国通信工业协会和《中国电子报》联合召开了旨在加速发展通信行业的研讨会。该研讨会的主要参加者大都不是来自邮电部门，因而会议的基本倾向是中国电信业管理体制改革势在必行，邮电部门要政企分开，打破垄断，引入竞争、开发市场，充分发挥专业网的作用。几个月后，电子部、电力部和铁道部联合向国务院正式提出“组建联通公司”的请示报告，要求进入公用电信业。这可能是邮电部有史以来面临的最大挑战。针对三部成立联通公司的报告，邮电部为了维持自己的垄断地位，在多种场合陈述其反对组建联通公司的理由：①通信具有全程网络、联合作业、高度统一的特征，具有自然垄断特征。②电信业既是社会共用设施，又是国家的神经系统，事关国计民生、国家安全与主权，非同一般竞争性行业。③由国家统一掌握、统一规划、统一建设，资源可以充分利用，低水平重复建设可以避免。④世界各国在其电话网建成之前，无一不是由国家或国营公司垄断经营。⑤统一经营也有利于公用网标准的制定，从而使公用网的通信质量得到保证。⑥统一经营或垄断经营本身并不排除垄断企业内部的竞争。

在经过几个回合的较量后，国务院于1993年12月14日正式同意电子部、电力部和铁道部共同组建中国联合通信公司（简称“联通”），并发布国务院178号文件。国内外对此反映强烈，许多部门、地方及单位纷纷表示投资入股，有的甚至试图另行组建通信公司。1994年7月19日，联通公司正式成立，有16家股东，注册资本10亿元人民币。至此，一家由多个政府部门组成的联合公司宣告成立。而这一过程经历了6年之久。

但是，成立后的联通公司并不是一帆风顺的。概括起来，联通受到的“特殊待遇”有五条：一是对联通的市场进入进行限制。联通从建立到1996年5月，开始了长话网和市话网的投资，累积3亿多元，但邮电部根据178号文件的解释，否认联通拥有经营一般长话和市话的特许权。联通公司曾向邮电部报送了在27个城市建设长、市话接口局的可研报告，但邮电部的答复是："关于长话业务，联通公司应在对专用网做出安排之后，再行申请；关于市话业务，则你公司没有必要在上述城市建立覆盖全市的与公用网重叠的市话网。"邮电部指令联通与当地邮电主管部门取得共识后再向邮电部申请，而当地邮电局则要求先得到邮电部批准再与它们讨论。据联通反映，邮电部的审批程序最长达两年，最短也要3个月。事实上，联通成立3年以后，仅在移动电话和无线寻呼上取得了一点进展，市话、长话市场始终向它关闭。二是在互联互通上对联通接入市话网进行限制。首先，在审批时间上拖延接口运行的时间，如联通1995年4月5日提出其移动网与京、津、沪、穗等城市的接口汇接报告，5个月后才批准，直到当年12月才开通运行；本来联通先于邮电部建立GSM移动电话系统，但邮电部只是在自己的系统开通后，才批准联通开通。其次，在接口的技术安排和费用分摊上予以限制，如规定联通一个GBS移动交换机只能覆盖一个本地网（邮电部的可以覆盖几个本地网）等。此外，邮电部规定联通的130手机不能拨打119、110、120、122等特种服务。三是在网间付费方面对联通实行垄断定价。邮电部把联通视为一个普通用户，而不是一个平等的公用电信网，在收取网间话费上，不实行对等原则。如联通GSM移动电话接入邮电市话网时，联通要将收入的80%付给对方，而向相反方向接入时，邮电网只需支付收入的10%。四是在号码、无线频率等公共资源的分配上对联通实行限制。联通在1994年9月15日就申请使用的号码资源，但直到1996年仍没有如愿以偿。在1996年4月24日下发的"关于联通公司通信网编码等问题的批复"中，提出"不采取预分局号的办法"，没有批复联通任何一个城市的市话号码，也没有分配给联通长途网的网号或过网号。另外，邮电部规定不许将多余管、线出租给联通，而且把行业标准改为企业标准，对联通实行封锁。五是交叉补贴、低价倾销。比如，在寻呼领域，南京电信通过对电话号码进行摇奖的方式赠送寻呼机，排斥寻呼领域的竞争对手，但江苏省邮电局不仅没有干预，而且要求在全省范围内大赠送。再比如，通过降低移动电话收费抬高市话费用的办法交叉补贴，而排斥只有移动业务的联通公司。

资料来源：盛洪：《竞争规则是如何形成的？联通进入电信业后的案例研究》，《中国制度变迁的案例研究》（第2辑），中国财政经济出版社，1999年。

张宇燕：《国家放松管制的博弈——以中国联合通信有限公司的创建为例》，《经济研究》，1995年。

（二）中伤竞争对手

通常企业会通过中伤竞争对手的产品或市场策略来提高竞争对手的成本。中伤的手段包括：散播谣言、恶意诉讼、派遣商业间谍或破坏竞争对手设备等。

专栏 7－3　维珍航空的遭遇

1993 年，英国航空公司在法庭上承认它运用肮脏手段来对付一家名为维珍大西洋航空公司的小竞争对手。英航职员在维航的计算机中偷取了维航乘客的姓名和电话号码，然后打电话或约见维航乘客，诈称他们的航班或被推迟或超额预定，并引诱其转乘英航航班。英航职员还闯入维航雇员的住宅和轿车，雇用侦探公司揭露维航业主的丑闻，并杜撰一些负面的新闻来诋毁维航。维航董事长理查德·布赖逊对媒体说，与英航竞争就像"是在血库进行的一场血淋淋的竞争"。

资料来源：作者整理得到。

（三）提高转换成本

提高用户的转换成本也是在位垄断企业提高竞争对手成本的重要手段。在位厂商可以设法让消费者难以在未来改用新厂商的产品。这样就提高了竞争对手为了吸引顾客所消耗的营销成本。航空公司的里程积分卡就是一种提高转换成本的策略。

专栏 7－4　航空公司的里程积分卡

近年来，各大航空公司纷纷推出航空里程积分卡优惠活动。例如，国航早在 1994 年就推出知音卡以便吸引顾客。其他航空公司也不甘落后，南航推出明珠卡、海航推出金鹏卡、上航推出飞鹤卡、深航推出尊鹏卡、厦航推出白鹭卡和四川航空推出了金熊猫卡。持有这些积分卡并且乘机里程达到一定数额的乘客，可以享受奖励机票或奖励升舱的优惠活动。这种积分优惠卡事实上就是一种有效的提高转换成本的手段。消费者乘坐某一航空公司飞机次数越多，他能够享受的优惠也越多，这样消费者放弃该公司而选择其他公司的成本也越高。因此，就构成了对潜在竞争厂商的进入障碍。

资料来源：作者整理得到。

二、限定性定价

限定性定价（Limit Pricing）是指在位垄断企业为了阻止潜在进入者的进入，而制定一个低于短期垄断利润的价格，向潜在进入者表明进入无利可图，进而使潜在进入者不进入该市场的一种策略性行为。在位企业通过采取限定性定价，降低价格以影响潜在进入企业对进入市场后利润水平的预期，从而影响潜在企业的进入决策，阻止潜在企业的进入。

采取限定性定价的企业追求的是长期利润最大化，而非短期利润最大化。在采取限定性定价的情况下，产品价格虽然高于平均成本，但低于垄断价格，并没有实现短期利润最大化。那么企业为什么要这么做呢？企业这么做的目的是使其潜在进入者相信进入该行业后会亏损,因此选择不进入。这样,企业在今后就可以保持垄断,获得更高的利润。

为了说明一个在位者如何依靠限制性价格抵制潜在进入,我们假设存在一个存续期为两年的市场。每年的需求是给定的,即 P = 100 - Q。企业每年需要为生产技术投入无法收回的固定成本 800 美元,边际成本是一个常数 10 美元。在第一年内只有一家企业进行生产,我们称为在位企业。在第二年内,有一家企业考虑是否进入该行业,我们称为潜在进入者。如果潜在进入者选择进入,由第四章古诺模型可以计算出,如果两家企业进行数量竞争,那么最优的价格是 40 美元,每个企业的年利润为 100 美元。如果潜在进入者不进入,那么市场还是由在位企业垄断,最优垄断价格是 55 美元,年利润为 1225 美元(如表 7 - 1 所示)。

表 7 - 1 在不同竞争条件下的价格和利润

单位:美元

市场结构	价格	年利润
垄断	55	1225
双寡头	40	100

对于在位企业来说,最理想的结果是第一年与第二年企业都垄断生产,制定 55 美元的垄断价格,每年获利 1225 美元。这样两年的总利润为 2550 美元(不考虑货币的时间价值)。但是,如果第一期制定 55 美元的垄断价格,那么在第二年潜在进入者没有理由不进入。这样,第二年在位企业的利润只有 100 美元。这样在位企业的总利润为 1325 美元。潜在进入者在第二年选择进入。有没有一种更好的定价方式,使在位企业的利润增加呢?如果在位企业在第一年把价格设定得低一些,那么潜在进入者认为进入后的价格将会更低,进入后就可能会导致亏损,那么就选择不进入。进而在位垄断企业就可以获取垄断利润。按照这样的逻辑,假设在位企业在第一年选择 30 美元的价格,那么潜在进入者看到这个价格就会做出如下推理:

如果在位企业处于垄断的时候,价格就仅仅为 30 美元,那么在面临竞争的时候它的价格会更加低。假如我们进入该市场,乐观地估计,价格可以保持在 30 美元,总的市场需求就是 70。如果我们可以达到 50% 的市场份额,我们将卖出 35 单位产品,实现利润为[(30 - 10)×35] - 800 = - 100。如果在位企业的价格低于 30 美元,那么我们亏损的将更多。因此,我们不能进入。

如果,在位企业与潜在进入者都按照这种逻辑思考,那么在位企业就会在第一年选择 30 美元,获得 600 美元利润;在第二年选择 55 美元,获得 1225 美元的垄断利润。总利润达到 1825 美元,高于第一年选择 55 美元、第二年选择 40 美元而获得的利润。这就是一种限定性定价。许多企业在竞争的过程中实施过限定性定价策略。例如,杜邦公司在玻璃纸市场上就曾经利用过限定性定价。在 1924 ~ 1947 年间,杜邦实际上垄断了整个美国玻璃纸产业。杜邦意识到在其竞争对手进入之前降低价格具有优势。于是，杜邦在垄断的情况下采取了低价策略，在 1924 ~ 1947 年间，价格下降了 84.8%，从每磅 2.51 美元下降为每磅 0.38 美元。

专栏 7－5　施乐的限定价格

1960 年，美国施乐公司发明了 914 普通纸复印机，当时，一种竞争技术——电子传真复印也恰被发明了。但后者有两个缺点，一是相对于普通纸复印机而言，它需要纸张涂料，因而增加了成本；二是它的复印质量也较差。同时施乐公司机器的生产成本也较高。因此，在复印市场上，施乐公司并不具有绝对的竞争优势。

据估计，施乐公司复印的垄断价格大约是每页 0.10 美元。针对这一形势，施乐公司采取了限制性定价的方法并做出了相应的价格安排。施乐公司决定对于小客户（每月大约复印 1000 份）的索价接近于垄断价格 0.10 美元/页。而对于中等客户和大客户（每月复印超过 2000 份）只索价 0.05 美元/页。

施乐公司之所以采用这种策略，是因为 914 复印机的生产成本较高，所以对于小客户，电子传真复印每页纸的有效成本较低，施乐公司感觉到它无法阻止外来竞争者进入小客户市场，因此就没有人为地降低价格。但是，施乐公司在中等客户和大客户的市场中具有显著的成本优势。它在向中等客户和大客户降低价格的同时，仍可以弥补平均成本。

事实证明，施乐公司的限定价格策略很成功，截至 1968 年，大约有 25 个电子传真复印企业进入该小客户市场，而在中等客户和大客户市场中，只有 10 家电子传真复印企业参与竞争。

资料来源：贝赞可、德雷诺夫、尚利、谢弗：《战略经济学》，中国人民大学出版社，2006 年。

实施限定性定价的条件：在位企业具有成本优势。限定性定价的有效实施需要实施企业具有成本优势，这样企业在降低价格的时候仍然能够保证盈利，至少不会亏损。

三、掠夺性定价

掠夺性定价（Predatory Pricing）是指一个企业为了把现有竞争对手赶出市场而将价格定在自己的平均成本之下的行为。怎么才能把竞争对手赶出市场呢？一般说来，实力雄厚的企业可以通过降低价格到平均成本之下，致使所有参与竞争的企业经营亏损。这样，实力稍逊的企业由于无法收回成本，入不敷出，最终会被迫离开市场。掠夺性定价的目的是把竞争对手赶出市场。一旦竞争对手离开了市场，掠夺者就能将产品的价格提高到垄断的水平。

采取掠夺性定价的企业在赢得市场的同时，不仅仅伤害了竞争对手，也伤害了掠夺者本身。即采取掠夺性定价的企业是以牺牲短期利益来获取长期利益。因此，当企业在考虑是否采取掠夺性定价决策时，需要权衡其现在和未来利润。如果采取掠夺性定价后企业将会在今后成为垄断企业,同时得到的垄断利润能够弥补当期为了把竞争对手赶出市场而带来的利润损失的话,掠夺性定价就是可行的。

专栏 7-6　麦斯威尔咖啡 VS 福杰士咖啡

1970 年通用食品公司几乎占据了非速溶咖啡市场的 43%,其中大部分被麦斯威尔所占据,并且通用食品是研磨咖啡的唯一全国范围的销售商。当时宝洁的福杰士品牌,作为西部的主导品牌不在东部销售。但到 1971 年,宝洁开始在东部通过试销市场销售福杰士,这些市场包括克利夫兰、匹兹堡、费城、锡拉库扎。在这些市场中,麦斯威尔都占据着领导地位,比第二名的品牌市场占有量多 2~5 倍。

对福杰士品牌的进入,通用食品采取了所谓的"立即防御"策略(Defend Now)。该策略试图将福杰士咖啡在东部的市场份额限制在 10% 以内。这个策略涉及大幅度降低麦斯威尔在这 4 个城市的价格。有证据表明麦斯威尔出售的价格低于平均成本和边际成本。例如,在 1974 年冬,麦斯威尔在匹兹堡以 2.095 美元/磅的价格出售 3 磅的罐装咖啡,而 3 磅灌装未烤制的生咖啡豆价格为 2.1 美元。很明显,通用食品是在给宝洁暗示,它将以进攻式的行为保卫其在东部的主导地位。最终福杰士停止了在东部扩张的步伐,通用食品在随后的几年挣得了更高的利润。

资料来源:作者根据"咖啡大战"改编,参见贝赞可、德雷诺夫、尚利、谢弗:《战略经济学》,中国人民大学出版社,2006 年。

沃德曼、詹森:《产业组织:理论与实践》,机械工业出版社,2009 年。

掠夺性定价者有时为了维护自己的声誉,采取掠夺性定价也是明智的。一些公司公开宣称其公司的使命是主导市场份额,例如美国百得公司(Black & Decker)以及麦考美调味品公司。这些公司宣告:将采取任何必要的行动,甚至进行价格战来保护它们的市场份额。有些公司通过对在市场拓展中采用进攻性行为的员工予以奖励来提高强硬声望,例如,基于市场份额而不是利润来奖励经理。这种奖励将激励员工制定进攻性的价格策略。

并不是所有企业都能够实施掠夺性定价,实施掠夺性定价的企业需要具备以下几个条件:

1. 资本雄厚。由于实施掠夺性定价的企业在伤害竞争对手的同时,自己也蒙受损失。因此,只有资本雄厚的企业才能够承受这样的损失。即实施掠夺性定价的企业必须比其他"猎物"有更多的融资渠道,才能有效地把竞争对手赶出市场。

2. 具有强硬声誉。采取掠夺性定价的企业必须具有强硬的声誉,让竞争对手相信该企业将一直保持低价直至将对手逐出市场。如果缺少这种强硬声誉,那么竞争企业就会认为自己的损失仅仅是暂时的,没有必要把自己的市场拱手相让。

3. 能够收购竞争对手。如果不能彻底把竞争对手打败,当企业提高价格时,被赶出市场的企业可能又会重整旗鼓与企业进行竞争。或者,其他企业通过收购这些资产,进入市场与现有企业进行竞争。因此采取掠夺性定价的企业最好能够收购竞争对手的资产,从而彻底消灭潜在的竞争隐患。

掠夺性定价在我国国企中也很常见。以民航产业为例,出于竞争的原因,我国各航空公司纷纷采取低票价政策以争夺市场份额。特别是进入2008年下半年以来,在部分航线、部分时段内的竞争更是激烈,出现了大量1折、2折票价的机票,严重低于行业的正常平均成本。根据有关方面公布的资料,在平均客座率达到65%的前提下,中国民航国内航线平均成本大约为0.68元/客公里,相当于现行经济舱公布价的7折左右,主要包括航油成本、飞机租赁(或折旧)成本、机场空管航食等供应商成本、航空公司人工成本和管理费用等,其中航空公司不可控制的部分高达85%左右。显然,如果航班上存在的1折、2折机票过多,航空公司在该航班上必然严重亏损,体现出明显的非理性竞争特征。据报道,仅仅是在武汉各航空公司的恶性竞争每年直接造成的损失就达8亿元之多。

为什么这些航空公司在亏损的情况下还要进行价格竞争呢?原因就在于这些航空公司是国有企业。国有企业领导人地位的高低是由企业规模的大小决定的,这就导致了企业盲目扩大市场份额的冲动。另外,国有企业存在预算软约束,企业在扩张过程中产生的亏损是由国家承担,而不是企业承担。这加剧了国有企业之间的掠夺性定价行为。事实上,管办企业与国有企业比私人企业更可能进行掠夺性定价。

四、过剩生产能力

过剩生产能力也是常用的一种策略性行为。企业可能为战略目的而保持过剩的生产能力。依靠拥有过剩的生产能力,在位者就可以影响潜在进入者对进入后情形的估计,并因此阻止其进入。

过剩生产能力具有战略承诺作用。垄断在位者可能决定通过空闲的生产能力给进入者一个“可信的承诺”,如果它们进入,在位者将扩大产量,降低价格,使其进入后无利可图甚至亏损。与掠夺性定价和限定性定价不同,过剩生产能力在信息完全对称的情况下也能阻止对手进入。因为当一个在位者拥有过剩生产能力时,它就能以相对低的成本扩大产出。当在位者面临竞争时,不论进入者利润的影响如何,它都会大规模扩大产量,这会大规模削减进入者的进入后利润。

研究发现,美国制造业的生产能力利用率(Capacity Use)大约只有80%,即有20%的生产能力是过剩的。这20%过剩的生产能力中有一部分是由于需求不足或者决策失误等原因造成的,但是有一部分生产能力是在位企业为了阻止其他企业的进入刻意而为的。美国铝业公司就曾经通过投资过度资本阻止潜在进入者进入精炼铝产业。事实上,杜邦公司在二氧化钛的生产中也利用这一方法阻止其他企业的进入。

专栏 7－7　杜邦二氧化钛生产能力的扩张

二氧化钛是一种用来生产白色或不透明印刷产品和纸张的化学漂白剂。20世纪60年代，生产二氧化钛有三种不同的工序，事实上所有的企业都采用的是硫酸盐法或者类氯化物法，唯一的例外是杜邦公司，它依靠的是20世纪40年代开发的氯化物法。

20世纪70年代早期，污染控制法规的出台限制了硫酸盐法和类氯化物法的使用，因而提高了大部分生产厂商的生产成本。杜邦公司意识到它的竞争对手将很快损失16万吨的二氧化钛的生产能力，同样，它也预测到对于二氧化钛的需求将在13年内增加37.7万吨。因此，1972年，杜邦增加了50万吨的产能来"抢占"市场。其目标是在1985年占有市场份额的65%。杜邦认为其成本比它的竞争对手低了22%，所以它愿意面对面地竞争。

由于在计划增加产量与产能实际增加之间存在时滞，那段时间内，杜邦面临着竞争对手扩张的影响。为了阻止其他企业的进入，杜邦公司使竞争对手知道它当时的计划扩张规模，并且谎称自己已经开始建立一个新的产能为13万吨的工厂。而且杜邦看上去也已经将价格限制在新工厂的平均总生产成本之下。但由于当时的市场需求一直是供小于求，故杜邦的竞争对手们仍然保持高价，拒绝采取跟随行动。这一状态一直持续到1975年年初，市场需求呈现疲软态势，杜邦的竞争对手损失了大量的销售量，被迫迎合杜邦的价格。至此，杜邦公司具备了操纵市场的能力（见表7－2）。

表 7－2　二氧化钛在不同工序下的生产能力（1972～1977年）

		1972年	1973年	1974年	1975年	1976年	1977年	1972～1977年百分比变化率（%）
杜邦公司	氯化物	185	273	340	392	395	395	114
	类氯化物	25	26	27	29	30	30	20
	硫酸盐	55	55	0	0	0	0	－100
NL公司	硫酸盐	180	221	223	223	225	140	－22
SCM公司	类氯化物	25	25	25	60	60	72	188
	硫酸盐	50	50	50	50	55	55	10
AC公司	类氯化物	40	40	40	45	50	50	25
	硫酸盐	70	70	70	60	50	50	－29
GW公司	类氯化物	25	25	27	30	30	30	20
	硫酸盐	42	42	42	42	42	42	0
Kerr公司	类氯化物	45	45	45	50	50	50	11
SW公司	类氯化物	27	27	27	0	0	0	－100

注：SCM公司在1974年收购了SW公司对类氯化物工序的生产。除去这次收购的影响，SCM公司的生产能力增长为33%。

资料来源：①沃德曼、詹森：《产业组织：理论与实践》，机械工业出版社，2009年。②贝赞可、德雷诺夫、尚利、谢弗：《战略经济学》，中国人民大学出版社，2006年，第338页。

过剩生产能力的实施条件：

（1）成本优势。

（2）市场需求缓慢。

（3）过剩生产能力投资是沉没成本。

（4）潜在进入者没有建立强硬声誉的动机。

第三节　合作策略性行为

合作策略性行为是各家企业为了提高利润，弱化竞争，通过串谋方式，要求各企业就某一行为达成一致。合作策略性行为的条件：

（1）合作。

（2）防止参与企业的欺骗。在这种情况下，每个合作企业都有动机欺骗其他企业。因此，需要建立识别企业是否遵守合作的机制。

一、价格卡特尔

卡特尔是由那些希望限制产量、增加行业利润而联合在一起的厂商联盟。一个典型的卡特尔协议订有其成员们同意的规则和惩罚条例。

专栏 7－8　欧佩克

石油输出国组织（欧佩克）是世界上最著名的国际卡特尔之一。1960 年 9 月，伊朗、伊拉克、科威特、沙特阿拉伯和委内瑞拉的代表在巴格达开会，决定联合起来共同对付西方石油公司，维护石油收入，14 日，五国宣告成立石油输出国组织（Organization of Petroleum Exporting Countries，OPEC），简称"欧佩克"。随着成员的增加，欧佩克发展成为亚洲、非洲和拉丁美洲一些主要石油生产国的国际性石油组织。欧佩克总部设在维也纳。欧佩克现有 12 个成员国（截至 2008 年 9 月），它们分别是阿尔及利亚、阿联酋、卡塔尔、科威特、利比亚、尼日利亚、沙特阿拉伯、伊拉克、伊朗、委内瑞拉、安哥拉和厄瓜多尔。2003 年该组织成员石油总储量为 1191.125 亿吨，约占世界石油储量的 69%，其中排在前三位的成员分别是沙特阿拉伯（355.342 亿吨）、伊朗（172.329 亿吨）和伊拉克（157.534 亿吨）。2003 年该组织成员原油产量为 13.218 亿吨，约占世界原油产量的 39%，其中排在前三位的成员分别是沙特阿拉伯（4.215 亿吨）、伊朗（1.865 亿吨）和尼日利亚（1.060 亿吨）。

石油输出国组织的宗旨是，协调和统一各成员国的石油政策，并确定以最适宜的手段来维护它们各自和共同的利益。主要机构有：大会，最高权力机关；理事会，负责执行大会决议和指导该组织的管理；秘书处，在理事会指导下主持日常事务工作。秘书处内设有一专门机构——经济委员会，协助该组织将国际石油价格稳定在公平合理的水平上。为使石油生产者与消费者的利益都得到保证，欧佩克实行石油生产配额制。为防止石油价格飙升，欧佩克可依据市场形势增加其石油产量；为阻止石油价格下滑，欧佩克则可依据市场形势减少其石油产量。

20 世纪 60 年代期间,欧佩克的成效是有限的,因为当时石油供给的持续扩展保持着超前于消费的势头。欧佩克成功的主要原因在于 1973 年中东战争的爆发。随后沙特阿拉伯、科威特和一些较小的阿拉伯国家一致同意大幅度削减它们的原油生产,以使价格大大增加。这里必须记住:在纯粹垄断条件下,提价的唯一途径只能是削减产量和销售,因此,只有在部分或全部成员国削减它们的生产和销售时,欧佩克的卡特尔协议才是有效的。正是由于占中东石油产量很大比重的沙特阿拉伯在 1973 年大幅度削减了产量,欧佩克的卡特尔协议才得以实施了数年,石油输出国的总利润也因此大大增加。

欧佩克卡特尔化的活动对世界石油价格的影响是很大的。1973 年 1 月 1 日,人们可以按每桶 2.59 美元的价格购买沙特阿拉伯的原油。这一价格量的大部分(1.99 美元)归于沙特政府。因此,每桶价格中仅有 0.60 美元被留作抵补私人石油公司的经营成本和利润。但在中东战争爆发的这一年中,每桶原油的价格已上升到了 11.65 美元。实际上,所有的价格增加部分(每桶 11.05 美元)都落在了沙特阿拉伯政府的手中。到 1975 年,沙特阿拉伯政府从每桶 11.25 美元的原油销售价中获取了 10.87 美元。到 1981 年,原油价格已上升到每桶 36.00 美元的水平。

资料来源:作者整理得到。

卡特尔若要成功,必须满足四项基本要求:

1. 卡特尔必须控制大部分现有产量和潜在产量。不存在来自卡特尔外部的有效竞争。

2. 有效的替代品必须是有限的。更确切地说,卡特尔化产品的需求价格弹性必须是非常低的,即需求必须是相对(但不是完全)缺乏弹性的。而且,我们要能够进一步区分短期弹性和长期弹性,因为如果长期存在着这种产品的替代可能性,那么需求的长期价格弹性就会相对较高,从而卡特尔协议就会遭到破坏。

3. 不管经济形势如何,对卡特尔产品的需求必须是相对稳定的。反之,那么任何既定价格下的销售量在经济扩张时期就会大于衰退时期,卡特尔也会发现要在很长时期内维持既定的价格和产量组合将是困难的。在变化不定的世界上,要管理一个卡特尔毕竟更要艰难些。

4. 组成的卡特尔并不总是稳定的。总有一些卡特尔成员企图暗中通过削减价格使自己受益。违约者在价格上的少许下降就将导致其总收益的大幅度增加。因此,对某些卡特尔成员来说,这种收益的增加是颇有诱惑力的,以致它们会主动破坏卡特尔。

二、价格领导

价格领导指一个行业中由某一家厂商率先制定价格,其他厂商随后以该“领导者”的价格为基准决定各自的价格。由于卡特尔的非法性,促使寡头垄断厂商寻求一种更不正规的勾结方式。目前,价格领导已经成为寡头行业中很普遍的一种价格操纵方式。

专栏 7－9　香烟市场的价格领导

19 世纪 90 年代,占据美国国内香烟市场 95% 份额的 5 个厂商合并组成了美国烟草公司,在其随后一系列的商标战中致使大批的竞争者倒闭并巩固了其垄断地位。这一时期,香烟行业的价格主要是由美国烟草公司决定的。

随着针对垄断的反托拉斯政策的形成,1911 年,美国烟草公司在香烟行业的垄断地位消失,超过它的 12 个新的香烟公司成立,此后又经历了将近 10 年的价格挑衅性竞争。在 20 世纪 20 年代早期,价格竞争中止了,共谋价格领导机制逐渐成熟。共谋价格领导机制强调的不是价格领导者的身份是否保持相同,而是是否跟随价格变化,当其他厂商不跟随价格变化时,价格领导者通常撤销价格变化,因为如果领导者没有撤销,一场价格战就会使所有厂商蒙受巨大的损失。在 1923 ~ 1941 年间,3 家大公司——美国烟草公司、雷诺和蓝星,控制着香烟市场上接近 90% 的市场份额。这一时期,香烟市场仅有 8 次价格变动,包括 5 次提升和 3 次下降。5 次价格上涨都首先由雷诺宣布,美国烟草公司和蓝星马上跟随提升价格。3 次价格下降中,美国烟草公司带领 2 次,雷诺带领 1 次。

尽管后来 1931 年的价格上涨导致了新品牌的进入和新公司的成立,并使得三大烟草公司的市场份额有所下降,但直到第二次世界大战后,美国烟草公司和雷诺仍然是价格领导者,1956 年,蓝星试图带领价格上涨,但被两个领导者拒绝了,于是蓝星撤销了这一决定。这一状态一直持续到 20 世纪 70 年代,后来菲利普—莫里斯公司的万宝路品牌确立,使得成为全球销售的领导者,并具有了一定程度的领导力。

资料来源:沃德曼、詹森:《产业组织:理论与实践》,机械工业出版社,2009 年。

根据价格领导厂商的具体情况,价格领导可分为:①成本较低厂商的价格领导。寡头市场上的某些厂商为了保持其产品的市场销路,放弃使自己获得最大利润的均衡价格,而以较低成本厂商的均衡价格作为自己的销售价格。②支配型厂商的价格领导。规模大的一家厂商决定商品的市场价格,其他小厂商按此价格出售自己所愿意出售的产品,小厂商不能满足市场供应的部分,则由大厂商供给。③晴雨表型厂商的价格领导。某些厂商能较及时地掌握市场信息,正确判断全行业的成本及需求状况而成为其他厂商所仿效的晴雨表型厂商,使该厂商成为行业中的价格领袖。

成功的价格领导需要三个基本的要求:一是在整个行业中,定价行为必须是公开(visibility)的。如果企业的价格是保密的,谁也不知道其他竞争企业是如何定价的,那么企业就很难从容地提高价格。二是整个行业必须有共同的动机(common motivation),即通过更好地定价来促进利润的增长,而不是为了销量的急剧增长。也就是说主要的竞争企业必须独立地参与类似的游戏。三是在其他竞争企业内部一定要有坚持不懈地跟随价格领导的决心(resolve)。成为一个真正的价格领导企业需要进行艰难的抉择,要放弃一些可能增加企业销量的客户,建立起对一线价格决策的强有力的控制,或者在提价的过程中把自己的行动清楚地表达给消费者。

三、基点定价

基点定价(Basingpoint Pricing)是一种常见的合作策略性行为。基点定价是指企业选定某些城市作为基点,然后按一定的出厂价加从基点城市到顾客所在地的运费来定价。不少货物,如钢铁和木材,由于产地比较集中,分立的厂商会先把它们集中到某个固定的地点,再从那里向全国各地运送。这样的固定发货地点称为“基点”,而货物在基点的发货价叫“基点价”。接着,当货物从基点运送到各地后,要加上相应的运费,才成为当地的售价。一般地,离基点较近的地区,售价就较低;离基点较远的地区,售价就较高。最著名的基点定价制是钢铁行业长期使用的“Pittsburgh-plus”定价系统 ,现在应用于食糖、水泥、钢铁和汽车行业。

专栏7-10　匹兹堡加价机制

1884~1924年,匹兹堡是钢铁行业唯一的基点,并且所有的钢铁运送都是按照从匹兹堡到目的地运输费用计算的,即使钢铁是从芝加哥或伯明翰装运。如果芝加哥的一个仪器制造商购买了一家芝加哥工厂的钢铁,它也要支付匹兹堡到芝加哥的运费,尽管事实上没有发生运输费用。

资料来源:作者整理得到。

基点定价对于寡头垄断企业来说有两个主要的优势:首先,无论在国内哪里运送,价格是固定的,该机制是维护价格秩序的好方法。其次,所有的厂商在基点机制下都有理由经营得好。

基点价格机制可以很容易地作为解决“囚徒困境”的一种默认共谋的方法。该机制建立起了国内任何地点的同一价格,阻止了价格欺骗。因为如果欺骗者被捉住,行业的其他城市就能够对欺骗者的工厂位置建立起一个低于欺骗者平均成本水平的惩罚性基点,那么降价者在每笔销售中都会承受经济损失,并最终被迫将价格提高到可接受的水平,否则只能离开市场或转手卖给另一个竞争者。

四、最惠消费者条款和低价担保

最惠消费者条款(Most Favored Customer Clause)或者低价担保(Low-price Guarantee)是指销售商向所有顾客做出承诺,卖方不会以更低的价格销售给其他购买者。这种最惠消费者条款具有双重效力。首先,它类似于企业的一种保险条款，不打折，因为一旦打折，还必须把这部分折扣返还给原来的消费者，这就增加了惩罚的力度。其次，它增加了消费者监督的激励，因为消费者一旦发现企业向别的消费者提供折扣，就有追索的权利，这就降低了企业降价的动力。

专栏 7-11 通用电气与西屋的最惠消费者条款

在 20 世纪 50 年代，通用电气和西屋这两个巨型公司之间经常通过直接协商制定价格。可是到了 1960 年，这种定价协议受到反垄断法的限制。

为了规避价格竞争，1963 年 5 月，通用电气引入了一种新的定价政策。如果通用电气将任何一种产品的价格降到定价之下卖给购买者，其他购买者会追诉给予之前 6 个月内购买产品的买家低价格。这就是著名的最惠消费者条款。在通用电气新的定价机制开始运行后，西屋很快采用了这一政策。

最惠消费者条款确保发现背叛行为，并且保证对其进行惩罚。因为将账簿公开于公众监督之下，因此任何降价行为都能被及时发现。如果厂商对某一购买者降低价格，不管是通用电气的购买者还是西屋的购买者，他们都不得不对之前 6 个月内所有的购买者降低价格，这样就确保了惩罚机制。因此，通用电气的任何降价行为都会从根本上损害通用电气的利益，而不是西屋的利益。

资料来源：沃德曼、詹森：《产业组织：理论与实践》，机械工业出版社，2009 年。

五、预告价格变动

预告价格变动是指在价格提高之前提前通知所有企业或消费者，该行业的企业在提价生效前决定是否跟进。如果对手均表示不跟进，倡议提价的厂商就可以不实施提价。在这样的情形中，厂商们就能保证在市场上不以不同的价格销售产品，进而消除了提价的障碍。预告价格变动实际上减少了率先实行价格变动企业担负的风险。

六、分割市场与固定市场份额

有些寡头企业通过分配给每一个企业一定的购买者或者地理区域从而成功地维系了合谋。因为一旦有企业降价，那么某一地区的销售就会减少从而背叛行为易于被察觉。

七、综合运用各种策略

本章我们介绍了几种常见的策略性行为。现实中的企业是如何使用这些策略的呢？Robert. Smiley 的研究发现现代企业往往综合运用各种策略。表 7-3 是 Smiley 通过调研发现各种策略的运用情况。

表 7－3　不同策略的使用频率表

	新产品				
策略	频繁	经常	偶尔	几乎不	从不
构建过剩生产能力	6	16	20	22	36
增加广告	32	30	16	17	5
增加对手成本	31	25	15	12	17
树立强硬声誉	10	17	27	24	23
限定性定价以阻止进入	2	4	17	34	44
限定性定价以缓解进入	3	8	21	33	35
干中学	9	17	29	27	18
	现有产品				
策略	频繁	经常	偶尔	几乎不	从不
构建过剩生产能力	7	14	17	32	30
增加广告	24	28	26	14	7
增加对手成本	11	20	16	31	23
树立强硬声誉	8	19	22	31	21
限定性定价以阻止进入	7	15	21	32	25
限定性定价以缓解进入	6	14	21	32	27
产品多样化	26	31	22	14	6
隐藏利润	31	28	20	10	12

篇末案例

X 公司是一家生产计算机芯片的公司。目前,X 公司每年生产 300 万件,生产成本是 10 亿美元。X 公司了解到有一家公司 Y 也正在考虑建造一个生产相同芯片并且相同规模的公司。市场需求如下表所示。

产量(万件)	单价(美元)
300	700
600	400
900	200

思考题:如果你是 X 公司的 CEO,你会怎么做?

本章小结

1. 策略性行为是指一家企业为增加利润而采取的一系列旨在影响市场环境的行动的总称。

2. 策略性行为可以分为非合作策略性行为和合作策略性行为。

3. 非合作策略性行为是指那些通过提高自己的竞争地位来最大化自身利润的行为,这些行为一般是通过损害竞争对手的利益来增加自己的利润。

4. 合作策略性行为是指那些旨在协调本行业各家企业的行动、限制它们竞争性行为发生而采取的一些行动。

5. 限定性定价是指在位垄断企业为了阻止潜在进入者进入,而制定一个低于短期垄断利润的价格,向潜在进入者表明进入该市场无利可图,进而使潜在进入者不进入的一种策略性行为。

6. 掠夺性定价是指一个企业为了把现有竞争对手赶出市场而将价格定在自己的平均成本之下的行为。

7. 现代企业往往综合运用各种策略,而不是单一策略。

重要概念

策略性行为　　合作策略性行为

非合作策略性行为　　掠夺性定价

限定性定价　　基点定价

最惠消费者条款　　价格领导

思考题

1. 分析限定性定价与掠夺性定价的区别。

2. 分析国美为什么要提出三补差价补偿。

延伸阅读

1. 托马斯·谢林:《冲突的战略》,华夏出版社,2006 年。

2. 纽豪斯:《最高的战争:波音与空客的全球竞争内幕》,北京师范大学出版社,2007 年。

3. 贝赞可、德雷诺夫、尚利、谢弗:《战略经济学》,中国人民大学出版社,

2006 年。

4. 布鲁斯·格林沃德、贾德·卡恩:《企业战略博弈:揭开竞争优势的面纱》,机械工业出版社,2007 年。

5. 格马瓦特:《战略管理》,北京大学出版社,2009 年。

6. 格玛沃特:《产业竞争博弈》,人民邮电出版社,2002 年。

7. 迈克尔·波特:《竞争优势》,华夏出版社 ,2005 年。

8. 迈克尔·波特:《竞争战略》,华夏出版社 ,2005 年。

9. 米勒:《活学活用博弈论》,中国财政经济出版社,2006 年。

10. Dixit. Avinash, Barry. J. Nalebuff:《策略思维:商界、政界及日常生活中的策略竞争》,中国人民大学出版社,2002 年。

11. Dixit. Avinash, Barry. J. Nalebuff:《妙趣横生博弈论:事业与人生的成功之道》,机械工业出版社,2009 年。

12. Dixit. Avinash, Susan. Skeath:《策略博弈》,中国人民大学出版社,2009 年。

13. Ghemawat. Pankaj, "Commitment" Free Press, 1991.

第八章 纵向关系

学习目标

- 掌握纵向一体化
- 掌握纵向分离
- 掌握纵向约束

开篇案例

昙花一现的土掉渣烧饼

在2005年年初,27岁的武汉女大学毕业生晏琳凭着“外婆做的烧饼大家都爱吃”的信念,第一个将土家族烧饼引入武汉。开张当日便出现卖断货的销售状况,不仅让晏琳自己大吃一惊,也震动了武汉三镇的小吃界。紧接着,“掉渣烧饼”很快就风靡武汉,进而席卷全国众多大城市,众多加盟店如雨后春笋。

据不完全统计,北京各式掉渣饼店在高峰时期已经超过500家。相比之下,全球餐饮连锁巨头肯德基在北京的数量刚过百家,而麦当劳还不足百家。

然而,2006年3月中旬之后,掉渣烧饼开始退热——商家没有了利润,消费者尝鲜的热情开始退去。

特别是“黑心猪肉”事件的曝光更是加速了“土掉渣”的衰退。随着前一阵子掉渣烧饼的走红,许多大量使用变质猪肉和“垃圾肉”做馅料的黑作坊也应运而生。据工商部门查处的一家“垃圾肉”作坊主表示,“每天用我家的肉加工的掉渣烧饼有2万个!”

由起点加速度起跑,盛况空前,然后“百家争鸣”,直至遭遇尴尬,接下来则戛然熄火,掉渣烧饼似乎创下了“最短命”纪录。

资料来源:作者整理得到。

思考题:为什么土掉渣烧饼成为昙花一现的品牌?

第一节 企业间的纵向关系

前面几章的分析,我们都假设企业既生产产品与服务,又负责向消费者直接提供这些产品与服务。但随着社会分工的出现,实际上大多数企业仅仅专注于某一方面,如只负责生产产品,而向消费者销售产品的工作由其他企业完成。例如,家电生产商负责电视机等家电的生产,生产完成后则由家电销售商负责向消费者进行销售(如国美、苏宁)。最著名的案例莫过于大家都熟悉的耐克公司了。耐克公司只集中于研发与营销两个环节,其他环节都外包给了其他企业。

专栏 8-1 耐克的成功之道

耐克(Nike)是世界最大的运动鞋供应商之一。从1992年到1998年,这家公司的股东获得了超过30%的股本收益。这种成功在很大程度上是建立在业务外包与采购战略成功的基础之上的。

耐克公司只负责研发与营销这两个附加价值最大的环节,除了关键技术部分(耐克鞋的气垫 Nike Air System)之外的其余环节都交给外部供应商来完成。这家世界运动鞋霸主没有直接的原材料供应商,甚至没有自己的工厂。在很多发展中国家的工厂里,耐克鞋被日夜不停地生产出来,而工厂的主人却不是耐克。这些工厂拥有自己的原料供应商——布匹、塑料、生产设备等。而这些供应商们也同样拥有自己的供应商……

耐克无疑是成功的。从生产到广告、从仓储到市场调研等,都是通过业务外包与采购得以实现的。

资料来源:作者整理得到。

一、纵向关系

事实上,企业是一系列复杂活动的集合体,企业内部形成一个长长的纵向链条。企业的生产过程需要经过原材料采购、元器件制造、组装、销售等多个环节(如图 8-1 所示)。例如,汽车产业包括钢铁、橡胶、电子设备的生产,零部件的组装,汽车销售等多个环节,这就牵扯到众多生产厂商之间的合作与竞争的博弈行为。

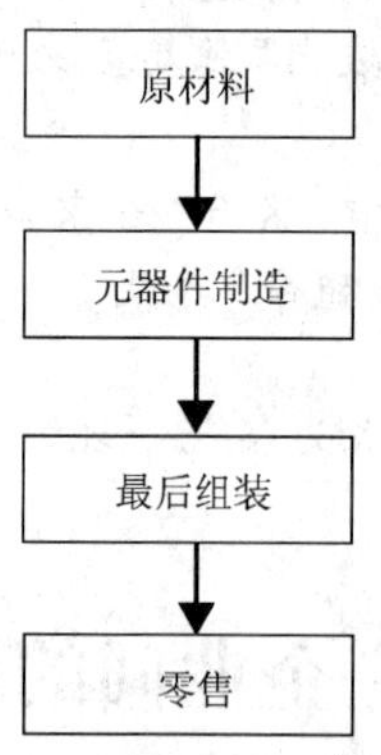

图 8-1 纵向关系或纵向链条

我们来分析一下计算机产业的生产链。原材料企业包括专业的制陶、化工和金属等企业,如日本的京瓷公司,它生产半导体制造陶瓷的基片。这些企业把它们的产出销售给元器件制造商,如英特尔公司和 Micron 技术公司。元器件制造商把购买的陶瓷、化工和金属制品转换为计算机器件,如微处理、磁盘驱动器以及存储芯片等。然后,这些元器件就出售给苹果、戴尔、惠普等组装公司,组装公司又把这些元器件转换为个人电脑。在第四个阶段,戴尔、惠普、苹果等把个人电脑产品直接销售给最终顾客,或者分销给 OfficeMax、CompUSA、国美、苏宁等分销商,由他们出售给最终的客户。

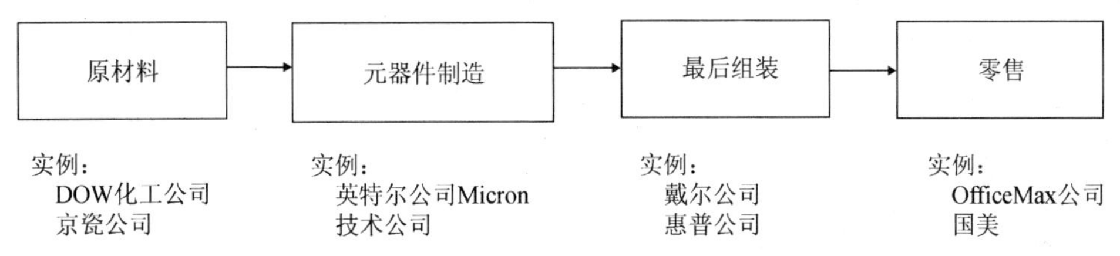

图 8-2 计算机产业的产业链

事实上,现代社会就是一个由分工与合作组成的复杂的网络链条。在这个网络链条上,每个企业与其他企业发生这样或那样的联系,企业间的纵向关系非常丰富和复杂。为了便于分析,我们一般对企业间的纵向关系进行简化,把发生这种纵向关系的主体简化为两个主体:上游企业与下游企业。一般将处于价值链上游的企业称为上游企业(记为 U),将处于价值链下游的企业称为下游企业(记为 D)。上游企业的产出就是下游企业的投入,上游企业与下游企业之间呈现一种纵向关系。例如,研究原料供应与生产关系问题,那么原料供应商就是上游企业,生产企业就是下游企业;而研究生产与销售关系问题,那么生产企业就是上游企业,销售公司就是下游企业。这样,上游企业不是直接面对最终消费者,而是与其他企业发生联系(如图 8-3 所示)。

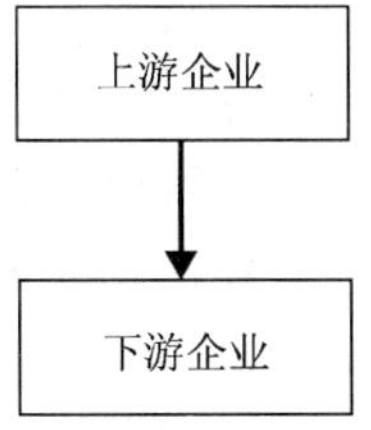

图 8-3 抽象的企业纵向关系

二、纵向关系的特点

生产商和零售商之间的这种纵向关系与生产商和最终消费者之间的关系不同。

主要体现在以下两个方面：

第一，把产品直接出售给消费者的生产商通常能控制决定消费者需求的大多数变量，如价格、质量、广告、销售服务等。但是，如果生产厂商将产品出售给零售商，情况就大不相同了。许多最终需求的决定性因素并不在生产商的控制之中。例如，销售服务的水平和地区广告权通常由零售商来控制，特别是零售价格，这个最重要的决定因素也由零售商来控制，而不是生产商。

第二，零售商之间会相互竞争（而消费者不会）。特别是，每个零售商不仅关心自己支付给生产商的批发价格，也关心其他零售商支付的批发价格。这是因为批发价格决定了零售商的边际成本，而且零售商在销售产品的过程中存在着直接竞争。

三、纵向链条的类型

企业的纵向关系分为两种类型：纵向一体化与纵向约束。纵向一体化是指上下游企业的控制权合二为一。纵向一体化主要研究企业的纵向边界问题。即研究在生产、销售某种产品的产业链上，有多少连续的生产阶段是由同一企业控制的。纵向约束是指上下游企业的控制权分离的情况下，上下游企业在交易时对对方进行种种限制，以此希望能够达到一体化的效果，同时又避免一体化的成本。从某种意义上说，纵向一体化和纵向约束是替代关系。

第二节　纵向一体化

一、纵向一体化的定义及分类

纵向一体化是指上下游企业的控制权合二为一。我们关于纵向一体化的一般定义，简单来说就是这样一种厂商的行为，这种厂商在某一产品生产过程中占有多种不同的连续阶段。例如，某个烧煤的火力发电公司购买一个煤矿，或一个制鞋厂购买一个卖鞋的零售店。纵向一体化主要研究在生产、销售某种产品的产业链上，有多少连续的生产阶段是由同一企业控制的。即纵向一体化研究企业的纵向边界问题。

纵向一体化有两种类型：前向纵向一体化与后向纵向一体化。当纵向一体化是沿着生产要素或供给方向发生时，它是后向一体化。例如，我国矿业企业、石油企业等资源型企业为了保证资源以及原材料的供应，纷纷到国外扩展业务，收购原材料，供应商就是一种后向一体化。当一体化可获得分配、装配或精加工等便利时，即为前向一体化。前向一体化可获得生产过程中的一个阶段，而这一阶段又是更接近于最终消费者的。

二、纵向一体化的理由

（一）降低交易成本

企业与企业之间的交易是通过签订合同实施的。但是，签订合同是有成本的，包括文书的成本、监督的成本等。每一次交易都需要签订合同，那么企业的成本支出是庞大的，为了避免签约的成本，企业之间就有了一体化的动力。

（二）保证重要原材料供应

企业为了保证重要原材料的供应，有时需要采取纵向一体化战略。1919 年，通用汽车和费雪车身公司签订了一个为期 10 年的合同。合同规定，通用以成本加上 17.6% 利润的价格，将全部封闭式金属车身业务交给费雪。但这一价格不能高于其他类似供应商的平均价格，一旦发生价格纠纷则诉诸仲裁。双方没有料到，几年后市场对通用汽车的需求大量增加。通用认为，由于采取成本加成制，费雪公司因此会采取一种相对没有效率的、偏向劳动密集型的技术，这明显提高了通用的购买成本。此外，费雪拒绝将其工厂建在通用的组装厂附近。由于费雪倾向于采取无效率的生产方式以及拒绝靠近通用建厂，通用难以忍受这种行为，遂在 1926 年将费雪完全收购。

（三）消除外部性

在开篇案例中，我们发现只要有一家“土掉渣烧饼”存在质量问题，其他经营该产品的商家也会受到影响，即同一品牌的加盟店之间存在负的外部性。同样，一家加盟店如果做广告，那么受益的不止它一家，其他经营商家也会受益，即同一品牌的加盟店之间存在正的外部性。不论是正的外部性还是负的外部性，对于总公司来讲都是不好的。因此，可以通过纵向一体化形式消除外部性。

（四）避免政府干预

纵向一体化的企业可以通过上下游的内部转移价格来转移利润，逃避政府管制。例如，在跨国公司中，可以通过较低的内部转移定价将上游部门的零部件从税率较高的地区卖给税率较低地区的下游部门。

（五）增加垄断利润

实行纵向一体化，相当于把另外一个价值增值的环节放入囊中，增加了一个提高利润的机会。另外，纵向一体化能够成为垄断企业实施价格歧视的工具，增加垄断利润。

专栏 8-2 美国铝业通过纵向一体化实施价格歧视

在20世纪30~40年代铝主要被用来制造5种产品:钢和铁(铝是重要合金)、厨具、电缆线、汽车零件以及飞机。但是这5种产品的需求弹性是不一样的。根据Perry(1980)的统计,厨具、电缆、汽车零件的弹性很高,而钢铁、飞机的弹性很低(见表8-1)。按照利润最大化的要求,应当为厨具、电缆、汽车零部件用铝制定较低的价格,而钢铁、飞机用铝制定较高的价格。由于套利的存在,这样的安排是很难实施的。为此,美国铝业公司垂直兼并了3个弹性较大的市场:厨具、电缆和汽车零部件。这使得美国铝业可以保持它对钢铁和飞机产业的高价格。

表 8-1 不同产业对铝的需求弹性及纵向一体化程度

产业	铝的需求弹性	是否被美国铝业一体化
厨具	富有弹性($\varepsilon = -1.6$)	是
电缆	富有弹性(铜可替代)	是
汽车零部件	富有弹性($\varepsilon = -1.5$)	是
钢铁	缺乏弹性(没有替代品)	否
飞机制造	缺乏弹性(目前没有替代品)	否

资料来源:卡尔顿、佩罗夫:《现代产业组织》,中国人民大学出版社,2009年。

纵向一体化还可以通过同时提高投入品的价格和降低最终产品的价格策略来打击竞争对手。早在1930年以前,美国铝业公司垄断了铝锭铁(一种投入品)的生产,为了有效地打压竞争对手,美国铝业公司一方面提高了铝锭铁的价格,另一方面降低铝片以及其他制成品的价格。美国铝业公司的这一措施给其他非一体化公司(如雷诺)带来了非常严重的问题。雷诺的投入品价格上升而制成品价格下降,公司损失严重。而美国铝业公司却能够经受住制成品利润的降低,因此,最终它的铝锭铁市场的利润增加了。

(六)消除市场力量

许多企业特别是制造企业,为了消除下游销售渠道的市场势力,通过纵向一体化方式收购或建立了自己的销售渠道,以便消除下游的市场力量。

专栏 8-3 国美与格力的闪电分手

我国有国美、苏宁两家大的电器零售商。它们在家电销售中扮演着重要的角色,是重要的销售渠道。

2004年3月,一度合作愉快的空调大王"格力"与家电零售巨头"国美"传出了"分手"的消息。"格力国美分手"事件起因就在2004年3月初,成都国美的6家店在相关媒体上刊发广告,大幅降低格力两款畅销空调的价格,零售价原本是1680元的1P挂机被降为1000元,零售价原本为3650元的2P挂机被降为2650元,降价幅度可谓之大。

格力认为国美在未经自己同意的情况下擅自大幅度降低了格力品牌空调的价格,破坏了格力空调在市场中长期稳定、统一的价格体系,并有损其一线产品良好形象,因此要求国美"立即终止低价销售行为"。在交涉未果的情况下,格力决定正式停止向国美供货,开辟自己的营销渠道。这也是格力首次公开对商业连锁巨头国美说"不"!

资料来源:作者整理得到。

三、纵向一体化的成本

纵向一体化厂商供应自己的生产要素或销售自己产品的成本可能高于依靠有效地为这些需求提供服务的厂商的成本。例如,在 20 世纪 90 年代初,通用汽车公司需要的 68% 的零部件是自己生产的。与此形成鲜明对比的是丰田公司这一数字只有 28%,克莱斯勒只有 30%。结果通用汽车公司在 1992 年支付给其子供应商雇员的工资和福利为每小时 34.6 美元,而其竞争对手通过独立供应商供应完成相同工作的花费只有一半。

另外,随着企业规模扩大,管理的难度和成本都将增大,管理成本增加,管理就会出现无效率即 X 无效率。相比而言,与竞争性市场进行交易的益处是由其他人监督生产,因此成本较低。

四、纵向分离

由前面的分析可以得知,纵向一体化既有收益又有成本。如果企业进行纵向一体化的收益大于纵向一体化的成本,企业就会采取纵向一体化的模式;反之,如果企业进行纵向一体化的收益小于纵向一体化的成本,企业就会放弃纵向一体化,进行纵向分离。

进入 21 世纪以来,随着技术的进步,企业纵向一体化的收益越来越小,而成本越来越多。因此,许多一体化的企业也开始回归到一体化前的状态,出现了纵向分离的新趋势。例如,耐克(Nike)、贝纳通(Benetton)甚至克莱斯勒(Chrysler)都开始了纵向分离的结构变革,它们仅仅亲自完成纵向链条中的少数任务,而将大多数职能外包给独立的承包商。思科公司从事路由器和交换机的业务,但是它并不制造路由器和交换机,而是由 Flextronics 公司、Jabil 电路公司等合约制造商制造的。思科公司的工作是设计和销售路由器和交换机,并协调供应链,使路由器和交换机的供应与其需求相匹配。纵向分离并不仅仅是制造业的专利。无独有偶,许多非制造业企业也把部分非核心业务剥离给了其他公司。例如,BP Amoco 公司把大部分人力资源职能外包给一家叫做 Exult 的公司,5 年的交易额达到 6 亿美元;美洲银行也把 15 万员工的人事管理业务外包给了 Exult,为期 10 年,交易额为 11 亿美元;美国运通公司把核心技术职能外包给了 IBM 公司，为期 7 年，交易额高达 40 亿美元。

纵向分离与业务外包（外部采购 Outsourcing）、OEM[①]、模块化生产（Modulization）[②]等词汇是联系在一起的。即企业将某些活动外包给其他独立企业，进而缩小自己专业范围的活动。一项调查发现，20 世纪末大约有 54% 的企业把制造程序或服务外包出去[③]。另一项调查估计，全球产品制造中约有 56% 外包给了专门从事制造的企业[④]。正如惠普公司（HP）的前首席执行官约翰·扬（John. Young）曾这样形容它们的纵向分离行为："过去，我们一直亲自打造产品所需要的所有金属铁片，塑造每一个塑料零件。但现在，我们再也不做这些事了，因为有人会为我们做。"

纵向分离最典型的表现就是 PC 产业。在 20 世纪中叶电脑诞生之初，或者确切地说，在 IBM 推出 360 电脑系统之前，全球电脑市场的格局都是纵向一体化的，并且不同品牌的电脑在软硬件上互不兼容。到 1964 年，IBM 的设计者在开发 IBM 360 时创造性地采用了"模块化"原理并通过"模块化分解"和"模块化集成"实现了计算机发展史上里程碑式的重大创新。IBM 采取垂直分工的策略，将芯片外包给 Intel，将操作系统外包给微软。这一策略的结局大家都非常熟悉，IBM 催生了行业内的两大巨头 Intel 与微软。这种纵向分离策略使 IBM 迅速打败苹果，打下产业龙头地位的基础，同时也可以发挥 IBM 在大型机器设计、制造、销售等核心能力方面的最佳选择。进入 21 世纪以后，IBM 又进一步采取了纵向分离的策略，把 PC 业务出售给了联想公司，不再从事 PC 的制造与销售，专注于服务器、软件以及其他服务业务。

专栏 8-4 IBM 的转型

2004 年 12 月 8 日，IBM 公司宣布将个人电脑业务出售给中国的竞争对手联想集团，交易额 12.5 亿美元。联想集团将向 IBM 支付 6.5 亿美元现金以及 6 亿美元股票，即联想集团 18.9% 的股份。此外，联想集团还将承担 IBM 的 5 亿美元债务。

IBM 的决定凸显了其牺牲规模换取利润的新思维。2003 年，IBM 收入总额达到 891.3 亿美元，净利润 75.8 亿美元。个人电脑业务为 IBM 贡献了大约 100 亿美元收入，但是税前亏损即达到 2.5 亿美元。分析师预计，全球个人电脑行业明年的销售额预计会大幅下滑，IBM 如果不出售个人电脑业务损失将更大。而剥离之后 IBM 利润率的增幅比每股收益的增幅更为可观。

---

① OEM 是 Original Equipment Manufacturer 的缩写，意为原始设备制造商。它指的是一种"代工生产"方式，其含义是生产者不直接生产产品，而是利用自己掌握的核心技术，负责设计和开发、控制销售渠道，具体的制造加工则交给别的企业去做。这种方式是在电子产业大规模发展起来以后才在世界范围内逐步形成的一种普遍现象，微软、IBM 等国际上的主要大企业均采用这种方式。

② 模块（module）是指通过每个可以独立设计的，并且能够发挥整体作用的更小的子系统来构筑复杂的产品或业务过程。

③ A. M. Porter："Outsourcing Gains Populatiry"，Purchasing，March11，1999，pp. 22－24.

④ D. Garr："Inside Outsourcing"，Fortune，142：1，2002，pp. 85－92.

IBM 于 1981 年率先打开个人电脑市场,创建了行业标准。直到 1994 年之前,IBM 一直是个人电脑领域的“领头羊”。但从那以后,个人电脑销售额不断下滑,亏损有增无减。到 1998 年,个人电脑业务的亏损达到了 9.92 亿美元。从那时起,IBM 决定不再通过零售方式销售个人电脑,并采取各种措施削减成本,包括将部分制造业务外包给圣荷塞的 Sanmina-SCI Corp. ,这仅仅帮助 IBM 在几个季度内实现了微幅盈利。

出售 PC 部门还将使 IBM 公司摆脱几乎无利可图的市场。在与戴尔、惠普的 PC 大战中,IBM 公司几乎没有取胜的可能。因为,与 IBM 公司的技术优势相比,客户更青睐前两者积极的价格策略。戴尔、惠普在商用台式机和笔记本电脑上积极的价格策略已经严重影响到了 ThinkCentre 和 ThinkPad 的销售。更重要的是,出售了较低利润的个人电脑业务可以使 IBM 集中精力全力发展高利润的业务,如服务器、软件等业务。

资料来源:作者整理得到。

第三节 纵向约束

一、纵向约束的定义

纵向一体化是企业一种重要的制度安排。但是实施一体化是有成本的,而且成本较高。因此,有时企业采取纵向约束的方式,以此实现纵向一体化的效果。纵向约束是指上下游企业的控制权分离的情况下,上下游企业在交易时对对方进行种种限制,以此希望能够达到一体化的效果,同时又避免一体化的成本。从某种意义上说,纵向一体化和纵向约束是替代关系。

二、纵向约束的类型

1. 转卖价格维持(Resale Price Maintenance)是指上游的生产商与下游的零售商以契约的形式限定最终零售价格水平的行为。这种企业包括最高限价(Price Ceiling)与最低限价(Price Floor)两种形式。在现实生活中,转售价格维持是一种常见的生产商对销售商进行纵向约束的方式。在商场、超市里,我们经常看到许多产品标签上都标有“建议零售价”的字样;在书店里,我们看到图书后面都标有价格。这些都是转卖价格维持的例子。

2. 专卖(Exclusive Dealing)是指零售商销售并只销售某一种商品的行为。例如,在大型商场里,我们看到不同的柜台只销售一个品牌的衣服。

3. 特许经营(Franchise Operation)是指授权人向代理人出售生意模式或品牌经营权的一种制度安排。特许经营的例子有很多,最常见的例子是麦当劳。1955 年,麦当劳在美国开了第一家快餐店,迄今为止,已经有超过 265000 家分店分布在世界上 119 个国家和地区。目前,在美国,特许经营在 75 个不同的行业得到了广泛应用。排名前 10 位的行业分别是:快餐、零售、服务、汽车、饭店、维护、建筑装修、食品零售、商业服务、出租。

三、纵向约束的作用

(一)消除了双重边际化

在纵向分离的情况下,如果上游企业与下游企业都是垄断企业,那么就可能会出现双重加价的问题。首先,上游企业会在成本的基础上制定一个加价,加价的比例与需求价格弹性呈负相关。如果假设上游企业的边际成本为 c,那么上游企业的价格满足$\frac{P_1 - c}{P_1} = \frac{1}{\varepsilon}$,即 $P_1 = \frac{c}{1 - 1/\varepsilon} = m_1 \times c > c$。上游企业的价格对下游企业来说是成本。因此下游企业又会在上游企业价格的基础上再一次加价,即下游企业的价格为 $P_2 = m_2 \times P_1 = m_2 \times m_1 \times c$。由于存在双重边际化带来的双重加价问题,消费者面对最终的价格偏高,需求就会减低,最终会影响上游企业的利润。

如图 8-4 所示,AF 是消费者的需求曲线,MC 是生产厂商的边际成本曲线。如果生产企业与销售企业是纵向一体的,那么 AG 是生产企业的边际收益曲线。可以发现 P_2 是生产企业的最优价格,此时企业的利润为矩形 P_2CKE 的面积。如果生产企业与销售企业是纵向分离的,那么 AG 变成生产企业的需求曲线。此时 AH 为生产企业的边际收益曲线,由边际收益等于边际成本可知,生产企业销售给销售企业的价格为 P_2。P_2 事实上是销售企业的边际成本,那么销售企业的销售价格变为 P_1($P_1 > P_2$)。两个企业的利润和为矩阵 P_1BJE 的面积。通过计算得到矩阵 P_1BJE 的面积是矩形 P_2CKE 的面积的 75%。因此,上游企业需要对下游企业特别是零售商的价格进行限制,只能以 P_2 的价格进行销售。

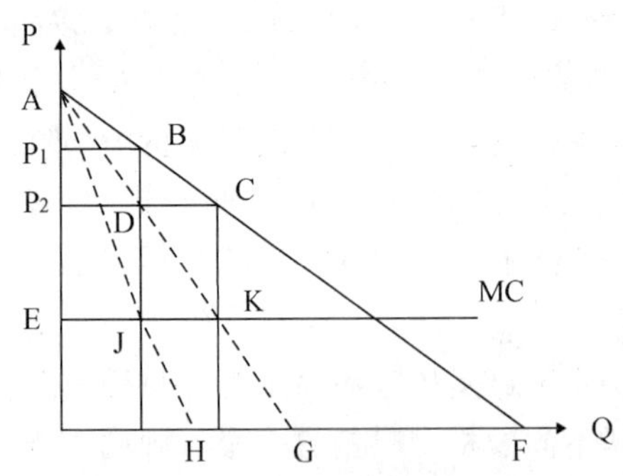

图 8-4 纵向分离的双重边际化

（二）消除零售商的“搭便车”行为

当有多家销售商销售同一企业的同一产品时，可能会出现销售商之间的“搭便车”行为。当销售商为了销售产品而必须付出大量的销售努力时（如做广告、建立产品展示室、培训销售人员、培训采购代理商、保持产品质量），就可能会产生“搭便车”的行为，而这些促销投入却会对其他销售商产生正的外部性。例如，消费者在一家装修豪华、销售人员训练有素的销售商店里了解了产品的性能后，跑到另一家装修一般、销售人员很少但价格更低的商店购买相同的产品。下面的例子，就是一个典型。

专栏 8-5 到隔壁看，在本店买

在加利福尼亚大学伯克利分校有一个出售立体声设备的专卖店，店里装饰得非常豪华，让消费者在挑选产品的时候能够获得很好的享受。在它的旁边有一家经营相同产品的小店，只不过店里基本上没有任何装饰，甚至产品都还装在包装箱里。这家小店的门上写着“到隔壁看看想买什么，然后来本店吧，我们的价格更低（Go next door, see which equipment you want, then come here for a lower price）”。

资料来源：作者整理得到。

“搭便车”的结果会导致对大家有利于销售的努力行为无人去做，最终会损害上游企业的利益。在这种情况下，就需要上游制造商对下游企业的行为进行约束，以避免“搭便车”行为的产生。如制造商制定统一的专卖维持价格，由制造商统一做广告进行品牌宣传等。

（三）消除制造商的“搭便车”行为

竞争性制造商也可能互相“搭便车”。例如，有两家竞争性制造商它们都使用同一家销售商为其出售产品。假设其中一家制造商开展了一系列大规模的广告宣传互动活动，以吸引消费者到这家销售商处购买产品。这样，没有做广告的制造商却可能从中受益，即制造商之间存在“搭便车”行为。

为了消除制造商之间的“搭便车”行为，制造商一般要求销售商只销售它们一家的产品，即实行品牌专卖，如各种专卖店。在这些专卖店里只销售某一特殊品牌的产品。

（四）提高进入的资本障碍

通过垂直约束，特别是专卖等形式可以提高竞争对手进入的壁垒。例如，2005年6月，芯片制造商AMD对英特尔公司提起诉讼，控告英特尔公司强迫各大PC制造商及其批发零售商禁止购买AMD微处理器。AMD称英特尔以支付现金和其他手段强迫戴尔、索尼、东芝、Gateway 和日立等 PC 制造商签订排他性协议，并出示证据表明英特尔曾支付索尼数百万美元签订处理器业务的排他性协议。除此之外，一旦客户推出 AMD 计算机平台，英特尔威胁称将实施报复。英特尔以此纵向约束形式，提高竞争对手进入的资本障碍，达到打压竞争对手 AMD 的目的。

专栏 8－6 “Intel Inside”广告计划

大家在电视上看到惠普、联想等电脑广告时，一定会看到其中的“Intel Inside”标志，也一定会听到清脆的 Intel 注册声音(Intel Inside)。

这就是众人皆知的“Intel Inside”广告计划。“Intel Inside”广告起始于 1991 年，由当时英特尔负责营销的副总裁丹尼斯·卡特提出。“Intel Inside”计划主要通过合作广告的形式宣传推广 Intel 的芯片。即任何一位电脑生产商，只要在其广告上加入“Intel Inside”图像或标识，英特尔就会为其支付 40% 的广告费用(这一比例在中国国内是 30%)。为此，Intel 每年在该计划上的花费高达 2.5 亿美元。电视在“Intel Inside”计划中发挥了重要作用，英特尔为此设计了一个为时 3 秒的 5 音调旋律作为广告曲，在播放广告曲的同时显示“Intel Inside”的标识。在全球，平均每 5 分钟，5 音调的“Intel Inside”品牌广告曲就会响起一次。自 1995 年起，该广告已确立了英特尔标识在消费者心目中的形象。品牌全球总监宣称，自 1991 年到 2002 年，“Intel Inside”计划在全球出版物、广播、网站和电子商务等媒体上的广告投入已超过 70 亿美元。现在，这个数字可能已超过 85 亿美元。

资料来源：作者整理得到。

篇末案例

汽车生产企业应当纵容经销商加价吗?

所有汽车在上市之后，厂家都会给出详细的车型和具体的价格。但是如果到了 4S 店，按照厂家给出的价格，似乎很难买到车，因为几乎所有的车都在加价销售。

消费者的尴尬：要想提车先得加价

2009 年年底，西安市的小杨夫妇决定购买一辆轿车，精挑细选之后，选定了 162800 元的大众速腾。小两口兴致勃勃来到了位于凤城路上的一汽大众 4S 店，没想到销售人员说他们选中的这款 1.4T 速腾车是大众推出的新款，卖得很火，供不应求。现在没车，得排队等 3 个月。随后又说，如果在原价基础上加价 10000 元，就不用排队等候。小杨夫妇决定，宁可排队等 3 个月也不额外加这一万元钱，于是和一汽大众 4S 店签了一份汽车预售合同之后，就回家等待了。两个月之后的一天，小杨突然接到了一汽大众 4S 店打来的电话，对方说现在有车了，但是要加 5000 元的装饰费，才能提车。小杨心想，反正自己买了车也是要加装饰的，干脆就按 4S 店说的，选 5000 元的装饰提了车。

记者走访:多少车在加价

2010年5月,记者分别走访了北京、西安等地的多家4S店,发现新车加价的现象普遍存在。

加价销售第一名:奥迪Q5,加价额度40000~50000元

记者在西安市北二环附近的一汽奥迪4S店了解到,奥迪Q5不但没有现车,连展厅里的展车也卖掉了,店方表示,新车一到,等不了半天,就被提走了。一位销售人员直截了当地告诉记者,现在只能预定,想要在一两个月内提车,必须加钱。在西安南郊另一家一汽奥迪4S店,销售人员告诉记者,由于货源紧俏,全国的奥迪经销商都加50000元销售,如果现在顾客不愿加钱,就很难买到这款车了。在北京的一家奥迪4S店,记者了解到,这家店自奥迪Q5新车上市以来,已经接收了50多个订单,这些订单无一例外都要加钱。

国产的奥迪Q5在店里卖得非常火暴,而且货源奇缺,根本就没有现车,加钱预定还要等上一两个月,不加钱的订单自然是不会接的。记者在店里却惊喜地看到了两台进口奥迪Q5的现车,可令记者没想到的是,这两台现车也要加钱。而且要加得更多。销售人员告诉记者,这款进口的车型可以马上开走,不用像国产的加了钱还要等上一两个月,所以要比国产车多加10000元,而且现在加钱政策和以前比,已经算是有了较大幅度的优惠了。

加价销售时间最长车:东风本田CRV,加价销售长达6年

记者在北京姚家园路上的东风本田4S店了解到,店方推出了两种加价方式任顾客选择——要不加8000元现金,要不买价值15000元的装饰才能提车,没有赠送,没有优惠。另一家在万丰路上的东风本田4S店的加价情况略微优惠一些,要不加6000元现金,要不买12000元的装饰。两家4S店的销售人员都表示,CRV属于经久不衰的经典车型,从2004年上市以来就一直加价销售。

根据东风本田官方网站介绍,2009年CRV的年产量已超100000辆,按照最保守估计每台车加价6000元来计算,2009年一年就有6亿元加价的车款流进了经销商的腰包。

从这些加价销售的车型上不难看出,一些品牌好,或者刚刚上市的新车都是经销商加价的目标。汽车加价的另一重要因素就是经销商抓住了消费者急于跟风、追求时尚想开新车的心理。

记者从一些4S店的销售人员口中了解到,加价销售已经成为汽车销售行业的潜规则,面对紧俏的市场行情,经销商的加价销售策略不谋而合。

汽车厂商的态度

据记者了解,汽车厂家每生产一款车型,都会出台该车型一个市场指导价。原则上,汽车销售商的销售价格不得高于市场指导价。所以汽车销售商加价销售的这部分不能体现在汽车购置发票上,只能开具其他形式的发票或收据。还有的汽车经销商对于它们额外加收的现金不提供任何书面证明。

不管顾客买车时额外加了多少钱,最终在汽车的购置发票所体现的价格都是厂家所给出的市场指导价。那么,厂家对于经销商的加价行为态度如何呢?多个厂家表示,加价是一种经销商的销售行为,厂家无法对经销商的销售价格进行限定,价格上浮或者是下降是市场决定的。

几个汽车生产厂家给出答复很一致,对于经销商的加价行为,厂家无权干涉。消费者可以选择等待,可是等待的时间,还是要以经销商为准。

资料来源:2010 年 6 月 3 日 CCTV《消费主张》节目“买车必须加价吗?”。

思考题:

1. 汽车经销商的加价提车行为是一种什么定价方式?是如何做到的?

2. 汽车厂商与经销商是什么关系?汽车厂商对经销商加价行为不采取搭旋的理由是什么?

3. 从长期来看,经销商加价对汽车厂商有利吗?应当采取哪些措施?

本章小结

1. 企业是一系列复杂活动的集合体,企业内部形成一个长长的纵向链条。

2. 企业的纵向关系分为两种类型:纵向一体化与纵向约束。

3. 纵向一体化是指上下游企业的控制权合二为一。

4. 纵向约束是指上下游企业控制权分离的情况下,上下游企业在交易时对对方进行种种限制,以此希望能够达到一体化的效果,同时又避免一体化的成本。

5. 常见的三种纵向约束形式为:转卖价格维持、专卖、特许经营。

重要概念

纵向关系	纵向一体化	前向一体化
后向一体化	纵向约束	专卖价格维持
专卖	特许经营	

思考题

1. 试说明纵向一体化的好处。

2. 试说明纵向约束是如何消除双重边际化问题的。

3. 试说明 Intel 采取了哪些纵向约束行为与 AMD 进行竞争。

4. 试说明 IBM 出售 PC 业务的原因。

延伸阅读

1. 周勤:《企业纵向关系论:纵向关系的产业组织分析》,经济科学出版社,2004年。

2. 芮明杰、刘明宇、任江波:《论产业链整合》,复旦大学出版社,2006年。

3. 郁义鸿、管锡展:《产业链纵向控制与经济规制》,复旦大学出版社,2006年。

4. 科林·巴罗:《双赢:加盟特许经营》,中国市场出版社,2008年。

第九章　反垄断政策

学习目标

- 掌握反垄断的内容
- 了解我国反垄断法的主要内容

开篇案例

微软惹谁了?

2008年1月14日,欧盟委员会宣布对世界软件业巨头——微软公司展开新一轮反垄断调查。本轮调查中,微软涉嫌滥用其市场垄断地位,将自己的网络浏览器与"视窗"操作系统捆绑在一起,以及未能公开足够多的兼容信息。这是去年10月微软公司同意履行欧盟于2004年对其做出的反垄断裁决后再次遭到欧盟反垄断调查。在2004年的历史性裁决中,欧盟委员会认定,微软公司凭借其在个人电脑操作系统上的垄断地位在相关市场打压竞争对手,要求微软公司提供不捆绑媒体播放器的"视窗"操作系统,向服务器软件行业竞争对手开放兼容技术信息,还开出了4.97亿欧元的巨额罚单。

这次,欧盟主要针对两项投诉展开调查。第一项来自挪威开发浏览器的Opera公司,该公司指控微软非法将IE浏览器免费与"视窗"操作系统捆绑在一起销售。微软操作系统中捆绑的桌面搜索和即时通信软件也遭到投诉。第二项投诉来自一个名为"欧洲兼容性系统委员会"的商业团体,该组织代表诺基亚、国际商用机器公司、甲骨文、Opera等多家知名软件公司,指控微软未公布足够多的兼容信息,使其他软件商无法在微软操作系统上开发兼容性工具软件。

2008年2月27日,在比利时布鲁塞尔,欧洲联盟委员会宣布,由于微软未能执行欧盟2004年3月的反垄断裁决,欧盟将对其处以8.99亿欧元(约合13.5亿美元)的罚款。这是欧盟历史上对单一公司开出的最高罚单。此次罚款让微软遭受欧委会的反垄断罚款合计达到16.8亿欧元。

资料来源:作者整理得到。

思考题:欧盟对微软的处罚是否合理?

第一节　反垄断政策的内容

一、反垄断法的重要性

反垄断法的宗旨就在于反对垄断、弘扬竞争，缔建自由竞争的经济秩序。反垄断法是现代国家调节社会经济的基本法律之一,是经济法体系一个重要的基本构成。其作为规制排除、限制竞争状态与行为,进而调整竞争关系的经济法,在一些发达的市场经济国家都拥有举足轻重的地位。在西方国家被称为“市场经济的宪章”、“现代企业制度的基石”,并长期居于经济法体系的核心地位。在美国,作为现代反垄断法的标志性法律的《谢尔曼法》被誉为“自由经济大宪章”。在德国,《反限制竞争法》被称为“社会市场经济制度的‘基本法’”,是“促进和维护市场经济的最重要的基础之一”,属于“市场经济秩序的总纲”范围。在日本,《禁止垄断法》被公认为在经济法体系中占有基本的或核心的地位,是日本的经济宪法。

二、各国反垄断法的建设情况

现代意义的反垄断法是以1890年美国《谢尔曼法》的颁布为标志的。此后,美国又于1914年制定《克莱顿法》、《联邦贸易委员会法》,进一步充实和完善了美国的反垄断法体系。进入20世纪后,反垄断立法风潮在世界各地风起云涌,日本于1947年制定《关于禁止私人垄断及确保公正交易的法律》(以下简称《禁止垄断法》)、德国于1957年制定《反限制竞争法》、英国于1973年制定《公平交易法》等。东欧国家在20世纪80年代末到90年代初陆续制定了反垄断法,南斯拉夫于1974年颁布了《反不正当竞争和垄断协议法》,匈牙利于1984年通过了《禁止非正当经济活动法》。韩国于1980年颁布了《限制垄断与公平交易法》,我国台湾地区也于1991年制定了《公平交易法》。迄今为止,已有美国、德国、日本等100多个国家制定反垄断法。不仅如此,为了缓解各国反垄断法在使用时的国际冲突,还产生了区域性的反垄断法,如欧共体罗马条约、关贸总协定(GATT)中的知识产权协议以及1993年由美国和德国的反垄断法专家起草的拟在WTO成员国间适用的世界上第一部国际反垄断法法典草案。

三、反垄断法的内容体系

(一)禁止私人垄断和卡特尔协议

私人垄断是指个人、公司或财团通过兼并、收购或低价倾销等手段,把其他竞争对手从市场上排挤出去,从而确立自己在市场中的垄断地位,并以此支配市场。卡特尔协议是指多个企业以垄断市场、获取高额利润为共同目的,在一定时期内就划分市场、规定产量、确定价格等达成的正式或非正式协议。

对于私人垄断和卡特尔协议，各国反垄断法都是坚决禁止的。这些法律一般都规定分割已形成的垄断企业，限制价格共谋行为，禁止搭配销售和排他性交易等。如美国《谢尔曼法》(1890)规定，任何垄断或企图垄断者，或与他人联合、串谋，借以垄断州际之间、国际之间贸易或商业活动者，将被视为犯罪。

(二) 禁止市场过度集中

市场过度集中会产生垄断，进而限制竞争。企业兼并是实现市场集中的主要途径，不当的企业兼并会减少甚至消灭竞争。其原因是：竞争对手间的兼并永久性消灭了当事人之间的竞争；通过兼并，一些本来处于支配地位的企业则能更有效地操纵市场；兼并会增加其他企业进入市场的障碍，减少潜在竞争者进入市场的机会；兼并往往与驱除对手定价或掠夺定价行为同时出现。因此，各国的反垄断法一般限制企业的横向与纵向兼并，以防止生产过度集中而形成市场垄断，禁止非法的价格歧视等。特别是对大企业间的兼并通常是禁止的。

(三) 禁止滥用市场势力

所谓"滥用市场势力"，是指在市场中居支配地位的企业，凭借自身的经济实力对其他企业施加影响，迫使它们按自己的意愿行事，从而妨碍公平竞争。

滥用市场势力的做法大体有以下几种形式：①价格歧视，即对同一产品的不同顾客或买主收取不同的价格，而不是根据生产和经营该产品的边际成本定价。②独家交易，即只准经销一个厂家的产品，而不得经销其他同行竞争者的相同产品。这种做法一方面限制了买方的贸易，另一方面又限制了竞争企业的客源。③搭配销售，即卖方在推销某种产品时，强行搭售另一种买方不需要或不情愿接受的产品，维持转售价格，即供给企业强迫转售者收取指定的价格。④限定销售区域。⑤公司董事交叉任职，即一人同时兼任两家或两家以上公司的董事等。

四、现代反垄断法的指向①

垄断，可以从多个维度进行观察和分类，如从成因来看，可以分为经济性垄断与行政性垄断。对经济性垄断而言，又可以区分为垄断结构和垄断行为两个方面。垄断结构相对于竞争结构，属于市场结构范畴。市场结构是指某一市场中企业数量多少、企业规模大小的问题。如果某一市场中企业数量特别多，企业规模特别小，我们就称这种市场为竞争性的市场结构，简称竞争结构。相反，如果某一市场中企业数量比较少，企业规模特别大，或者说少数企业在投入或产出中占据了整个市场的绝大部分比重，我们即称这种市场为垄断性的市场结构，简称垄断结构。而垄断行为

---

① 戚聿东：《中国经济运行中的垄断与竞争》，人民出版社，2004 年。

相对于竞争行为,属于市场行为范畴。市场行为是指企业在市场中的产品开发、定价、渠道安排、促销以及企业的横向与纵向或者混合的扩张行为。如果企业的上述行为决策是独立做出的,并且没有针对交易对方(企业客户或消费者)限定不利的交易条件或者索取高额价格,那么这种市场行为就称竞争行为。反之,如果企业的上述行为决策是企业之间共同做出的,旨在限制竞争,对交易对方设置种种不利的交易条件或者索取高额价格,我们就称这种行为为垄断行为。

在规模经济基础上成长起来的大企业垄断,只能说是垄断结构,而妨碍和限制竞争的只能说是垄断行为。从理论上讲,垄断结构的出现只为垄断行为的开展提供了一定的便利条件,垄断结构既不是垄断行为的必要条件,也不是充分条件,二者没有必然联系。垄断结构或竞争结构,并没有改变企业的目标。任何企业,只能是在一定约束条件下追求利润最大化。任何降低成本的努力都是有助于企业实现利润最大化目标的。垄断结构只是改变了企业的外部竞争环境,并没有改变竞争的实质,竞争的实质在于"消费力对生产力的关系",消费者手中的"货币选票"仍决定企业利润的最终实现。所以,为了追求利润最大化,垄断结构下的厂商仍必须致力于用降低成本的方式维持和开拓市场,而用垄断价格的方式只能导致厚利限销,并不是厂商的理性选择。

既然垄断有结构与行为两个维度,而且二者没有必然联系,反垄断法的锋芒就不应该指向垄断结构。垄断结构对资源优化配置和经济效益具有一定的促进作用,包括通过规模经济机制实现生产效率的提高;通过范围经济机制来实现市场交易费用的节约;通过研究与开发投入机制和专利保护机制来实现技术效率的提高;通过累计产出增长机制来实现经验曲线效应。而且这几种机制相互作用,相互强化。由于垄断结构是企业追求规模经济、范围经济、技术创新和经验效应的结果,如果反对垄断结构,也就意味着对规模经济、范围经济、技术创新和组织经验的抑制,整个经济也就失去了增长的源泉。

此外,垄断结构与竞争并不矛盾。通过对垄断结构和垄断行为的区分,应该很容易看出,排斥和限制竞争的垄断只能是垄断行为。就垄断结构来讲,垄断并不必然排斥和限制竞争。一方面,垄断结构的形成本身就是竞争的结果;另一方面,在竞争中形成的垄断结构仍会面临各种各样的竞争,如垄断者彼此之间的竞争,与买者的竞争,与替代品的竞争,与潜在进入者的竞争,来自国外的竞争,自己走出国门的竞争,等等。而这种垄断结构下的竞争反而要比竞争结构下的竞争可能更加激烈。所以,把垄断结构与竞争对立起来是没有道理的。诚然,垄断结构下也会产生旨在限制竞争的各种垄断行为,但二者并不是必然的。国外一些产业组织学家及政府和法院人士都认为,垄断结构下的大企业施行垄断行为的可能性大,所以大企业应该成为反垄断法的重点监视对象。更有甚者,有些法官和经济学家主张垄断行为不好确认,取证困难,与其规制垄断行为,还不如直接规制垄断结构,即把一些大企业拆散为许多企业,使其直接面对竞争。这种做法表面上是维护竞争,实际上是对正常竞争的最大打击和抑制。因为竞争从很大程度上讲就是市场份额的竞争，拥有较高的市场份额，正是具有市场竞争力的表现。因其有较高的市场份额就去制裁它，就像美国学者所评论的，无异于“永远是把下金蛋的鹅拖到反托拉斯的切肉墩子上去”①。

鉴于此，自 20 世纪 80 年代以来，美国政府对反托拉斯的态度已大大改变，不再仅仅根据企业规模和市场份额就去起诉企业，而是比较明智地采取垄断行为的标准。例如，在美国政府对解散国际商用机器公司（IBM）的诉讼案中，政府控诉国际商用机器公司在 1967 年控制了市场份额的 76%。此外，政府还声称，国际商用机器公司使用了许多办法阻止其他公司的竞争，包括降低价格来阻止其进入该行业，以及引进新产品以减少其他公司产品的吸引力。对此控诉，国际商用机器公司进行了顽强有力的抗争。这一案件一直拖到 1982 年，政府以“没有必要”为理由撤销了这一案件。同样，对一些过去根本就不可能通过的大企业合并兼并，政府却采取了支持和鼓励的态度，如 1996 年底发生的波音公司和麦道公司的合并案件。

近些年来，美国司法部和法院对待微软公司垄断案件的处理也是一样。微软公司的个人电脑操作系统已经拥有 95% 的世界市场份额，从垄断结构的观点看，微软可以说是近乎完全垄断的程度。但垄断结构本身不是过错，微软今天的垄断地位是不断创新的结果，这是任何人都否认不了的。对微软来讲，过错可能在于拥有一系列垄断行为的事实，如把操作系统和网络浏览软件（IE）捆绑销售。但问题的要害在于：当垄断结构下的厂商出现一些垄断行为时，我们究竟是处罚过错还是分拆企业？如果像司法部和法院坚持的对微软“一分为二”式的肢解的话，岂不是“把洗澡水和婴儿一块倒掉了”吗？据此，美国 240 位经济学家于 1999 年曾联合致信给当时的克林顿总统，反对有关当局对微软等公司的反垄断起诉。2001 年 6 月 28 日，美国上诉法院裁决，维持了地方法院关于微软非法利用视窗操作系统的市场垄断地位压制竞争对手的判决，同时又推翻了地方法院要求对微软实施分拆的裁决。

第二节　中国的反垄断法及其实施

一、中国反垄断法出台历史

“千呼万唤始出来”，是中国反垄断法制定历程的真实写照。从 1987 年 8 月原国务院法制局成立反垄断法起草小组算起，我国反垄断法的出台花费了整整 21 年。

1987 年 8 月，原国务院法制局成立了反垄断法起草小组专门起草“一元式”的竞争法，即将反不正当竞争法和反垄断法放在一起，并于 1988 年提出了《反对垄断和不正当竞争暂行条例草案》。然而，当时的国家经贸委和国家工商总局对国内市场

---

① 周叔莲等著：《国外产业政策研究》，经济管理出版社，1988 年。

进行调查研究后认为,“垄断”现象并不典型也不突出,而通过不法手段危害社会经济秩序的情况比较严重。于是反垄断法起草小组决定把“一元式”立法改为“二元式”立法,即把反不正当竞争法与反垄断法分立。

1993 年 9 月,八届全国人大常委会第三次会议通过了反不正当竞争法。1993 年通过的《中华人民共和国反不正当竞争法》共规定了 11 种违法行为,其中属于垄断行为的有串通投标、掠夺性定价、公用企业滥用市场支配地位、行政性垄断和搭售 5 项。

1994 年由商务部负责起草反垄断法和调研工作,并将其列入第八届全国人大常委会立法规划。同时汇集了国家经贸委和国家工商总局的有关专家来起草该法。

1997 年通过的《中华人民共和国价格法》对价格卡特尔、掠夺性定价、价格歧视做了规定。

之后反垄断立法就陷入了漫长的等待中,直到 2003 年以山东民营企业泉林包装有限公司(以下简称“泉林”)为代表的多家包装企业,对瑞典利乐公司在中国实施限制竞争等垄断行为表示了强烈质疑。泉林认为:“瑞典利乐对具有战略意义的重点客户在无菌包装机销售中的定价低于成本,有时以免费赠送设备为条件,要求客户在未来若干年购买指定数量的包装耗材。”由此产生了中国“反垄断”第一案。2003 年年初,北京、上海、广东的工商部门与公平交易局共同开展了调研。2003 年 3 ~ 4 月,公平交易局邀请中国连锁经营协会、中国电子企业协会、中国通信工业协会、中国洗涤用品协会、中国橡胶工业协会、中国软件行业协会以及联想、乐凯、微软等国内外的行业领跑者召开了两次座谈会,以了解跨国公司在中国市场所占的市场份额、外资并购情况以及在经营过程中可能存在的限制竞争行为。2003 年 10 月底,国家工商总局在广东召开了“跨国公司限制竞争研讨会”,对调研情况进行了初步总结,并邀请法律专家和经济学家就如何监管跨国公司垄断竞争行为发表了看法。

2004 年 2 月,商务部将与国家工商总局共同起草的《反垄断法(送审稿)》报国务院。而在此稿中把“反垄断主管机关”明确为商务部。

2004 年 4 月,国家工商总局公平交易局反垄断处处长桑林用该处的名义在其内部刊物《工商行政管理》发表了名为《在华跨国公司限制竞争行为表现及对策》报告,该报告用具体数据分析的方式列举了在华 5 个行业跨国公司所进行的反竞争行为,涉及轮胎、手机、感光器材、手提电脑、无菌包装。

2005 年 2 月 6 日,国务院法制办召开制定反垄断法第一次会议,决定对商务部已经起草的《反垄断法(送审稿)》推倒重来,并由国务院领导组织起草反垄断法。

鉴于反垄断法的重要性,国务院法制办邀请全国人大财经委、全国人大常委会法工委、最高人民法院、国家发改委、商务部、工商总局、国务院发展研究中心、中国社会科学院的负责人成立了反垄断法审查修改领导小组,由上述部门指派专人参加。同时,考虑到反垄断法具有很强的专业性和技术性,国务院法制办还从北京大学、中国人民大学、中国社科院等教学、研究机构聘请了 10 位法学、经济学专家组成专家小组。

此后，国务院法制办多次广泛征求国务院有关部门、地方人民政府、企业、有关社会团体以及国内外专家的意见，并专门召开了反垄断法国际研讨会。在研究借鉴国外反垄断立法有益经验并结合中国经济发展实际情况的前提下，对送审稿进行了反复研究、论证和修改，数易其稿，最终形成了提请2006年6月24日举行的十届全国人大常委会第二十二次会议初审的反垄断法草案。

2007年8月30日，第十届全国人民代表大会常务委员会第二十九次会议审议通过了《中华人民共和国反垄断法》，并于2008年8月1日起施行。这是我国为预防和制止垄断行为，保护市场公平竞争，提高经济运行效率，维护消费者利益和社会公共利益，促进社会主义市场经济健康发展而制定的一部重要法律。至此，中国竞争政策的基本框架已经形成。

二、我国反垄断法的内容

（一）中国反垄断政策的目标

《反垄断法》第一条规定，该法的目标是预防和制止垄断行为，保护市场公平竞争，提高经济运行效率，维护消费者利益和社会公共利益，促进社会主义市场经济健康发展。

（二）使用范围

《反垄断法》第二条规定，该法的使用范围是中华人民共和国境内经济活动中的垄断行为以及中华人民共和国境外的垄断行为，对境内市场竞争产生排除、限制影响的垄断行为。

《反垄断法》第二条规定，垄断行为包括：

1. 经营者达成垄断协议。
2. 经营者滥用市场支配地位。
3. 具有或者可能具有排除、限制竞争效果的经营者集中。

（三）垄断协议的界定

垄断协议是指排除和限制竞争的协议、决定或者其他协同行为。垄断协议包括横向垄断协议与纵向垄断协议：

1.《反垄断法》第十三条对横向垄断协议做了界定，包括：①固定或者变更商品价格。②限制商品的生产数量或者销售数量。③分割销售市场或者原材料采购市场。④限制购买新技术、新设备或者限制开发新技术、新产品。⑤联合抵制交易。⑥国务院反垄断执法机构认定的其他垄断协议。

2.《反垄断法》第十四条对纵向垄断协议做了界定，包括：①固定向第三人转售商品的价格。②限定向第三人转售商品的最低价格。③国务院反垄断执法机构认定的其他垄断协议。

（四）滥用市场支配地位的界定

市场支配地位是指经营者在相关市场内具有能够控制商品价格、数量或者其他交易条件，或者能够阻碍、影响其他经营者进入相关市场能力的市场地位。《反垄断法》第十七条规定禁止经营者从事滥用市场支配地位的行为。

1. 以不公平的高价销售商品或者以不公平的低价购买商品。
2. 没有正当理由，以低于成本的价格销售商品。
3. 没有正当理由，拒绝与交易相对人进行交易。
4. 没有正当理由，限定交易相对人只能与其进行交易或者只能与其指定的经营者进行交易。
5. 没有正当理由搭售商品，或者在交易时附加其他不合理的交易条件。
6. 没有正当理由，对条件相同的交易相对人在交易价格等交易条件上实行差别待遇。
7. 国务院反垄断执法机构认定的其他滥用市场支配地位的行为。

如何认定企业是否具有市场支配地位呢？《反垄断法》第十九条给出了推定经营者具有市场支配地位的依据：

1. 一个经营者在相关市场的市场份额达到1/2。
2. 两个经营者在相关市场的市场份额合计达到2/3。
3. 三个经营者在相关市场的市场份额合计达到3/4。

（五）经营者集中的审查

《反垄断法》第二十八条规定：经营者集中具有或者可能具有排除、限制竞争效果的，国务院反垄断执法机构应当作出禁止经营者集中的决定。但是，经营者能够证明该集中对竞争产生的有利影响明显大于不利影响，或者符合社会公共利益的，国务院反垄断执法机构可以作出对经营者集中不予禁止的决定。

《反垄断法》第二十七条对审查经营者集中要考虑的因素做了界定，包括：

1. 参与集中的经营者在相关市场中的市场份额及其对市场的控制力。
2. 相关市场的市场集中度。
3. 经营者集中对市场进入、技术进步的影响。
4. 经营者集中对消费者和其他有关经营者的影响。
5. 经营者集中对国民经济发展的影响。
6. 国务院反垄断执法机构认为应当考虑的影响市场竞争的其他因素。

三、我国反垄断法的实施机构

《反垄断法》第九条和第十条规定了中国反垄断法执行机构的设置。国务院设立反垄断委员会，负责组织、协调、指导反垄断工作，履行下列职责：①研究拟订有关竞争政策；②组织调查、评估市场总体竞争状况，发布评估报告；③制定、发布反垄断指南；④协调反垄断行政执法工作。

具体来说，有三个机构具体执行反垄断。

1. 商务部反垄断局。主要负责起草经营者集中的相关法规，拟定配套规章及规范性文件；依法对经营者集中行为进行反垄断审查；负责受理经营者集中反垄断磋商和申报，并开展相应的反垄断听证、调查和审查工作；负责受理并调查向反垄断执法机构举报的经营者集中事项，查处违法行为；负责依法调查对外贸易中的垄断行为，并采取必要措施消除危害；负责指导我国企业在国外的反垄断应诉工作。

2. 反垄断与反不正当竞争执法局。拟订有关反垄断、反不正当竞争的具体措施、办法；承担有关反垄断执法工作；查处市场中的不正当竞争、商业贿赂、走私贩私及其他经济违法案件，督查督办大案要案及典型案件。

3. 发改委价格监督检查司。负责反价格垄断执法工作，调查、认定和处理重大的价格垄断行为和案件；组织开展市场价格行为监管工作，调查、认定和处理重大的不正当价格行为和案件；负责市场价格异常波动监督检查应急工作；起草有关价格监督检查法规草案和规章，依法界定各类价格违法行为、价格垄断行为。

四、我国反垄断法执行情况

自反垄断法实施以来至2009年6月底，商务部收到58起经营者集中申报，已审结46起，其中无条件批准43起，附条件批准2起，禁止集中1起。2009年，商务部经营者集中反垄断审查立案87件，审结67件，绝大部分获得无条件批准，其中禁止1起，附条件批准5起。

专栏9－1　可口可乐收购汇源案

2009年3月18日，商务部发布了《关于可口可乐并购汇源一案的审查决定》，成为我国《反垄断法》实施后，商务部禁止的第一例经营者集中；也是迄今为止，唯一一例被禁止的经营者集中。

可口可乐是全球最大的饮料公司，而汇源果汁是国内最大的果汁饮料生产集团，并于2007年2月在香港联交所主板挂牌上市。2008年9月9日上午，香港联交所发布公告：可口可乐旗下的荷银亚洲将代表可口可乐全资附属公司大西洋公司，就收购汇源果汁全部股份、全部未行使可换股债券并注销汇源全部未行使购股权，提出自愿有条件现金收购建议。按照公告，这单涉及金额24亿美元的交易若能完成，将成为迄今为止中国食品和饮料行业最大的一笔收购案。一个是国际饮料的生产巨头，一个是中国果汁行业的市场霸主，二者的强强联合，对中国乃至世界饮料的未来格局将产生什么影响，其意义和分量不言而喻。

2009年3月18日商务部发布了关于可口可乐并购汇源一案的审查决定，中国商务部正式宣布,根据中国反垄断法禁止可口可乐收购汇源。

审查工作结束后,商务部依法对此项集中进行了全面评估,确认集中将产生如下不利影响:

1. 集中完成后,可口可乐公司有能力将其在碳酸软饮料市场上的支配地位传导到果汁饮料市场,对现有果汁饮料企业产生排除、限制竞争效果,进而损害饮料消费者的合法权益。

2. 品牌是影响饮料市场有效竞争的关键因素。集中完成后,可口可乐公司通过控制"美汁源"和"汇源"两个知名果汁品牌,对果汁市场控制力将明显增强,加之其在碳酸饮料市场已有的支配地位以及相应的传导效应,集中将使潜在竞争对手进入果汁饮料市场的障碍明显提高。

3. 集中挤压了国内中小型果汁企业生存空间,抑制了国内企业在果汁饮料市场参与竞争和自主创新的能力,给中国果汁饮料市场有效竞争格局造成不良影响,不利于中国果汁行业的持续健康发展。

为了减少审查中发现的不利影响,商务部与可口可乐公司就附加限制性条件进行了商谈。商谈中,商务部就审查中发现的问题,要求可口可乐公司提出可行的解决方案。可口可乐公司对商务部提出的问题表述自己的看法,并先后提出了初步解决方案及其修改方案。经过评估,商务部认为可口可乐公司针对影响竞争问题提出的救济方案,仍不能有效减少此项集中产生的不利影响。

鉴于上述原因,根据《反垄断法》第二十八条和第二十九条,商务部认为,此项经营者集中具有排除、限制竞争的效果,将对中国果汁饮料市场有效竞争和果汁产业健康发展产生不利影响。鉴于参与集中的经营者没有提供充足的证据证明集中对竞争产生的有利影响明显大于不利影响或者符合社会公共利益,在规定的时间内,可口可乐公司也没有提出可行的减少不利影响的解决方案。因此,决定禁止此项经营者集中。

本章小结

1. 反垄断法的内容体系包括禁止私人垄断和卡特尔协议、禁止市场过度集中、禁止滥用市场势力。

2. 反垄断法反对的主要是垄断行为而不是垄断结构。

3.《中华人民共和国反垄断法》自 2008 年 8 月 1 日起正式施行。

重要概念

垄断协议　　滥用市场支配地位

思　考　题

1. 为什么现代反垄断法主要反对的是垄断行为而不是垄断结构？

2. 酝酿多年的微软为什么没有被拆分？对我国有什么启示？

延伸阅读

1.《中华人民共和国反垄断法注释本》,法律出版社,2008年。

2. 唐要家:《反垄断经济学:理论与政策》,中国社会科学出版社,2008年。

3. 沈四宝、刘彤:《美国反垄断法原理与典型案例研究》,法律出版社,2006年。

4. 村上正博:《日本禁止垄断法》,法律出版社,2008年。

5. 根岸哲、舟田正之:《日本禁止垄断法概论》(第3版),中国法制出版社,2007年。

6. 盖尔霍恩、科瓦契奇、卡尔金斯:《反垄断法与经济学》(第5版),法律出版社,2009年。

7. 基斯·N. 希尔顿:《反垄断法:经济学原理和普通法演进》,北京大学出版社,2009年。

8. 尚明:《反垄断法理论与中外案例评析》,北京大学出版社,2008年。

9. 商务部条法司:《中国企业并购反垄断审查相关法律制度研究》,北京大学出版社,2008年。

10. 尚明:《主要国家(地区)反垄断法律汇编》,法律出版社,2004年。

11. 杰伊·皮尔·乔伊:《反垄断研究新进展:理论与证据》,东北财经大学出版社,2008年。

12. 马赫·M. 达芭:《反垄断政策国际化研究》,东北财经大学出版社,2008年。

13. 波斯纳:《反托拉斯法》(第2版),中国政法大学出版社,2003年。

14. 克伍卡·怀特:《反托拉斯革命:经济学、竞争与政策》(第4版),经济科学出版社,2007年。

第十章　规制与放松规制

学习目标

- 了解规制的定义
- 掌握规制的内容
- 了解放松规制的趋势
- 了解中国自然垄断产业规制改革

开篇案例

春运帝国

“旅客朋友们，请排队购票。我们的队伍现在已经延伸到三公里之外，新来的旅客朋友请到三公里之外去排队，不要插队。谢谢合作！”这是2006年红遍网络的胡戈的第二部视频剪辑《春运帝国》的一段台词。《春运帝国》以始皇帝在电视上给其臣民们新春致辞开始，将话题引到春运上。《春运帝国》总长不过11分钟，却将《黑客帝国》的打斗、高速公路上的追捕和周星驰的影片糅在一起。打斗与舞蹈结合，再配上《辣妹子》的音乐，让你在捧腹大笑之际，不得不为我国铁路发展速度之慢、改革步伐之慢深思。

事实上，每年春节前期，是许多民工兄弟们最兴奋但也是最糟糕的一段时间。在外拼搏了一年的民工们要回家与家人团圆过年。可是许多民工却买不到火车票，导致有家不能归。据报道，仅广州地区2006年春运期间旅客发送总量达到约2080万人次。许多旅客由于在火车站购买不到车票，被迫高价向票贩子买票。

资料来源：作者资料来源。

思考题：为什么春运会出现车票一票难求的现象？

第一节 规 制

一、规制的定义

“规制”用英文表示为 Regulation。Regulation 在学术界通常被译成“规制”、“管制”或者“监管”。许多学者对规制有不同的定义。例如,维斯卡西(Viscusi)等学者认为规制是政府以制裁为手段,对个人或组织的自由决策的一种强制性限制。政府的主要资源是强制力,规制就是以限制经济主体的决策为目的而运用这种强制力①。丹尼尔·F. 史普博(Daniel F. Spulber)则认为,规制是行政机构制定并执行的直接干预市场机制或间接改变企业和消费者供需决策的一般规则或特殊行为②。而日本学者植草益对规制所下的定义是:社会公共机构依照一定的规则对企业的活动进行限制的行为。这里的社会公共机构或行政机关一般被简称为政府③。著名经济学家萨缪尔森则认为,规制是由政府命令企业改变其经营行为的各种规定组成,规制的基本内容是制定政府条例和设计市场激励机制,以控制厂商的价格、销售或生产决策④。国内学者对规制的定义与上述定义大同小异。

综合学者们对规制概念的讨论,我们不难归纳出规制至少具有这样几个构成要素:①规制的主体(规制者)是政府行政机关(以下简称“政府”),通过立法或其他形式规制者被授予规制权。②规制的客体(被规制者)是各种经济主体(主要是企业)。③规制的主要依据和手段是各种法规(或制度),明确规定限制被管制者所采取的决策,如何限制以及被管制者违反法规将受到的制裁。根据这三个基本要素,规制可定义为:具有法律地位的、相对独立的管制者(机构),依照一定的法规对被管制者(主要是企业)所采取的一系列行政管理与监督行为。

专栏 10-1 规制的普遍性

维斯卡西等学者曾以一个典型的美国工人一天的生活形象地描述了规制的普遍性。

早晨,这位工人在他定时开启的收音机声中醒来,他所听的电台以及该电台播出的频道都是由联邦通信委员会管制的。坐下来吃早饭,他看到了食品盒上的标签,其内容受到联邦贸易委员会、食品与药品管制委员会的严格管制。这一管制的目的是避免企业在早餐食品的健康作用方面误导消费者。添加在食品中的牛奶更受到多种管制。如果选择在食品中添加水果,那就要了解环境保护署关

① Viscusi W. K., J. M. Vernon, J. E. Harrington, Jr., “Economics of Regulation and Antitrust”, The MIT Press, 1995, p. 295.

② 丹尼尔·F. 史普博:《管制与市场》:上海三联书店、上海人民出版社,1999 年。

③ 植草益:《微观规制经济学》,中国发展出版社,1992 年。

④ 保罗·萨缪尔森、威廉·诺德豪斯:《经济学》,华夏出版社,1999 年。

于国内产品农药使用的规定。这位工人驾驶一辆日本产小轿车去上班，由于国家公路交通委员会的严格的交通安全管制，这位工人在上下班途中的安全性比以前大大提高了，汽车使用的燃油对环境污染的程度也大大降低了。这得益于美国交通部的汽油节约标准和环境保护署的汽油指导标准。一旦开始工作，这位工人由于职业安全与健康管制条例的规定而免受工作中许多危险因素的威胁。同时，对最低工资的管制确保他能取得一份体面的工资。即使这位工人下班后进行放松和娱乐，许多活动还会受到管制，例如，他在餐馆吃晚餐时，很可能会被禁止抽烟或被限定在抽烟区内抽烟。美国消费品安全委员会还对许多运动设施负有管制责任，这些体育设施涵盖了从场地、器械到诸如棒球安全帽等广泛领域。

资料来源：Viscusi W. K.，J. M. Vernon，J. E. Harrington，Jr.，"Economics of Regulation and Antitrust"，The MIT Press，2000，pp. 1 – 2.

规制主要是指对自然垄断产业的规制。关于对自然垄断产业的认识也经历一个不断演进的过程。许多过去被认为是自然垄断而必须加以规制的产业部门都取消或放松了规制。早期的自然垄断概念与资源条件的集中有关，主要是指由于资源条件的分布集中而无法竞争或不适宜竞争所形成的垄断，主要是呈现规模经济性的产业。Clarkson 和 Miller（1982）认为自然垄断的基本特征是，在一定的产出范围内，生产函数呈规模报酬递增（成本递减）状态。即生产规模越大，单位产品的成本就越小。由一个企业大规模生产，要比由几家较小规模企业同时生产更有效率。这种产业就是传统观念意义上的自然垄断产业。

但是后来的研究表明，对于某些产业来讲，即使在平均成本递增的情况下，由一家企业生产或服务仍有可能是最经济的。规模经济既不是自然垄断的必要条件也不是自然垄断的充分条件。夏基（Sharkey，1982）和鲍莫尔、潘札与威利格（Baumol，Panzar 和 Willig，1982）认为，自然垄断的定义或者最显著的特征应该是其成本的劣加性（Subadditivity）。成本劣加性关注的是，由一家企业提供整个产业的产量成本较低还是这家企业与另外的企业共同提供相同产量的成本较低。根据最新定义，自然垄断的特点在于代表性厂商成本函数的劣加性。如果由一个厂商生产整个行业产出的总成本比由两个或两个以上的厂商生产这个产出的总成本低，则这个行业就是自然垄断行业。

现在人们对自然垄断产业有了更加深入的认识。人们发现随着科技的发展，原先认为是自然垄断的产业已经不再具有完全的自然垄断特征。更准确地说，就是现实中没有绝对的自然垄断产业。任何产业都可以分解为多个环节，这些环节并不都具有自然垄断特征。例如，传统上，大家都认为电信产业、电力产业、铁路产业、邮政产业、民航产业等都是自然垄断产业。但事实上，并不是这些产业的所有环节都是垄断的。随着科学技术的发展，许多自然垄断环节都已不再具有垄断特征，而是已经成为竞争环节。例如，电信产业中的长途电话、移动通信及增值服务环节已经不再具有自然垄断特征，但是本地电话网、光缆网仍被认为是自然垄断的；电力产业的输电、配电网络环节仍具有自然垄断特征，但是发电售电环节已经成为竞争环节；铁路产业方面，路轨网络、车站设施仍为自然垄断的，但是客运、货运及其他配套服务环节可以引入竞争；邮政产业的邮政快递及其他服务环节已经引入了竞争，但是目前邮政网络环节仍具有自然垄断特征；民航产业方面，机场、空中规制网络仍是自然垄断环节，但是民航客运、货运、航油、航材及其他服务却可以引入竞争（如表10－1所示）。

表10－1 部分自然垄断产业的垄断环节与非自然垄断环节

产业名称	自然垄断环节	非自然垄断环节
电信产业	本地电话网、光缆网	长途电话、移动通信及增值服务
电力产业	输电、配电网络	发电、售电
铁路产业	路轨网络、车站设施	客运、货运及其他配套服务
邮政产业	邮政网络	邮政快递及其他服务
民航产业	机场及其空中规制网络	民航客运、货运、航油、航材及其他服务

二、规制的内容

（一）经济性规制

经济性规制是指政府机关利用法律权限，通过许可和认可等手段，对企业的进入和退出、价格、服务的数量和质量、投资、财务会计等有关行为加以限制（植草益，1992）。经济性规制内容包括：市场准入、价格制定、服务质量以及其他方面的规制。市场准入规制，是政府对各种微观主体进入某些部门或行业进行的规制，也是直接规制政策中最主要的内容之一，其根本目的是限制过度进入，保障社会总成本的最小化和资源配置的高效率。价格规制主要是对产业价格体系和价格水平进行的限制。例如，自然垄断行业的企业为追求利益最大化，会制定垄断价格攫取利润，从而影响资源的有效配置，这就需要政府对其价格进行规制。此外，经济性规制还包括提供服务质量规制等。经济性规制的主要目的是保持稀缺资源的有效配置，防止垄断企业或拥有私人信息的企业凭借交易中的有利地位损害消费者和社会福利，对不充分信息进行补偿，并降低得到信息的成本（植草益，1992）。

（二）社会性规制

社会性规制是近年来在各国逐渐施行的，主要通过设立相应标准、发放许可证、收取各种费用等方式进行的一种新的规制。西方政府的社会性规制兴起于20世纪60年代末70年代初。社会性规制是以确保居民生命健康安全、防止公害和保护环境为目的所进行的规制，主要针对经济活动中发生的外部性有关的政策（植草益，1992）。

20 世纪 80 年代以来，经济性规制不断放松，但在健康安全、环境保护等方面的社会规制却迅速增多。社会性规制涉及环境保护、公众健康、安全等领域，规制对象很少针对特定的产业，大多针对具体的行为。植草益在《微观规制经济学》中对日本社会性规制的描述，可以反映出当前市场经济国家社会性规制内容的基本现状主要是确保健康、卫生；确保安全；防止公害、保护环境；确保教育、文化、福利等（植草益，1992）。

三、规制的手段

（一）传统规制手段

传统的规制手段主要采用价格规制、进入和退出规制、投资规制等工具对微观经济主体进行规制（植草益，1992）。

价格规制就是政府对特定产业的竞争主体在一定时期内的价格进行规定，并根据经济原理规定、调整价格的周期。传统价格规制手段包括边际成本定价方法、平均成本定价方法、拉姆齐定价方法。进入和退出规制就是为确保公共服务的稳定供应，避免出现重复建设、浪费资源或者垄断状况，需要对产业的企业数目进行调控以便形成相对竞争但是又能实现规模经济的市场结构。投资规制就是政府通过对经济主体针对特定产业进行投资的鼓励或限制，控制产业主体的数量以及确定投资回报率。

投资规制的一个重要手段就是规制垄断企业的投资回报率。该规制的实质是政府、企业及消费者就企业投资回报率达成共识而签订的一种合约。在投资回报率规制下，只要被规制企业的资本收益率不超过规定的公正报酬率，则企业的价格可以自由确定。在投资回报率规制下，被规制企业缺乏降低成本、提高生产效率的激励。被规制企业会选择更多地使用资本以提高产品或服务的价格进而增加企业总收入的策略。这样，在既定的产出下，只会导致被管制企业过度投资而缺乏降低成本、提高生产率的动力，产生了所谓的“A—J 效应”（Averch 和 Johnson，1962）。

进入和退出市场管制。为了维持产业的规模经济性和成本弱增性，管制者需要限制新企业进入产业。同时，为保证供给的稳定性，还要限制企业任意退出产业。

质量管制。许多产品或服务的质量具有综合性，并不容易简单定义和直观认定。例如，航空服务质量包括准时性、安全性、机上服务、机舱设备、行李处理服务等方面，在管制实践中，很难将这些质量要素进行综合。因此，在一些被管制产业中，往往不单独实行质量管制，而是把质量和价格相联系，即在价格管制中包括质量管制，如果被管制企业没有达到质量标准，或者消费者对质量的投诉太多，管制者就要降低管制价格水平。

(二) 激励性规制手段

传统规制都存在一个根本缺陷,即传统规制都假定政府规制机构与被规制企业在规制方案的制定和实施过程中具有同样多的信息,双方是一种对称信息博弈。但是规制实践表明:规制机构知道企业的信息要远少于企业所了解的。被规制企业会策略性地使用它们拥有的信息优势,采取不利于规制机构和消费者的行动,从而使规制达不到其预定的目标(Stigler 和 Friedland,1962;Weiss 和 Klass,1981)。

自 20 世纪 80 年代初起,随着欧美等发达国家放松规制浪潮的兴起,许多世界一流的经济学家开始将合同理论的最新成果和博弈论的分析方法应用于对规制的分析,在非对称信息的背景下拓展了传统规制的工具,为现代的规制实践提供了一个全新的视角与工具(Laffont,1994)。新的规制理论正是以规制机构和被规制企业之间的非对称信息和目标不一致作为立论的前提,借助于新兴的机制设计理论,在考虑到规制机构的信息约束、企业的参与约束和激励约束的情况下,研究如何达到最优的规制机制设计。主要包括非对称信息下的基于委托代理理论的规制、价格上限规制、RPI - X 规制、特许投标制度以及标尺竞争等工具。

四、规制的价值取向

规制价值判断理论主要关注的是规制代表谁的利益的问题。规制代表谁的利益,是规制理论中的价值判断问题,是关系到一个国家总体社会福利的重要问题。规制价值判断理论主要经历了规制公共利益理论与规则部门利益理论两大阶段。

(一) 规制公共利益理论

规制的公共利益理论(Public Interest Theory of Regulation)起源于国家干预的经济思想,特别是产业组织理论哈佛学派的政策主张(Posnner,1974)。由于自然垄断、人为垄断、外部效应、非对称信息等市场缺陷的存在,需要国家的干预以纠正或弥补这些缺陷。在自然垄断情况下,进入规制只允许一个厂商进行生产,这符合生产效率的要求,而价格规制能约束厂商制定出社会最优价格,这符合资源配置效率,所以对自然垄断的价格和进入规制有可能获得资源配置和生产配置双重效率。在外部性存在的情况下,增加对负外部性的税收征收,补贴正外部性,这都可能导致形成倾向于社会偏好的资源配置状态。在上述情况下,政府规制便具有潜在合理性。从理论上讲,规制有可能带来社会福利的提高(Bain,1952)。如果自由市场在有效配置资源和满足消费者需求方面不能产生良好绩效,则政府将规制市场以纠正这种情形。这暗示着政府是公众利益而不是某一特定部门利益的保护者,将对任何出现市场失灵的地方进行规制。

但是现实生活中存在大量事实与公共利益理论的预测不一致。规制并不是为了公共利益而存在，而是满足了被规制产业的部门利益。Stiger 与 Friedlandz(1962)在《规制者能规制什么：电力部门实例》中，通过对电力产业规制下的价格水平、价格歧视的程度、收益率等变量进行规制效果的实证检验，发现政府规制没有实现公共利益理论所预期的较低的电力价格。规制公共利益理论受到了挑战。

(二) 规制部门利益理论

产业组织理论芝加哥学派(Chicago School)的代表人物，如 Stigler(1971)等，对美国的规制进行了实证分析，发现被规制的产业普遍具有较高的利润。由此他们推断，规制并不是为了公共利益而存在，而是满足了被规制产业的部门利益。对 19 世纪末美国规制历史特别是 1887 年州际商业委员会(ICC)对铁路运价规制的回顾，也揭示出规制与市场失灵并不太相关。至少到 20 世纪 60 年代，从规制的经验来看，规制是朝着有利于生产者的方向发展的，规制提高了产业内厂商的利润。在潜在竞争产业，如货车业和出租车产业，规制允许定价高于成本且阻止进入者；在自然垄断产业，如电力事业，有事实表明规制对于价格作用甚微，该产业能赚取正常利润之上的利润，因此规制有利于生产者得到经验证据的支持。这些经验观察导致规制部门利益理论的产生和发展。该理论认为：规制的提供正适应产业对规制的需求，而且规制机构也逐渐被产业所控制，规制提高了产业利润而不是社会福利。与公共利益理论相比，部门利益理论打开了传统理论中“规制的政治过程”这个“黑匣子”，与规制历史极为符合，因而比规制公共利益理论更具说服力。

第二节 放松规制

20 世纪 70 年代以来，美国、英国、日本等成熟的市场经济国家在电信、电力、铁路、航空、石油及天然气输送、煤气、自来水等自然垄断行业的规制出现了放松的趋势。放松规制的首要目的在于引入竞争机制、减少规制成本、促使企业提高效率、改进服务(植草益，1992)。放松规制包括将行业禁入改为自由进入，取消价格规制等政策。即放宽自然垄断产业中竞争性业务领域的市场准入，允许具有相应规模的企业自由竞争，形成具有活力的竞争机制。以美国为例，美国民航从 20 世纪 70 年代末开始放松规制，1978 年出台了《航线放松规制法》，1981 年取消线路规制，1983 年取消了价格规制。通过 20 多年的实践，美国航空机票价格总体下降了 33%，全行业的全要素生产率(FTP)提高了 15%，安全系数也得到了很大的提高，服务质量也明显改进。在这样的形势下，各国政府对规制理论与实践的认识也不断转化，放松规制(Deregulation)的改革正在各国自然垄断产业中有条不紊地展开。

一、世界放松规制的历程

20世纪70年代末期以来,美国、英国等成熟市场经济国家在垄断行业的规制出现了放松的趋势,取得了良好的效果。在美国、英国的带领下其他国家争相效仿,各国政府纷纷对本国垄断行业与公用事业放松规制、引入竞争。改革使得传统垄断行业焕发生机活力,成为社会经济发展和技术进步的重要引擎。经济合作与发展组织(OECD)主要国家从1982年开始了大规模放松规制改革历程,主要垄断行业的规制指数不断降低,由1982年的5.07下降到2003年的2.22[①]。图10-1描述了OECD主要国家在1975~2003年间7个垄断产业的规制指数。

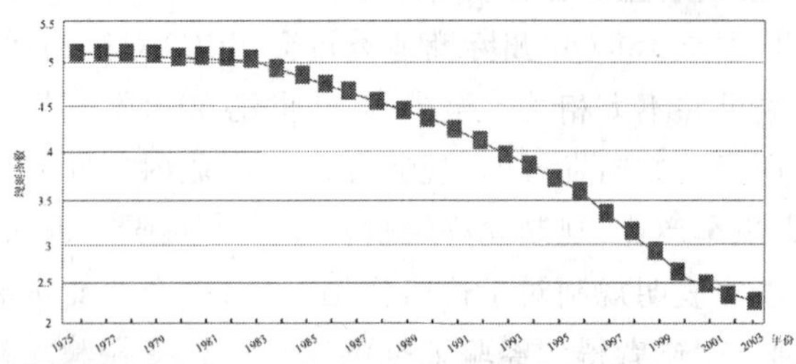

图10-1 OECD主要国家平均规制指数轨迹(1975~2003年)

二、美国放松规制历程和特点

美国在20世纪70年代就开始了对垄断行业放松规制的改革。美国民航行业于1978年出台了《航线放松规制法》,1981年取消线路规制,1983年取消了价格规制,并在1985年解散民航业规制机构——民用航空委员会(CAB)。表10-2描述了美国自1975~2003年间民航、电信、电力、天然气、邮政、铁路以及公路7个主要垄断行业的规制指数。我们可以看出30年来,美国主要垄断行业不断放松规制,规制指数由1975年的3.7下降到2003年的1.4。

美国垄断行业放松规制改革呈现出三个重要特征:

1. 不同行业放松规制改革时间不平衡。尽管美国各行业都进行了放松规制的改革,但是各垄断行业放松规制的时间是不平衡的。最早放松规制的行业是航空业,早在1978年,美国就出台了放松规制的法律"Airline Deregulation Act"。考虑到电力行业技术的复杂性,美国的电力行业是最晚实施放松规制政策的。直到1996年"FERC Order 888"的出台,美国才对电力行业实行大规模放松规制改革。

① Conway P., V. Janod and G. Nicoletti, "Product Market Regulation in OECD Countries, 1998 to 2003", OECD Economics Department Working Paper, No. 419. 其中详细描述了规制指数的定义及计算方法。规制指数的范围在0~6,规制指数越大表示规制强度越大。

2. 不同行业放松规制改革力度不平衡。公路行业放松规制改革力度最大，规制指数从1975年的6.0下降到2003年的0.5；电信行业放松规制改革力度次之，规制指数从1975年的4.0下降到2003年的0.2；航空业改革力度也很大，规制指数由1975年的2.6下降到2003年0.0；而铁路、邮政、天然气行业的放松规制改革力度不大。铁路行业在1978年出台"Staggers Act"的第二年出现了一次较大规模的放松规制（规制指数从1979年的3.8下降到1980年的3.0），此后一直没有明显的放松规制迹象。邮政行业在1988年出现了一次较大规模的放松规制后（规制指数从1988年的4.2下降到1989年的3.7），一直没有明显的放松规制的迹象。同样天然气行业也是如此。

3. 所有行业放松规制改革采取渐进式改革战略。尽管公路行业与电信行业放松规制改革的力度很大，但是美国政府仍然采取的是渐进式改革战略。虽然美国电信行业的规制指数从1979年的4.0一下子降到1980年的1.7，其主要原因在于美国1980年放松了电信行业进入规制，进入规制子指数由6.0骤降为0.4，但是市场结构规制子指数变化不大。由此可见，电信行业改革采取的也是渐进式改革战略。

三、英国放松规制历程和特点

英国垄断行业也经历了巨大的放松规制变革。表10-2描述了英国1975～2003年间民航、电信、电力、天然气、邮政、铁路以及公路7个主要垄断行业的规制指数的变化轨迹。我们可以看出30年来，英国不断放松对主要垄断行业的规制，规制指数由1975年的4.8下降到2003年的1.0。

与美国放松规制改革相似，英国各垄断行业放松规制改革的时间与力度也是不平衡的。最早放松规制的行业是邮政业，尽管其改革的进展十分缓慢。英国是世界上最早进行邮政改革的国家之一，早在1969年英国就成立了英国邮政公司，变为非政府机构；1981年邮政董事会成立，实行了董事会领导下的总经理负责制；2001年，英国邮政改组为公共有限责任公司，同时建立了邮政行业监管委员会和邮政用户理事会，实现了邮政的政企分开，也实现了邮政所有者、监管者和经营者的分离。最晚进行改革的是铁路行业，直到1993年英国政府才开始对铁路行业实行改革，但是改革力度很大。英国各垄断行业放松规制改革的力度也是不平衡的。放松规制改革力度最大的是电力行业，规制指数由1989年的6.0骤降至1990年的0.8，并迅速降为0。另外，铁路行业、电信行业放松规制改革力度也很大，规制指数在短短几年内迅速由6.0降至0.5左右。而邮政行业、公路行业放松规制改革的力度较小。特别是公路行业，近年来规制指数没有任何变化。

虽然英国与美国在垄断行业放松规制改革方面有许多共同点，但是英国却走了一条与美国不同的道路。英国在几个重要行业的放松规制改革采取的是激进式改革战略。最典型的行业是英国电力行业，电力行业规制指数由1989年的6.0骤然降至1990年的0.8并最终降至0。英国电力行业从放松进入规制、民营化、行业纵向分离三个方面同时进行激进式改革，而同期美国电力行业在这三个方面的改革力度都不大。同样，英国铁路行业从 1994 年也开始了激进式的放松规制改革，规制指数由 1992 年的 6.0 迅速降至 2003 年的 0.4。英国铁路行业是从民营化、市场结构以及行业纵向分离三个方面同时进行激进式改革。而同期美国铁路却没有进行放松规制的改革，规制指数一直保持在 3.0。

表 10-2 美国、英国主要垄断行业规制指数（1975～2003 年）

年份	平均		航空		电信		电力		天然气		邮政		铁路		公路	
	英国	美国	英国	美国	英国	美国	英国	美国	英国	美国	英国	美国	英国	美国	英国	美国
1975	4.4	2.6	6.0	4.0	6.0	4.5	5.8	1.0	4.7	4.2	6.0	3.8	0.5	6.0	4.8	3.7
1976	4.4	2.6	6.0	4.0	6.0	4.5	5.8	1.0	4.7	4.2	6.0	3.8	0.5	6.0	4.8	3.7
1977	4.4	2.6	6.0	4.0	6.0	4.5	5.8	1.0	4.7	4.2	6.0	3.8	0.5	6.0	4.8	3.7
1978	4.4	2.6	6.0	4.0	6.0	4.5	5.8	1.0	4.7	4.2	6.0	3.8	0.5	6.0	4.8	3.7
1979	4.4	2.2	6.0	4.0	6.0	4.5	5.8	1.0	4.7	4.2	6.0	3.8	0.5	6.0	4.8	3.7
1980	4.4	1.7	6.0	1.7	6.0	4.5	5.8	1.0	4.7	4.2	6.0	3.0	0.5	5.0	4.8	3.0
1981	4.4	1.3	6.0	1.7	6.0	4.5	5.8	1.0	4.7	4.2	6.0	3.0	0.5	4.8	4.8	2.9
1982	4.4	0.8	5.1	1.7	6.0	4.5	5.8	1.0	3.7	4.2	6.0	3.0	0.5	4.6	4.5	2.8
1983	4.4	0.4	5.1	1.6	6.0	4.5	5.8	1.0	3.7	4.2	6.0	3.0	0.5	4.4	4.5	2.7
1984	4.4	0.4	4.1	1.6	6.0	4.5	5.8	1.0	3.7	4.2	6.0	3.0	0.5	3.4	4.3	2.6
1985	4.4	0.4	4.1	1.6	6.0	4.5	5.8	0.5	3.7	4.2	6.0	3.0	0.5	3.2	4.3	2.5
1986	4.4	0.4	4.0	1.4	6.0	4.5	4.3	0.5	3.7	4.2	6.0	3.0	0.5	3.0	4.1	2.4
1987	2.9	0.4	3.9	1.2	6.0	4.5	4.3	0.5	3.7	4.2	6.0	3.0	0.5	3.0	3.9	2.4
1988	2.9	0.4	3.8	1.2	6.0	4.5	3.5	0.5	3.7	4.2	6.0	3.0	0.5	3.0	3.8	2.4
1989	2.9	0.4	3.8	1.1	6.0	4.5	3.5	0.5	3.7	3.7	6.0	3.0	0.5	3.0	3.8	2.3
1990	2.9	0.4	3.7	1.0	0.8	4.5	3.5	0.5	3.7	3.7	6.0	3.0	0.5	3.0	3.0	2.3
1991	2.9	0.4	2.2	1.0	0.8	4.5	3.5	0.5	3.7	3.7	6.0	3.0	0.5	3.0	2.8	2.3
1992	2.9	0.4	2.2	0.9	0.8	4.2	3.5	0.5	3.7	3.7	6.0	3.0	0.5	3.0	2.8	2.2
1993	1.4	0.4	1.5	0.9	0.8	4.2	3.3	0.5	3.7	3.7	4.5	3.0	0.5	3.0	2.2	2.2
1994	1.4	0.4	1.4	0.8	0.6	4.2	3.3	0.5	3.7	3.7	2.3	3.0	0.5	3.0	1.9	2.2
1995	1.4	0.4	1.3	0.7	0.1	4.2	3.0	0.5	3.7	3.7	1.9	3.0	0.5	0.5	1.7	1.8
1996	1.4	0.4	1.2	0.5	0.1	3.3	3.0	0.5	3.7	3.7	1.5	3.0	0.5	0.5	1.6	1.7
1997	1.4	0.4	1.1	0.4	0.1	3.3	2.6	0.5	3.7	3.7	1.5	3.0	0.5	0.5	1.5	1.7
1998	1.4	0.4	0.9	0.4	0.0	2.7	2.2	0.4	3.7	3.7	1.1	3.0	0.5	0.5	1.4	1.6
1999	1.4	0.4	0.7	0.3	0.0	2.4	1.9	0.4	2.9	3.7	1.0	3.0	0.5	0.5	1.2	1.5
2000	1.4	0.4	0.6	0.2	0.0	2.4	1.9	0.4	2.9	3.7	0.8	3.0	0.5	0.5	1.2	1.5
2001	1.4	0.4	0.5	0.2	0.0	2.3	1.9	0.4	2.9	3.7	0.7	3.0	0.5	0.5	1.1	1.5
2002	1.4	0.0	0.5	0.2	0.0	2.3	1.9	0.4	2.9	3.7	0.5	3.0	0.5	0.5	1.1	1.4
2003	1.4	0.0	0.5	0.2	0.0	2.3	1.7	0.4	2.9	3.7	0.4	3.0	0.5	0.5	1.0	1.4

资料来源：OECD："Indicators of regulation in energy, transport and communications", Indicators of Product Market Regulation Database.

四、放松规制的效果

20 世纪 70 年代以来，各国在垄断产业放松规制、引入竞争机制、减少规制成本，促使企业提高了效率、改进了服务，形成了具有活力的竞争机制。在美国，对垄断产业放松规制所获得的综合收益异常巨大。美国消除进入规制和退出规制，放开价格，实行由市场来决定价格，从中获得的总收益每年可达 350 亿 ~ 460 亿美元（以 1990 年美元价格计算）（Winston，1993）。由于放松了规制，消费者从更低的价格和更好的服务中获得 320 亿 ~ 430 亿美元的收益，而生产者可以从效率提高、降低成本中每年获得 30 亿美元的收益。Winston（1993）估计，单是从消除现有规制所造成的扭曲中获得的附加收益每年就超过 200 亿美元，甚至有证据显示这些收益很可能被大大低估了。在 1998 年的一份报告中，Winston 指出尽管各行业可以在放松规制后很快调整价格，使价格反映边际成本，但仍需要一定时间实现生产最优化。他指出政策制定者和公共关注的都只是规制改革的短期效应，而低估放松了规制的长期收益。同时，服务业放松规制对创新所产生的积极影响通常也被忽视了。对于不同的行业而言，这些创新可以提高生产率，降低 1/4 甚至是超过一半的运营成本（Winston，1998）（见表 10 – 3）。

表 10 – 3　1990 年美国预计从放松规制中获得的消费者与生产者收益　单位：10 亿美元

行业	消费者	生产者	合计	进一步潜在收益
航空	8.8 ~ 14.8	4.9	13.7 ~ 19.7	4.9
铁路	7.2 ~ 9.7	3.2	10.4 ~ 12.9	0.4
公路运输	15.4	–4.8	10.6	0
电信	0.7 ~ 1.6		0.7 ~ 1.6	11.8
有线电视	0.4 ~ 1.3		0.4 ~ 1.3	0.4 ~ 0.8
证券市场交易	0.1	–0.14	0	0
天然气				4.1
合计	32.6 ~ 43.0	3.2	35.8 ~ 46.2	21.6 ~ 22.0

资料来源：Winston（1993）.

（一）效率提高

1. 发达国家。OECD 于 1997 年对其成员国垄断产业放松规制的效果考察后发现，大多数情况下，实行市场准入和价格放开之后，静态和动态效率都会得到提高。OECD（1997）利用效率收益的特定产业评估，结合投入产出集合和一个包含互联宏观模型的动态模拟方法，对美国、日本、德国、法国、英国、荷兰、西班牙以及瑞典进行检验，发现放松规制后劳动生产率与 GDP 都得到了提高（如表 10 – 4 所示）。

表 10-4 部分国家或地区规制成本和放松规制的收益

国 家	规制成本(占 GDP 百分比)	进一步放松规制的计划收益(占 GDP 百分比)	资料来源
澳大利亚	9~19	5.5	OECD(1997)
加拿大	11.8		Mihar(1996)
欧 盟		4.5~7.0	Emersong etc. (1988)
德 国		0.3	Lipschita etc. (1989)
日 本		2.3~18.7	OECD(1997)
荷 兰		0.5~1.1	Sinderen etc. (1994), Van Bergeijk and Haffner(1996)
美 国	7.2~9.5	0.3	Hopkins(1992), Winston(1993)

根据 Winston(1993)的估计,美国 1990 年各个垄断产业从放松规制中得到的收益超过 30 亿美元。美国各产业放松规制后的效率如表 10-5 所示。以航空业为例,放松规制使航空业效率得到很大提高。Good, Roller 和 Sickles(1993)认为自由化会导致国际运营商之间的竞争和成本结构集中。他们估计如果欧洲航空服务业效率和美国航空服务业一样高的话,每年可节省约 40 亿美元(以 1986 年美元价格计算)。美国民航从 20 世纪 70 年代末开始放松规制,通过 20 年的实践,美国航空机票价格总体下降了 33%,全行业全要素生产率提高了 15%,安全系数也得到了很大的提高,服务质量也明显改进(白让让,2006)。航空服务业的单位服务成本降低了约 25%,劳动力成本也有所降低(美洲航空公司降低了 17%,联合航空公司降低了 7.24%)。但在放松规制的最初几年中,对产出的影响并不大(Caves etc., 1987)。此外,超额运量减少了,生产力提高了。Morrison 和 Winston(1995)估计乘客每年由此而获得的净收益可达 184 亿美元(以 1993 年美元价格计算)①。尽管美国以外的其他国家的数据库内容并不十分广泛,但我们有理由相信,其他国家的许多服务业也会从自由化中获益。例如,欧洲航空公司费率差不多是美国的两倍,但盈利率远低于美国航空公司。这些产业消除价格规制和进入规制可以降低费率并使消费者获益。

表 10-5 美国各产业引入竞争后的影响

产业	价 格	生产效率
民航	下降 33%	全要素生产率提高 15%
铁路	价格下降显著	成本下降 60%
管道	下降 31%	劳动生产率提高 24%

① 世界银行:《全球经济展望与发展中国家》,中国财政经济出版社,2002 年。

其他产业放松规制也取得了良好绩效。在欧洲,电力市场放松规制也提供了巨大的获利机会。例如,德国对电力市场有严格的规制,要求国内公司必须从当地生产者那里购买电力,即便通常附近有更为便宜的电力供给服务业也不例外。对于德国消费者来说,电力市场放松规制能带来多大收益很难估计。在欧盟其他成员国,企业用电要比美国同行多支付 50% 的费用。此外,对于整个经济来说,更高的用电价格所产生的影响十分巨大(Navarro,1996)。但在英国电力放松规制使得生产力提高 70%,同时使得特许经营契约价格降低 18% ~21%。

2. 发展中国家。在那些已经对服务业放松规制的国家,从效率提高中获得的收益是十分可观的。例如,智利放松了长途电话市场的进入规制,使得长途电话费率降低了 50%,接近美国的长途电话费率。而在一些拉丁美洲国家,允许私人部门参与电信部门降低了新线路安装的等待时间,从原来的最少两年减少至只需要几个星期。在布宜诺斯艾利斯的港口终点站,竞争使得收费降低了 80%。在乌拉圭首都蒙得维的亚向多方开放港口业务使得生产率提高 300%。而且所有这些成果都是在放松规制的一年内获得的(Guasch,1996)。

通过使用一个一般均衡模型,Chisari,Estache 和 Romero(1997)估计,阿根廷从民营化和放松规制中所获得的收益约占国内生产总值的 13%,即 33 亿美元。同时他们还发现,所有的收入阶层都从民营化和放松规制中获得了利益①。

(二)价格的降低

经济合作与发展组织(1997)对其成员国垄断产业放松规制的效果考察后发现,大多数情况下,实行市场准入和价格放开之后,服务质量将会提高,价格则得以降低。

例如,各个国家电信产业在放松规制后电信资费水平都下降了 10% 以上,其中英国电信资费水平下降了 63%,芬兰电信资费水平下降了 66%。各个国家民航业放松规制后的资费水平也下降了 20% 以上,其中英国与美国下降了 33%(具体如表 10 -6 所示)。1984 年对美国电话电报公司进行分拆之后,到 1996 年美国的长途电话费率降低了 70% 以上。美国货车运输业的平均单位成本从放松规制前 1977 年的 30 美分/每吨英里,降至放松规制后 1983 年的 10 美分/每吨英里(以 1977 年美元价格计算)。根据 Winston(1993)的计算,1990 年美国消费者从放松规制中获得的收益有 326 亿 ~430 亿美元。相反,规制使消费者福利损失严重,据估计铁路和运输机费率规制的年福利损失为 10 亿 ~40 亿美元(以 1977 年美元价格计算)(Braeutigam and Noll, 1984; Winston etc. 1990)。

---

① 世界银行:《全球经济展望与发展中国家》,中国财政经济出版社,2002 年。

表 10-6 放松规制后 OECD 主要国家价格下降的百分比

部门	国家	价格下降比例(%)
公路运输	德国	30
	墨西哥	25
	法国	20
	美国	19
民航	英国	33
	美国	33
	西班牙	30
	澳大利亚	20
电力	挪威	18~26
	英国	9~15
	日本	5
金融服务	英国	70
	美国	30~62
专业服务	英国	33
电信	芬兰	66
	英国	63
	日本	41
	墨西哥	21
	韩国	10~30

资料来源:OECD:1997,The OECD Report on Regulatory Reform Synthesis,p. 12 Table 1.

第三节 中国自然垄断产业改革

一、中国垄断行业规制的特点

我国垄断行业的规制体制不同于其他市场经济国家。我国垄断行业存在的问题是在并不存在自然垄断的场合施行垄断经营,而且是行政性的垄断经营(刘世锦,2006)。从我国政府规制体制的形成和政策执行过程的实质来看,与其说我国政府规制的形成同样源于克服自然垄断和信息不对称所致严重弊端的需要,还不如说是计划经济体制使然。目前,我国对垄断行业经济性规制本质上仍然是传统计划经济体制下政府对垄断行业实施行政垂直管理的延续(夏大慰、史东辉等,2003)。改革开放以来,我国自然垄断行业的政府规制体制及规制模式发生了不同程度的变化,如产业主管部门的简政放权、国有企业的公司化改造以及有关规制政策的法制化等。但由于种种原因,计划经济时期所形成的政府规制的根本性质、特点和基本的规制体制,却并没有发生实质性的变化。这些自然垄断行业的规制依然沿袭了传统的行政管理模式。我国对垄断行业仍然实施严厉规制措施。主要表现在以下几个方面:

1. 严格的进入规制。我国垄断行业的进入规制普遍较为严格。虽然没有相关法律和法规明确规定进入规制的程度,但规制机构实际上不仅严格控制新进入的企业数量,而且对于非国有企业以及新进入国有企业也长期实行歧视性的进入规制政策,甚至是打压政策。近年来,我国出台了许多法律或者文件,明确提出支持民营企业的发展,为民营企业提供与国有企业平等的竞争平台。例如,2005 年国务院出台了《国务院关于鼓励支持和引导个体私营等非公有制经济发展的若干意见》(简称"36 条")的文件,允许非公有资本进入垄断行业和领域,如电力、电信、铁路、民航、石油等行业和领域。这些文件的颁布使限制民营企业准入的有形"门槛"基本消失,但是在注册制度、市场准入、审核批准等方面仍然存在不少阻碍民营企业进入的无形限制,这就形成了对新进入的民营企业特设的"玻璃门",民营企业进入垄断行业还是阻碍重重、步履维艰。严格的进入规制致使我国自然垄断行业仍是国有企业占主导,垄断行业的经营企业都是清一色的国有企业。在这种情况下,规制机构与国有企业之间的特殊"父子关系"或者"兄弟关系",必然导致政企不分,国有垄断企业在这种特殊氛围下缺乏提高效率的动力。

2. 名义公平、合理,实际不公平、低效的严格价格规制。一般而言,规制机构进行价格规制的目标是抑制垄断高价。规制机构一般都制定一个最高限价,被规制企业产品的价格不能高于此价格。但在中国遍地出现的政府规制价格偏向被规制企业,而不是消费者。目前我国垄断产业价格水平表面上受到严格规制,由政府直接定价或指定指导价,但事实上是一种有特殊含义的"价格下限制"或没有限制的定价(王学庆,2004)。价格规制往往要求被规制企业的产品或者服务价格不能低于某一价格。例如,我国民航业以前的"禁折令"就是一个典型。另外,我国对垄断行业的价格规制缺乏效率。其大都采用报酬率(ROA)方法,定价原则是补偿成本加合理利润。但是这种定价缺乏明确的对国有企业成本约束机制,不知道成本到底是多少,哪些成本是合理的,哪些是不合理的。价格制定或调整一般都是根据企业申报审批而成,价格主管部门或审批部门无法准确地审核其成本真实性。在成本没有明确基础的同时,还要保证国有企业盈利,于是便出现了向企业绝对倾斜的定价结果。这种价格规制方法对垄断行业的价格水平的规制就没有上限,也没有利润率控制,最低下限是保证不亏本,就形成了不限制成本的由成本决定最低价格的倒逼定价方法,陷入了"企业成本上升——提高产品价格——企业成本再上升——再提高产品价格……"的怪圈,导致产品价格的节节攀升,最终增加了消费者的负担。以电力产业为例,20 世纪 90 年代在电力短缺的情况下,为了吸引投资,许多地方政府都承诺投资回报率,一般都达到 15%,有的甚至达到 20%。在利润率既定的情况下,利润总量与投资的规模有关,投资规模越大,获取的利润也就越多。于是许多电厂不惜大量投资,建设奢华,浪费严重,工程造价节节攀升。根据有关研究,1990 年 30 万机组单位造价每千瓦 2254 元左右;到 1998 年,综合造价达到 7700 元。电力项目造价不断攀升的结果就是电价的不断上涨。1990 年建成的电力项目上网电价每千瓦时 0.3 元左右;1997 年投产项目上网电价平均为每千瓦时 0.41 元;1998 年在建未投产项目,经测算将来投产的上网电价,有的甚至高达每千瓦时 0.6 元以上(毕井泉,2002)。

3. 严格的投资规制。垄断行业规制机构也对垄断企业的投资进行严格规制。企业的许多投资都需要上报国家相关部委。我们从 2004 年国务院颁布的《政府核准的投资项目目录(2004 年本)》中可以看出我国规制机构对投资的严格规制。《政府核准的投资项目目录(2004 年本)》对电力、电信、民航、铁路、邮政等自然垄断行业的投资进行了严格的规制,许多项目的投资都需要上报国务院相关部门。这种严格投资规制致使垄断企业对市场需求变动反应滞后,不能及时根据市场需求变化进行投资。

二、我国垄断行业改革的方向

我国对垄断行业实行规制初衷是好的,但是近年来的规制效果却与规制初衷不相符合。中国(海南)改革发展研究院进行的“改革进程评估与展望——2006 年中国改革问卷调查报告”中对垄断行业改革的评价最低:66.28% 的专家认为没有进展;10.95% 的专家甚至认为有所倒退。事实上,对垄断行业的规制会产生许多不利影响:规制导致企业的低效率,不利于经济增长与国际竞争力的提高;规制导致行政垄断、造成巨大经济损失。根据胡鞍钢(2000)的估计我国垄断产业的垄断租金大得令人惊讶,为 1300 亿 ~2020 亿元,占国内生产总值的 1.7% ~2.7%;规制导致垄断行业员工的过高收入,不利于社会稳定;规制导致产品价格高而质量低,加重了居民特别是贫困居民负担。

中国规制改革总的来讲是要顺应世界潮流而放松规制,制止强化规制的倾向。目前,我国中央政府一年需要完成行政规制 28000 件,而日本只有 2800 件,韩国 3000 件(杜钢建,2005)。由此可以想象我国政府规制成本之高昂。对垄断行业而言,国有制和加强规制是相互替代的两种手段。但在我国,垄断行业的运营既保留纯粹的国有制(国有独资公司),同时又加强政府规制,可谓双管齐下。面对国外放松规制的浪潮,我国也应该顺应国际潮流,总体上采取放松规制取向的改革。面对“市场失效”和“规制失效”这种“甘瓜苦蒂,天下物无全美”的境地,我们只能采取“两害相权取其轻”的态度,宁可容忍“市场失效”,不一定非要进行规制。正如美国总统里根其执政时期在 12291 号总统令中所提出的:“除非管制条例对社会的潜在收益超过了社会的潜在成本,否则管制行为就不应该发生”(维斯库斯,2004)。面对规制中的“俘获”现象和规制导致的“设租与寻租”现象,规制的初衷未必能够实现。对此,萨缪尔森曾深刻地总结道:“尽管经济规制带给消费者常常是很低劣的服务,但立法人员投票通过对行业的规制，却是出于一种真诚的信念，相信规制有利于公众利益，能防止在消费者之间实行价格歧视并保证普遍和规范的服务。但浪费之路就是用这种良好的意图铺成的，这些计划经常是损害了而不是帮助了消费者 。"[①]而令人担忧的是，在政府机构精兵简政的同时，众多政府部门又以政府规制机构的身份再现。在金融领域，银监会、证监会、保监会等规制机构一个接一个地成立；在电力领域，撤销了电力工业部，成立了电监会。更是有人主张，要在现有有关政府部门的职能基础上分离并成立电信管制委员会、铁路管制委员会等[②]。照这样改革的话，每一个行业，都既有一个主管部门，又有一个监管（规制）部门，政府部门岂不是越改越多？垄断行业领域，国外的趋势是放松规制，我国似乎是加强规制的趋势，这样岂不是与改革的初衷背道而驰？因此，我国垄断行业改革的方向是放松规制而不是加强规制。加强规制是与世界潮流背道而驰的，而且也与我国国情与现实矛盾不符。

篇末案例

《邮政法》第 6 稿引来惊呼！

2004 年 7 月 28 日，国务院第二招待所。国务院法制办、全国人大财经委员会、商务部和国家邮政局多位官员会聚一堂，就 7 月 19 日出炉的《邮政法》第 6 稿聆听相关企业意见。这次会议上，快递企业不断放炮，言辞一度相当激烈。

在此之前，2003 年 11 月 17 日的《邮政法》第 5 稿就已引起轩然大波。

尽管如此，修改了 8 个月之后的第 6 稿依然未能缓和邮政和非邮快递之间的关系。用参会企业代表的话来说，"这个第 6 稿反而让邮政的垄断更加严重"。

商务信函也要邮政专营？

《邮政法》第 6 稿第 8 条提出，"信件的寄递由邮政企业专营。但是，单件重量在 350 克以上的信件速递业务除外。国务院对信件的国际速递另有规定的，依照其规定"。

从表面上看，邮政将"门槛"从第 5 稿的 500 克降到了 350 克，但是相关与会人士向记者指出其中玄机，并称"这次邮政把 350 克以下的商务信函也纳入了专营范围，实际上是一种倒退"。

第 5 稿的同一条目中只是规定"单件重量在 500 克以下的信件的寄递业务由邮政专营"，但是对商务信函却是网开一面，规定邮政的上述专营权"不包含个人信息的合同文本、产品目录、产品说明、广告单、宣传单、运输提单、期票、汇票、航空运输凭证等企业之间的商务往来信件"。

对比第 5 稿与第 6 稿，这一次实际上是邮政扩大了自己的专营范围。

来自北京、上海、广州等地的民营快递企业因此颇为激动。其中一家企业的负

---

① 萨缪尔森等:《经济学》(上册)，首都经济贸易大学出版社，1996 年。

② 国务院发展研究中心重点研究报告"改革攻坚 30 题：完善社会主义市场经济体制探索"就是这种主张。

责人声称,自己有不下90%的业务都是350克商务信函,第6稿如能通过,也就宣布了这家民营快递死亡。而且,已经经营了不止10年的商务信函业务突然被认定为非法,"简直是个笑话"。

资料来源:《21世纪经济报道》,2004年7月31日版。

思考题:为什么众多企业对《邮政法》第6稿不满意?说明了什么问题?我国应当如何进行垄断产业改革立法?

本章小结

1. 规制是指具有法律地位的、相对独立的规制机构,依照一定的法规对被规制对象(主要是企业)所采取的一系列行政管理与监督行为。

2. 规制的内容包括经济性规制与社会性规制。

3. 规制的手段包括:价格规制、进入和退出规制、投资规制以及激励性规制。

4. 目前,垄断产业改革的一个重要趋势是放松规制。放松规制提高了垄断产业的效率。

重要概念

规制　　放松规制
经济性规制　　社会性规制
激励性规制　　公共利益理论
规制俘虏理论　　自然垄断

思考题

1. 什么是规制?什么是放松规制?
2. 规制的内容包括哪些?
3. 英美等国放松规制的效果如何?
4. 我国垄断产业的特点有哪些?

延伸阅读

1. 陈富良:《放松规制与强化规制》,三联书店,2001年。
2. 刘戒骄:《垄断行业改革:基于网络视角的分析》,经济管理出版社,2005年。

3. 刘世锦、冯飞主编:《垄断行业改革攻坚》,中国水利水电出版社,2006年。

4. 戚聿东、柳学信等:《自然垄断产业改革:国际经验与中国实践》,中国社会科学出版社,2009年。

5. 王俊豪:《管制经济学原理》,高等教育出版社,2007年。

6. 王学庆:《管制垄断——垄断性行业的政府管制》,中国水利水电出版社,2004年。

7. 肖兴志:《自然垄断产业规制改革模式研究》,东北财经大学出版社,2003年。

8. 张昕竹、拉丰、易斯塔什:《网络产业:规制与竞争》,社会科学文献出版社,2000年。

9. 植草益:《微观规制经济学》,中国发展出版社,1992年。

参 考 文 献

1. 海．莫瑞斯:《产业经济学与组织》,经济科学出版社,2000 年。
2. 卡尔顿、佩罗夫:《现代产业组织》,中国人民大学出版社,2009 年。
3. 李明志:《产业组织理论》,清华大学出版社,2005 年。
4. 刘世锦、冯飞主编:《垄断行业改革攻坚》,中国水利水电出版社,2006 年。
5. 刘易斯·卡布罗:《产业组织导论》,人民邮电出版社,2002 年。
6. 卢锋等编著:《商业世界的经济学观察:管理经济学案例及点评》,北京大学出版社,2003 年。
7. 骆品亮:《产业组织学》,复旦大学出版社,2006 年。
8. 马丁:《高级产业经济学》,上海财经大学出版社,2004 年。
9. 迈克尔·波特:《竞争优势》,华夏出版社 ,2005 年。
10. 戚聿东、柳学信等:《自然垄断产业改革:国际经验与中国实践》,中国社会科学出版社,2009 年。
11. 青木昌彦:《模块时代》,上海远东出版社,2002 年。
12. 泰勒尔:《产业组织理论》,中国人民大学出版社,1999 年。
13. 瓦里安、夏皮罗:《信息规则》,中国人民大学出版社,2000 年。
14. 王俊豪:《产业经济学》,高等教育出版社,2008 年。
15. 王俊豪:《管制经济学原理》,高等教育出版社,2007 年。
16. 王学庆:《管制垄断——垄断性行业的政府管制》,中国水利水电出版社,2004 年。
17. 沃德曼、詹森:《产业组织:理论与实践》,机械工业出版社,2009 年。
18. 谢地等编著:《大象与蝴蝶共舞:产业组织案例分析》,长春出版社,2004 年。
19. 谢泼德:《产业组织经济学》,中国人民大学出版社,2007 年。
20. 亚当斯、布罗克:《美国产业结构》,中国人民大学出版社,2003 年。
21. 张维迎:《产权、激励与企业治理》,经济科学出版社,2005 年。
22. 植草益:《微观规制经济学》,中国发展出版社,1992 年。
23. 奥兹·夏伊:《网络产业经济学》,上海财经大学出版社,2002 年。
24. 奥兹·夏伊:《产业组织:理论与应用》,清华大学出版社,2005 年。
25. 张昕竹、拉丰、易斯塔什:《网络产业:规制与竞争》,社会科学文献出版社,2000 年。

后　　记

本书是在我多年讲授《产业组织理论》讲义的基础上编写而成的。本书由我提出总体构思、写作提纲；由多位长期从事产业组织理论教学与研究的人员分工写作完成。具体分工如下：范合君（首都经济贸易大学工商管理学院）编写第一章、第六章、第七章、第八章、第九章、第十章；丁浩（徐州师范大学经济学院）编写第二章；姜金秋（北京师范大学经管学院）编写第三章；杨柏松（中国建设银行唐山分行）编写第四章；张航燕（中国社会科学院工业经济研究所博士后）编写第五章。最后由我对全书进行统一。

在本书撰写过程中，得到了首都经济贸易大学工商管理学院院长戚聿东教授的大力支持与帮助。本书引用了戚聿东教授的许多观点，在此表示感谢！

由于我们的水平有限，书中仍有许多不足之处，敬请各位专家与学者以及广大读者批评指正。

范合君

2010 年 7 月 21 日